forCl

Up Yon Wide
and Lonely Glen

For
Graham

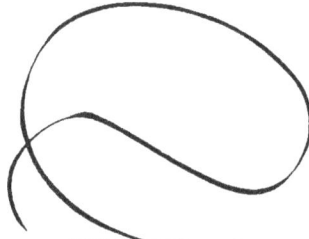

Take time to MEDITATE
and to DREAM
It is the beginning of inspiration

Take time to LEARN
and to TEACH
It is the nourishment of the future

Take time to READ
and to WRITE
It is the foundation of wisdom

Take time to LAUGH
and to CRY
It is the music of the soul

Take time to WORK
and to PLAY
It is the secret of fulfillment

Take time to LOVE
and to BE LOVED
It is the enrichment of the spirit

Take time to LIVE
and to LET LIVE
It is what time is for

Howard Glasser, based on notes left on a scrap of
paper by his late mother

Up Yon Wide and Lonely Glen

Travellers' Songs, Stories and Tunes of the Fetterangus Stewarts

Elizabeth Stewart

Compiled and edited by Alison McMorland

University Press of Mississippi in association with the
Elphinstone Institute, University of Aberdeen, Scotland

www.upress.state.ms.us

The University Press of Mississippi is a member of the
Association of American University Presses.

The Fishgutters' Song (from the Radio Ballad "Singing the Fishing")
by Ewan MacColl, published by Stormking Music Inc.
Reproduced by permission of Ewan MacColl Ltd.

First printing 2012

∞

Library of Congress Cataloging-in-Publication Data

Stewart, Elizabeth, 1939–
Up yon wide and lonely Glen : Travellers' songs, stories and tunes of
the Fetterangus Stewarts / Elizabeth Stewart ; compiled and edited by
Alison McMorland.
p. cm.
Includes bibliographical references and index.
ISBN 978-1-61703-314-8 (cloth : alk. paper) — ISBN 978-1-61703-308-7
(pbk. : alk. paper) — ISBN 978-1-61703-309-4 (ebook) 1. Folk songs,
Scots—Scotland—History and criticism. 2. Ballads, Scots—Scot-
land—History and criticism. 3. Folk music—Scotland—History and
criticism. 4. Scottish Travellers (Nomadic people)—Music—History
and criticism. 5. Stuart family. I. Title.
ML3655.S84 2012
782.42162'91630092—dc23
[B]   2011038627

British Library Cataloging-in-Publication Data available

First and foremost, I would like to dedicate this book to my three children, Jeannette, Elizabeth and Michael. I'd like to think that my children and grandchildren will always and in their own way honour our special family traditions.

I also would like to extend this dedication to the memories of my mum, Jean Stewart, my Aunt Lucy and Uncle Ned, and my talented brother Robert, all of whom were so dear to me.

And, of course, not forgetting Big Michael.

—*Elizabeth Stewart*

Contents

Preface

Elizabeth Stewart comes from a legendary Traveller family of pipers, musicians and singers. From the 1920s until the early 1960s her mother, Jean Stewart, was a household name in the North-East of Scotland, known for her dance bands, broadcasting and teaching, while Elizabeth's aunt Lucy's ballad singing and treasury of songs made an impact on the 1950–60s Scottish Folk Revival reaching well beyond these shores. The influence of these women is still reverberating today. They in turn owed much to their mother, Aul Betty, whose own story is of a hardworking and resourceful Traveller woman. Songs and singing enlivened Aul Betty's life and as it turned out were part of the legacy she left to the family.

Elizabeth Stewart's personal reminiscences are at the heart of this book. She tells of her ancestral family and of three generations of women, of their lives and musical traditions, and of their story traditions. The family narratives, traditional tales and riddles are interwoven throughout, giving a fascinating portrayal of the Stewart family's wealth of stories and lore. A diverse and wide-ranging anthology of songs complement the prose; these vary from Stewart versions of classic ballads, to comic and music hall songs, parodies and children's rhymes. Some of these ballads and songs are now widely sung, having been first brought to the wider public during the Folk Revival. Documented here, we are again reminded of the Stewarts' key role, and of their kith and kin, inhabiting the same area as Gavin Greig and James Duncan, whose *Greig-Duncan Folk Song Collection* was amassed here during the early years of the twentieth century, though very few of their sources were Travellers. The richness of the Stewart song repertoire illustrates the family's and the Travellers' unique role in the preservation of the music and song traditions of Buchan and the North-East, an area extensively studied by ballad collectors over the centuries. Also included in the song anthology are Elizabeth's own music and ballad compositions adding modernity to this kist of riches and revealing the continuity of tradition. Elizabeth's wish for her family songs, stories and lore to be available gives prominence to her unswerving conviction and belief in her inheritance. She is keen to stress, however, that 'it is not a complete collection as there are many more songs and stories, too many in fact for the book to hold.' It is a tribute to her people and to the Traveller way of life as known in her lifetime.

In my role as editor and compiler, and in my endeavour to realize this tribute and fulfil Elizabeth's expectations, I was conscious of the need to merge my own vision with hers in order to shape the book into an artistic whole. I knew why we were doing it but who would the reading public be? What areas of interest could it contribute to? These questions, along with my own experience and background, underpinned many aspects of the work, which amongst other things included researching all available archival song recordings. In some cases this revealed performances of the same song by two different members of the family giving varying song texts which then had to be noted. As work on the narrative and song anthology progressed I spent more time with Elizabeth teasing out details to widen the perspectives within the individual chapters. On my singing her a song fragment from Lucy or Ned, Elizabeth was often able to give more verses and complete the song as it had been sung in the family. These examples show something of the process engaged upon as we worked towards our goal.

The book is divided into four chapters, consecutively focusing on the following: the ancestral family in *Doon the Dukker*, Elizabeth's mother in *Jean Stewart's Dance Band*, her aunt in *Aunt Lucy* and Elizabeth's own life story in *Binnorrie*. Each chapter begins with a narrative drawn from the edited transcripts of Elizabeth's oral telling and handwritten accounts and ends with a short personal testament from individuals who knew or were connected with the central figure(s) featured in the chapter.

Each narrative is followed by a selection of ballads, songs and children's singing rhymes with their tunes. Elizabeth's own piano compositions head and conclude the anthology in each chapter. The range and variety of these items are carefully chosen to reflect the preceding narrative, showing how or where Elizabeth first heard and learnt them, giving their context and meaningful associations. At the conclusion of Chapter 4 there are Song Notes with a related Bibliography by Geordie McIntyre, who gives the wider frame of reference for the song material. Recording references for each song transcription are given in these notes.

Appendices I and II illuminate the process undertaken in compiling the book. In Appendix I, Caroline Milligan describes the editorial decisions and methods employed when collating the narrative sections. In Appendix II, Jo Miller writes of the song music transcriptions and offers some observations on singing style. I resolved to include Appendix III to illustrate something of the wealth of stories, riddles and song-fragments from the Stewarts which are held within the Kenneth and Rochelle Goldstein Archive. Copies of this material are deposited in the School of Scottish Studies Archive, University of Edinburgh, and can be heard online at www.tobarandualchais.co.uk.

The contents of this book provide a resource for a wide reading public, general and specific. It can be a source of songs and tunes for the performer, singer and instrumentalist, and student of folk-music studies, traditional song and balladry. And for those interested in Traveller culture, stories and traditions, Scottish studies, social and local history or for the academic researcher who has specific lines of inquiry, the book provides a detailed insight of one unique family over a span of five generations.

—ALISON McMORLAND

Acknowledgments

Coming back from America in 1997, I was determined that the songs, music, and life stories of my family, the Fetterangus Stewarts, should be put into a book and I felt I was the only one to do this. I strongly believed that our music, songs, ballads and stories, our way of life and Traveller traditions, should not be forgotten. I realized my health was deteriorating and I wasn't so able, and so I specially asked Alison McMorland if she would write this book with me, for I trusted her completely and I knew she would do it well. Alison agreed whole-heartedly and said she'd do it with pleasure, as she had visited my aunt Lucy, when we first met, and greatly admired her.

My deepest thanks must go to Alison who has helped me to tell the story of my famous Traveller family. She has believed in me, encouraged and guided me, especially through the ups and downs of my ill health. She has also found different ways for me to record my memories and music so that my family are given the recognition that they deserve. She is a loyal friend and her determination and hard work has made my dream come true. I must also thank and say how much I appreciate the support of her husband Geordie McIntyre in our venture, and that of Rochelle Goldstein.

Thank you also to Lucy Sim of Aberdeen, a dear cousin of my mother's who without my knowing or asking, forwarded information about the family, which included the most important photograph of my maternal great grandma, Lucy Townsley.

I hope this book will evoke memories for others in our Travelling Community.

Done at last! Thanks to All!

—ELIZABETH STEWART, Buchan, 2011

❧

Many people—family, colleagues and friends—have wished us well in our endeavour and I give my sincere thanks and appreciation to the following for their assistance, directly and indirectly given, in bringing this book to fruition.

To the late Hamish Henderson for blazing the trail.

To Geordie McIntyre, a mainstay throughout in his unfailing enthusiasm and knowledge. In preparing the manuscript I'd like to especially thank Caroline Milligan for her expertise, painstaking attention to relevant detail, sustained dedication and, not least, her good humour. To the music collaboration between Jo Miller, for her careful and faithful song music transcriptions, and Ian Abernethy, who turned her handwritten manuscript into what you see on the page; and to Eric Rice for transcriptions of Elizabeth's piano compositions, all of whom gave so generously of their time and talents, and to Amy Lord who assisted in the final stages of the project.

To Professor Ian Russell of the Elphinstone Institute, University of Aberdeen, for his academic direction, advice, and ongoing commitment to this publication. To Tom McKean for his work on the final manuscript and editorial guidance, in particular with regard to the James Madison Carpenter Project Editorial Guidelines, prepared by David Atkinson. Also to Craig Gill of the University Press of Mississippi.

To Dr Margaret Mackay, Director of the School of Scottish Studies Archive for her support and encouragement at the start of our venture. The Department of Celtic and Scottish Studies, University of Edinburgh, has played a crucial role. Beyond access and permission to use the recorded material held in the School's Sound Archive the use of the Department's facilities during the manuscript's preparation was freely given. Other staff gave assistance and are due thanks: photographer, the late Ian MacKenzie, archivist Dr Cathlin Macaulay, sound technician Stewart Smith and Dr Katherine Campbell.

To Rochelle Goldstein for permission to draw on and include material from the Kenneth and Rochelle Goldstein Collection, University of Mississippi, for her valued approval of Elizabeth's venture and for allowing us to publish photographs from the Goldstein's time spent in Aberdeenshire. I am grateful for permission to include other photographic images: to Kätzel Henderson for the photograph of Willie Mathieson from the Hamish and Kätzel Henderson Collection; the Laing Collection, Perth Museum and Library; Howard T. Glasser Archives of Folk Music, Archives and Special Collections, University of Massachusetts Dartmouth; SCRAN; Stranraer Museum, Dumfries and Galloway Council. To Tom Spiers for the Trumpeter of Fyvie Castle photograph, Maurice Gunning for the picture taken at the Sionna 2005 festival and Geordie McIntyre for the photograph taken at Girvan Folk Festival. Unless otherwise acknowledged, all the photographic images are from Elizabeth's or my own collection.

The following bodies awarded grants to aid in fieldwork costs and the preparation of the final manuscript: the Scottish Arts Council, now Creative Scotland; the Royal Scottish Academy of Music & Drama, now Royal Conservatoire of Scotland; Banff and Buchan Arts Forum and a private sponsor.

A number of individuals contributed in various ways: Jock Duncan, Jack Webster, Howard Glasser, Tom McKean, Kirsty Potts, Doc Rowe, Steve Ransome, Maurice Leyden, for providing the Sean O'Boyle quote, Ewan MacColl Ltd. for permission to reproduce *Come Aa Ye Fisher Lassies* (*The Fishgutters' Song*), Timothy Neat, Ruth Perry, Margaret Bennett, Alyne Jones, Mairi MacArthur, Bob Pegg, Sara Grey, Elizabeth Robertson, Paul Stapleton, Jacquie Swift, Russ Claire, Dan Milner, Paul Adair of the Perth Museum & Art Gallery, John Picken of the Stranraer Museum, Peta Webb of the Vaughan Williams Memorial Library and Steve Roud of the Roud Index.

Finally, we would like especially to thank Howard Glasser for permission to use his wonderful papercuts and calligraphy in the book.

—ALISON McMORLAND, Dunblane, April 2011

Introduction

This collaborative venture was first set in motion by Elizabeth Stewart on returning from her final singing trip to the USA in 1997. At her request to help, I felt drawn to do so. Why? Like many other people, I had first visited Lucy in the early 1970s, which was when I also first met Elizabeth, encouraged by Hamish Henderson of the School of Scottish Studies. As a young singer I was seeking to know more of Scots songs and ballads, and I was eager to learn from older singers. Hamish had invited me to visit the School of Scottish Studies where initially he gave me a compilation tape of traditional source singers to listen to, one of which had been prepared as a teaching resource for students. A track of a particular woman singer shone out. I asked if there were any more recordings of her and this prompted him to search in the basement of 27 George Square, returning with a number of tapes solely of Lucy Stewart. In listening to these reel to reel tapes in Hamish's study over many hours and visits, I was enthralled and inspired by her direct story-telling style and her strong voice which was at times sweet, at others haunting and stark. I was overwhelmed by the treasury of songs with their beautiful and rare melodies. They told of legendary and historical happenings, love songs with much pain and disappointment, of longings, struggles, defiance and humour – both daft and clever. On these visits, I stayed with Hamish and his charming wife, Kätzel, receiving a warm welcome and sleeping in the front room of their Melville Terrace flat. I remember a stack of vinyl records in the corner of the room, one of which was of Lucy Stewart singing eleven ballads. As I learned songs and ballads from these sources, the Stewart music already had a hold on me and my visit to meet Lucy Stewart in Fetterangus was an important event. Elizabeth's invitation, so many years later, offered me the prospect of deepening my understanding of traditional singing and balladry set within its context. It also, importantly, presented me with the opportunity to give something back when I had received much. I wanted to help Elizabeth realize her dream of a book about her family.

In responding to Elizabeth's request, I chose initially to record her accounts and memories through the medium of video. I wanted to capture her personality and document the area she had lived in all her life, while also anticipating that these recordings could become a future archival resource. At the time I was Scots Song tutor at the Royal Scottish Academy of Music and Drama, which awarded me a research expenses grant. Employing the skills and experience of folklorist and film maker Doc Rowe in 2001–2 we spent two three-day sessions filming with Elizabeth at her home in Buchan. From my own training, and in the guidance of many in *Life Story* work, I knew it to be essential to allow those engaged in this process to have ownership of what is told and for it to be authentically their own. The teller's experience in the first telling of a story to a fresh listener prompts what is uppermost in their mind. In our case, I was aware that this narration would also reveal future themes for my follow-up questions. Therefore in the video recording sessions I encouraged Elizabeth to tell me what was most important to her, allowing her to take the lead, knowing this would provide the bedrock for exploration. We visited the site of the family croft in Duke Street, Fetterangus, and the graves of her dear family in the cemetery there. On re-visiting Steve Ransome's studio, where Elizabeth had recorded a cassette *Atween Us Twa* in 1992, she recorded again in his studio and they remembered together a strange happening on that previous occasion (retold in Chapter 4).

During these first recording sessions it was obvious that Elizabeth felt an immense responsibility to honour her ancestral and close family. However it also became clear to me that Elizabeth's own story was equally important and needed to be told. I felt an urgency to see that she herself was honoured and given full recognition for her own outstanding talent. With this in mind, during the second set of sessions, I asked questions that concentrated on her and of how music and story have been central in her upbringing and life.

After these video sessions (and before any transcribing was done) I urged her to record her own double CD highlighting her unique style in ballad singing and her piano tunes and compositions. Dr Ian Russell was enthusiastic for this to be part of the Elphinstone Institute's Travellers Project and asked if I would produce it. This project took nearly two years to complete as Elizabeth's health was not good. Elizabeth chose to record a very personal selection of material, including some of her own compositions and tunes and a double CD, *Binnorrie: Songs, Ballads and Tunes*, was released in 2004.

In the next two years Elizabeth was able to enjoy giving more performances at festivals and events following the wider profile gained from the CD's release. In the meantime I encouraged her to write for the intended book as I transcribed the song texts and researched other archival recordings. With permission and vital support from Dr Margaret Mackay to us both,

I revisited, but in more depth and detail, tapes deposited in the School of Scottish Studies Archive. This material included those tapes first recorded by Hamish Henderson, Arthur Argo, Hamish with Peter Kennedy and also the Kenneth Goldstein tapes, which were made during his extensive study of the Stewart family in 1959–60. Other tapes privately recorded by American calligraphic artist and Scots song enthusiast Howard Glasser, dating back to 1963, were compiled and made available to us by Howard specifically for this project. All of these recordings bear testament to the outstanding contribution this family has made through their marvellous musical heritage.

At this stage, the shape of the book was clear in my mind and I suggested the structure to Elizabeth. Up until then we had made recordings in both video and audio forms which captured the life stories and the family stories that flourish in Elizabeth's oral telling. She had also contributed handwritten accounts and had made recordings of ballads, songs, tunes and song fragments. Clearly, here was a female line giving insights into a traditional means of living: the need to support and bring up a family alongside the role music and music making played in their lives.

The collaboration we had undertaken together over eight years had developed in various stages. Geordie McIntyre was already working on the song notes and Eric Rice on transcribing Elizabeth's piano compositions, but funding was now needed to bring in extra skills to prepare for publication. With this in place, a team effort swung into action, with a team that coordinated and accommodated to each other over a three-year period. Caroline Milligan oversaw the complete manuscript, having come on board to help transcribe, edit and organise the material. Jo Miller's handwritten music transcriptions for the songs and ballads were edited by Ian Abernathy, who turned them into what is now seen on the page, and Amy Lord assisted in the final stage.

As the narrative prose developed, Elizabeth read, changed or added to the text and in the final drafts of both the narrative and song material this method was repeated. With regard to the song texts, Elizabeth's respect for the tradition and care for the task in hand meant that she felt the song texts should be presented in the form that she knew from the family. In a number of instances additional verses have been given to expand on those recorded from Lucy. An example of this is *Oh Down in London Fair* where six verses have been added to the original five recorded from Lucy. As Elizabeth herself tells us in the narrative, on occasions Lucy would give only part of a song. However, she had complete versions and would also sing these too, depending on how she felt. Song fragments also prompted Elizabeth to remember more verses and in a few instances she was inspired to create a new variant.

1.1. Folklorist Hamish Henderson interviewing Willie Mathieson, the famous North-East ploughman, song collector and singer. Willie Mathieson was born near Ellon and this picture dates from 1952, shortly after the foundation of the School of Scottish Studies at the University of Edinburgh. (*courtesy of Hamish and Kätzel Henderson Collection*)

By including this additional material from her we hope to reflect the dynamic of the family and Lucy's repertoire. Elizabeth's approval of both the song texts and narrative proved integral to this process in representing her world as faithfully and accurately as possible. I am sure that working on this book has brought many parts of her life into perspective, for it has been a long, and at times cathartic, journey that has re-affirmed her life's achievements whilst honouring her family and her heritage.

Elizabeth's Introduction

Fetterangus, or Fishie as we caa it, is whaur I wis born. Nae many folk hid heard o it because it wis aff the beaten track a bit. Mebbe three hundred people lived there when I wis growin up, wi nae many buses an fewer telephones, if any. A stranger cam tae the prefab we lived in, jist turned up at the door o 27 Gaval Street. He said his name wis Hamish Henderson an that he'd jist come fae the Huntly Stewarts. Geordie, my mither's brither, hid sent him doon efter tellin him that the Stewarts o Fetterangus were weel-kent for their music an songs an that my aunt Lucy and my mam had the songs an ballads that he wis lookin for. This wis aboot 1955, when I wis jist a quinie o sixteen years aul or there aboot. It's true the family were kent for their music aaready but little did we realize that this tall, slim an quite good-lookin stranger wis tae tak oor name beyond Aiberdeenshire an so make it and us weel-kent internationally. This wis tae change oor musical lives forever.

When I talk o 'my family', I mean my close family on my mither's side: my grandparents, Aul Jimmsy and Aul Betty, my mither Jean, an her sister an brither, my aunt Lucy an uncle Ned who were aa sae important in my child-hood an upbringin. It wis fae them, especially Lucy, that I learnt my songs, an fae them that I heard aa the stories an family history. I really value aa they gave me an passed on tae me. I know whit I wis brought up wi *and* whit I believe in. It's important for me tae tell aboot my family because I'm descended fae a lang line o extraordinary pipers, musicians, composers, singers an storytellers. I ken this not only because o the medals, certificates an diplomas that were left behind in my aunt Lucy's care, but also because o the heritage o music an song that lives on in me and in many other folk who hiv come into contact wi oor family through the generations. This book is my tribute tae the music an song, stories an family history which I grew up wi.

Select Family Tree

Tom (eldest)	
Donald	
George	
Margaret	
Lucy	
Martha	
Donald	
Hughie	
William	
David	
Hughie	
James	
Ned	
Jean	

Elizabeth Townsley
Aul Betty

James Stewart*
Aul Jimmsy

Robin Stewart*

David Stewart*

Andrew Stewart*

Donald Stewart*
Aul Crichie-er

Donald Stewart
Crichie Donald

Margaret Hutchison

James Stewart
Piper Jimmy

Elizabeth	
Jane	
Frances	
Robert	

Jeannette	
Elizabeth	
Michael	

* These are the five military pipers in this family of seven sons and three daughters.

xxii

Map

Up Yon Wide
and Lonely Glen

1.2. My great grandma, Lucy Tams Townsley, mother of Aul Betty. (*courtesy of Lucy Sim*)

1.3. Aul Donald and his wife, Margaret Hutchison.

Chapter One

Doon the Dukker

My great-great-grandfather James Stewart wis known as 'Piper Jimmy' an wis o the Appin Stewarts. By all accounts he hid come north tae Banffshire in the early 1830s, leavin behind his ain brithers, who were aa pipers like him. In fact een o them wis piper tae the Duke o Atholl. Much o the history o the family pipers fae this time is written aboot in the book *Pipes o War*, which wis published in 1924. Piper Jimmy cam tae the parish o Kirkmichael eventually efter bein further north, an he settled at Kirkmichael where he raised his family, includin seven sons who were to go on to serve wi the Aberdeenshire Militia.

Six o Jimmy's sons were pipers, outstandin pipers, wi some o them servin on the front line in battle. The best kent o these sons wis the eldest, my great-grandfather Donald (1849–1913). Donald had mairriet a Traveller woman caaed Margaret Hutchison who wis fae the Buchan area, and they went on tae hiv a really big family. He cam tae Stuartfield, Aiberdeenshire, an wis kent aa ower Scotland as a champion piper, an I'll tell ye mair aboot him later. This branch o the family which I'm descended fae is known as the Fetterangus Stewarts. The family aye said that the present Stewarts stemmed fae Appin, whaur they were travellin tradespeople, silversmiths an craftsmen, servin the clans an providin them wi weapons an swords. And, of course, their music wis aye there. As staunch Jacobites many o them fought an died at the Battle o Culloden in 1746. Any who survived took tae the hills, hidin in caves for safety. It wis at this time that they were helped by Gypsies who wid bring them food an water, an anythin else they needed for their survival. Ye see, the Travellin people were hunted down for helpin the Jacobites, because it wis 'death be on their heads' tae anyone who hid helped the rebels.

The real Travellers aye said they hid royal blood in them, an in mair ways than one! I wis told that the family way down the line cam aff the Royal household o Stewart. The name Stewart wis originally 'Steward', eventually 'softened' tae Stewart, fae the time o Walter, Steward to King Robert the Bruce an his family. In them days, you got yere surname usually, an in maist cases, fae yere profession, or somethin particular aboot yere person or character, as in 'Lionheart'. The name Stuart became that wye o spelling

Stewart efter Mary Queen o Scots' father, James, went tae France. Stewart then became 'Stuart' as there wis no 'w' in the alphabet there, so 'Stewart' an 'Stuart' is the same name an o the same line. Many people don't know or understand this, or just don't want to know this, I think because o the stigma attached tae the Traveller Stewarts.

My grandfather, also James but known as Jimmsy, served for twenty seven years wi the Gordon Highlanders, risin tae the rank o Corporal Piper. He wis a great piper, a great fiddler, an composer o many tunes for baith bagpipes and fiddle. His handwritten manuscripts were passed doon tae my mither, an as a child I remember I wis amazed at the neatness o his music scores, done in sepia brown ink. Sadly these manuscripts disappeared long ago, but I still hiv memories o playin fae them, aye, playin my grandfather's tunes as a bairn. He also played the chanter an other instruments too. How he cam tae play the fiddle is some story, wi a few unanswered questions. At some point when he wis a lad he hid attended a religious establishment (I'm nae sure o the details, but I ken that he hid wanted tae be a minister). At some point somebody gied him a fiddle tae try, which wis the first instrument he hid picked up in this religious place – an that wis that! Of course the music wis in his blood, fae his father Donald an aa the uncles, an fae then on, he jist went on playin, eventually becomin a champion fiddler an piper.

As bairns we heard many stories aboot Aul Jimmsy an his piping an here's one that I mind well. There wis a great event comin aff at Marischal College in Aiberdeen. Jimmsy, bein weel-kent as a champion piper an one o the best musicians in the area, an for miles aroon, wis asked tae play the pipes at the openin o this event. Aye, they asked for the best an they got it! So richt enough he went in, performed an feasted, an then by the end o the nicht he'd hid a good drappie. He wis bidin in Aiberdeen at this time an when he wis walkin hame, quite late in the nicht, or maist likely quite early in the mornin, twa men grabbed him, knocked him oot, an took him back tae the college. It cam oot later that these men were bodysnatchers. They were men that were paid tae 'provide' the college wi bodies (deid or alive) for medical purposes, like Burke an Hare hid done in Edinburgh. But when it wis discovered that this wis the man that hid piped at the openin o that nicht's event, my grandfather wis let go. But if he hadna been the piper there he wid hiv been deid, because they did that in them days. Bodies were needed, bodies were scarce, an those that wanted them didna care whaur they cam fae! We were aye told that sort o thing happened in them days. So there wis my grandfather, wanderin aboot ye see, wi a drink in him, makin his way hame an nae carin a damn! Stories like this used tae really scare us when we were bairns, but we loved tae hear them jist the same.

1.4. This photograph shows a gypsy caravan of the English type, early 1900s. (*from* Galloway Travellers, *p. 28*)

Jimmsy hid mairriet young an the woman that he mairriet wis actually an English Gypsy, Elizabeth Townsley, or Betty as she was caaed. She wis only fourteen at the time. I think she wid hiv been up here in Scotland for quite a while, cause although she spoke English, she also spoke Buchan tae. But ye ken, Travellers meet up, an hiv similar life-styles tae the Gypsies, wi their caravans, their horses an cairties an things like that, so marryin wi a Traveller or a Gypsy fae anither part o the country widna hiv been unusual. Betty wis fae Gateshead near Co. Durham an she an Jimmsy hid fell in love, an that wis that. Her father hid been a horse dealer an showman wi a travellin circus, an her mither's family hid been coalminers, an show folk. Betty's family, as I mind fae meetin them as a kid, were mair or less classed as bein the royalty o the Travellin people. They were dressed in the best, wi gold sovereigns hangin fae their ears an necks, an sovereign rings on their fingers. Pure silk scarves were roon their necks, an on their heids as heidsquares. Even, they hid gold fillins in their teeth, which wis a rare sight in these days. An they hid the maist beautiful caravans. In Fetterangus the villagers wid come tae oor land jist to look at them, an they wid even ask if they could look inside tae see aa the fine gold dishes. Those were the Townsleys an they were very well respected, an spoke wi a twang o their ain. A bit English I'd say, but aye, they wir bonnie speakers, and unusual speakers too. The Mullens wir cousins o them tae, an they were aa lovely folk, good-lookers an handsome.

Jimmsy and Betty hid fourteen o a family, ten sons an four dothers, an as far as I ken, some o them were born in Stuartfield an some in Aiberdeen. For several years they bided in various hooses in different parts o Aiberdeen, includin Belmont Street, Skene Street, Littlejohn Street an the Gallowgate. But that wis jist in the winter, an when the spring an summer days cam they travelled. One o my mother's sisters, Martha, hid contracted TB (tuberculosis) an wis very ill, an the countryside hid helped her a good bit, so they went there whenever they could. They packed up an headed for the country an tae their favourite spots like Scotstoun Moor, Udny, Hatton o Fintray, even as far as Inverurie, the area whaur the Battle o Harlaw took place. But Udny wis the favourite an they aye caaed it Bonnie Udny. I wis told, an I believe this tae be true, that een o my great-uncle's brithers composed the song, *Bonnie Udny*. I ken by the wordin, an how it sounds, that it's fae a Traveller.

In summer-time, whenever they hid set up camp, Jimmsy an Betty then hid tae find ways tae provide for themselves an the family. Once everythin wis in order my grandma wid go roon that part o the countryside wi her pack on her back. While she wis awa fae the camp, my grandfather wid look efter the bairns. He wid also set up the cairts tae display the maist beautiful china dishes an ornaments, pots an pans an sic like, that wis for sale. Their china wares were next tae none, an included Wally Dogs in bone china wi the real glass een. Because Jimmsy piped as well for a livin, he wid offer lessons tae anyone comin in aboot the camps who wis willin tae pay him an this wid bring in some money for provisions. However he really cam intae his ain when playin at any o the nearby Games. Some o the places the Games were held in wis Gight Castle grounds near Ellon, an there wis Games at Pitfour House Estate near Mintlaw, Fetterangus, an further afield too. These wir great events, wi aa sorts o games takin place, like tossin the caber an hammer throwin. But the biggest events wir the tin-whistle playin, fiddle an, o course, the pipin an the dancin competitions. These wir big an important events then.

Jimmsy wid enter the piping competitions, as well as those for fiddling an he aye took the first place, wi its prize money an medals. It wis at one o these Games when he'd won first prize, yet again, that James Scott Skinner the great fiddler (1843–1927) heard him an said, 'That's the man I want to play for me.' At that time Scott Skinner wis also a master dancer, an he needed someone who hid perfect timing tae accompany him. So from then on my grandfather played for him, dancin at aa the Games roon aboot. Scott Skinner wid hiv nae

1.5. Travellers in Galloway. Here you can see a typical bow tent, taken from the wagon, of the type Jimmsy and his family would have used. (*image N200 02 18 courtesy of Stranraer Museum*)

one else. It's not jist sae long ago that an old man hid told me he actually wis at the Gight games an saw an heard my grandfather play, sayin there wis nae one like him as far as piping wis concerned.

Gight Castle wis the ancient home o the Gordons of Gight, a weel-kent family wi a reputation for bein a wee bit eccentric. It wis also home tae Catherine Gordon who wis the mother o the celebrated poet Lord Byron. Jimmsy likit tae tell stories o paranormal happenins on that estate, an one o these wis fae the time o the Covenanters. The Covenanting army were makin ready tae tak up quarters in the castle at Gight, an so the family decided tae sink the iron yett, which wis inscribed wi the family emblem, tae the bottom o a whirlpool that wis nearby. This wis wi the intention o preventin the Covenanters fae gettin their hands on it. The Covenanters wir soon chased aff an some time later a diver wis sent doon tae recover the gate. He returned tae the surface the first time tae say that he hid found the yet an that it wis safe whaur it wis. He was sent doon again, this time tae bring the treasure back tae the surface, but it wis only his deid body that cam back, ripped an mauled, as if by some evil force. The yett wis niver recovered an it's there yet I guess.

Another story that's told aboot Gight is in connection wi the subterranean passage that's said tae run oot fae the castle. Although nae one seems tae know whaur it ends, it wis said that it led also tae the castle at Federate. A piper wis sent doon one time tae walk all the way fae one end tae the other. But he wis niver tae return an it wis said that the sound o his pipes can still be heard at baith Gight an Federate. This story is often telt, but there's another version which I believe tae be true, an it concerned twa brithers who wir Travellers by the name o McAllister, an baith o them wir great pipers. They wir travelling north an the aulder brither went doon the passageway as a dare, leavin the ither behind, but takin his pipes wi him. Efter some time the lad returned in a terrible state o fear. He hid been mauled as though by some strange creature an nae amount o cajoling could persuade him tae return tae the passageway. Feelin brave, the younger lad then said that he wid go doon. 'I'll tak my pipes,' he said, 'an play as I gang along. If ye dinna hear me playin, ye'll know somethin bad has happened tae me.' An so the younger brither went doon, an for some time his music could be heard, an the aulder brither wis reassured, until suddenly the playin ceased at a place called Meg's Spot. The aulder lad went intae the passageway but could find no trace o his brither an on returnin tae the surface, an in great despair, he killed himsel. Legend has it that pipin can still be heard frae time tae time at Meg's Spot, an that this is the pipin o these twa brithers. It's said, even tae this day, ye can hear that pipe music, played by those twa Travellers.

Aul Betty an Jimmsy hid sic a large family that they needed two bow tents to hold everyone an everythin. They needed double the amount o everythin, cause there wis sae many o them! I mind hearin aboot this one time when they were camped at Scotstoun Moor, between Aiberdeen an Inverurie. Noo this is the place whaur the Travellers say the Battle o Harlaw hid actually started. I dinna ken if that's jist accurate, but there wis a part o the battle fought there, an it went on for miles an miles. Of course, Harlaw is at Inverurie as ye ken, so there'd be fightin there as well. Onywye, my grandparents hid come tae settle there for a few days. It wis late at nicht an they were in their tents, an maist o them were asleep, when my grandfather wis awakened by the sound o horses' hooves. He went ootside the tent an he saw this man in armour and on horseback comin towards him, gettin closer an closer tae the camp, an of course Jimmsy took fright. He ran inside an telt Aul Betty, 'Listen tae this. We'll get aa oor dishes broke,' because previous to this he'd set up their cairt wi aa their lovely dishes for passers-by tae look at ye see, an he'd jist left them like that for quickness for viewin the next day. By this time the chargin horse wis gettin nearer an nearer an they didna ken whit tae dae. Noo believe this or no, the rider an his horse cam ridin on an went richt thru the cairt. My granda watched as the dishes rattled an broke intae pieces. Of course at that Jimmsy ran inside the tent an said, 'That's it! We've lost everythin. We winna hiv a penny noo. An Betty' he added, 'That man hid nae heid!' Well, you can imagine the state they were in, an granda wis up at the crack o dawn tae set aboot clearing up his dishes so that they could get on the road an awa fae this place as quick as possible. But when he went oot o the tent next mornin he could hardly believe his eyes, because the dishes were as they were before the heidless horseman passed thru. There wis not one dish broken. Nae damage whatsoever! In great haste they packed everthin up an left. As they were heading aff doon the road they met somebody who shouted oot tae them, 'That wis a quick visit. That's a quick move.' 'Aye,' said my granda, 'An I winna go back there in a hurry. There's somethin funny aboot that place.' When they reached a nearby fairmhoose, they stopped in tae ask for some fresh milk to buy for their breakfast an the fairmer's wife inquired aboot this quick move, so granda told her whit hid happened the nicht before. She gave him a strange kinda look, as if she kent somethin that he didna, an then she said, 'Ye're nae the first eens tae hiv seen this. Naebody stays at that place any length o time.' Obviously my granda hid seen an heard a knight in armour, one who'd been decapitated an killed at the Battle o Harlaw. That knight's ghost hid come back that nicht an gied them aa sic a scare. As a child, on being told this story, I wis scared, excited, an believe it or not, curious tae. So much so, that later in life I went tae Scotstoun Moor. Whit I wis lookin for I dinna ken, probably hopin tae see some paranormal activity there, but I felt good tae be whaur my grandparents hid been, an that's the reason why I hid tae sing *The Battle o Harlaw* fae then on, because I'd been there an kent those stories an the connection wi my family.

Anither time, the family were camped at whit wid hiv been an aul road long ago, but ower time the road wis lost under aa the hedgin an grass which hid been left tae grow. Well, my grandparents camped at one side an there wis a camp at the other side tae. It wis quite a wide road ye see, wi space tae cross between the tents. Again it wis late at nicht an they'd been haen a ceilidh, sittin roon the aul iron chitties wi somethin boilin away, mebbe a stew or sic like, when they saw this hearse comin towards them, aa lit up. Aye, a hearse, wi twa men sittin on top o the carriage. An my grandfather said, 'Oh God Almighty! Look at this! Whaur the hell are they gaun tae at sic a speed, an at this time o nicht. Oh laddie, mak room here, quick,' he said to een o his sons. The hearse wis takin up quite a bit o the road an no way could it hiv passed the tents withoot the tents bein moved tae the side. At one bit o the road, the hearse stopped an the other driver changed ower afore it took aff again. By this time, one camp hid been quickly moved aside, jist in time as the carriage passed richt through between the tents. The men atop the carriage wir dressed in black, wi large bowler-like hats an they were sae grim, wi not a smile on their faces. They looked fearsome! My grandfather noticed that the wheels o the hearse wirna touchin the road an in fact the whole thing wis floatin. So again, as soon as they were packed up the family moved oot o there. But whaur wis the hearse gaun tae? Later on my grandparents heard that this phantom hearse wid hiv been headin for the nearest graveyard, an they hid unwittingly camped on the road leadin tae it! This is anither story that used tae fear my sister Jane an me. Mind we wir really only youngsters o seven or nine years aul when we were telt these tales. Oh, we couldna sleep aa nicht efter sic a tale! But by the next day we wir quite anxious the next day—for mair stories like it.

Awa fae these disturbances life on the road hid its ain wye. When Aul Betty went oot wi her pack she sold clothin, beddin, an household bits like clothes pegs, needles an pins for sewing, buttons, an aul claes for patchin. She wisna aye paid wi money. She wid often barter or haggle, an settle for food like oatmeal, eggs, tatties or neeps, carrots, kail. Onythin that wid mak a meal. Mebbe even sometimes she'd get some meat, like chicken, lamb or bacon, an straight fae the coo, milk, an mebbe some fairmhoose cheese. She niver begged though, an this wis important tae her, cause she wis a very proud woman.

Betty hid her regular customers, whaurever she went. She hid a lovin an kind nature aboot her, an wis weel-likit, loved an trusted. Her customers needed her, an in turn, she needed them, an if they needed onythin, they wid even jist come to whaur the family were campin tae get it. Een o her customers that she'd kent for a lang-time wis a woman who wis on her ain wi her three young bairns. She often confided in my grandma, an wid tell her a tale or twa, ower a cup o tea, a scone, or a bit oatcake. One day, when my grandma paid her a visit, this woman wis a bit doon in the dumps. Soon she telt my grandma that sometimes she got that wye, depressed an sad, ower hardships an loneliness, bringin up her three kids on her ain, wi very little money. 'I'd like tae tell ye somethin Betty,' she said, 'if ye hiv the time tae listen tae me.' My grandma wis a good listener an so she sat doon an this is the tale she wis telt.

John an his wife, lived in a wee croft at Hatton o Fintray, near Inverurie, Aiberdeenshire. The couple ran the croft, an John hid an extra job tae. He wis a deliverer o goods, like a carrier is today. His vehicle wis whit ye'd caa an open horse-drawn carriage wi twa seats in the front, one for the driver an the ither for a helper, or a passenger mebbe.

John wid ging intae Aiberdeen every day, pick up his goods, fae possibly the railway station, or whauriver, an ging aa ower the countryside deliverin the stuff, afore makin his wye hame at nicht. Sometimes he wid be on the road till quite late. Ae nicht, in the wintertime, he hid delivered aa his goods an wis makin for hame. Mebbe he wis still a guid twa or three miles fae hame, when he thocht he saw a figure standin at the roadside tae his left. He'd passed by, but kept thinking, tae hisel, 'Did I really see somebody there or did I nae?' John, bein a kind an gentle man, thocht, 'God, I widna like somebody tae pass me by on a nicht like this. I'd like tae think somebody wid be kind enough tae offer me a lift.' So John decided tae turn back an check. Noo, it wisna snaain, but there hid been a lot o snaa, an there wis severe white frost, an there by the licht o the moon, sure enough, wis this figure o a queer lookin wee gadgie, standin jist whaur John thocht he hid seen someone.

'My God,' said John, 'This is nae a nicht tae be oot man. Ye'll freeze tae death. Hop in ower an I'll tak ye up the road a bit or tak ye whaur ye're gaun. I canna see ye standin there fair freezin. Jist tell me whaur ye're gaun.' Well, jist like that, this queer lookin creature leapt richt up on the seat – in one jump! Noo the seats o this carriage wir very high an there wir steps, but this man jumped richt up in one go, an that wis it. So that wis a bit strange aaready. 'Far are ye gaun till?' says John, 'an far hiv ye cam fae?' But the man niver spoke a word. John thought tae himself 'Poor bugger, he's mebbe deif!' He tried again. 'Far are ye gaun tae an far hiv ye cam fae? Hiv ye cam far?' Still nae reply. Noo John wis real tired himsel, cauld an hungry, an he begun tae think tae himself, 'Whit a thankless wee man this is, wi nae manners.' He also noticed that the man hid large pointed ears. That wis strange. And he seemed tae be very hairy on his face an his hands. John wisna too bothered aboot that, an thocht the man wis jist a tramp or a worthy, or sic like. But then John's eyes went doon an he noticed that this queer lookin gadgie hid a clovin foot, that is, a foot like that o an animal, a hoof, an John kent that could only mean one thing. Jist at this, John wis gan roon a bend in the road whaur there wis a wee brig an a stream runnin under. Withoot a word, an withoot a thank-you, oot jumped this creature ower the brig, an disappeared, leavin a trail o a blue licht behind him, an now John noticed somethin else. His passenger hid a tail! Noo John wis confident aboot one thing. He hid been hurlin wi the Devil: Aul Nick himsel. By this time John wisna far fae hame an he couldna wait tae get inside the hoose tae tell his wife. Rushin in withoot even pittin the horse an cairt by, he telt his wife aboot his strange passenger. 'I've been hurlin wi the Devil, Ann,' he says. 'An I believe he's teen my soul.' 'Oh John,' she said, 'Jist sit doon by the fire dear, an I'll tak thru yer supper an yer cup o tea, an ye can tell me it aa ower again.' She went thru tae the kitchen tae fetch him his supper, bit when she cam back in moments later, John wis there in his chair, deid! Aifterwards, Ann aye swore that the devil hid indeed teen John's soul.

An so this wis the story told tae my grandma, an told tae me by Lucy an my mum later on.

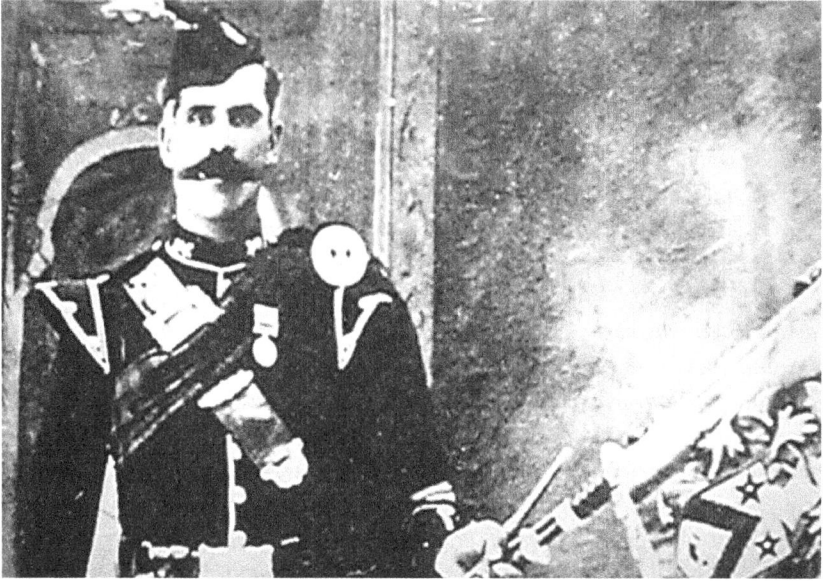

1.6. Great uncle Robin Stewart, in his regimental uniform, son of Aul Donald (Crichie Donald).

1.7. Two of my great uncles – David Stewart of New Deer (middle) and his brother Andrew (left), with their cousin George Robertson.

The family took the decision tae leave Aiberdeen for good because o their dother Martha's tuberculosis. The smog went for her chest an lungs, ye see, an the only treatment for TB then wis tae tak the patient intae cleaner air. So they moved tae Stuartfield an over the years the family lived in both

Mill Lane and Mill Street. When the croft at Fetterangus cam up for sale my grandfather bought it, that wis at number 14 South Street, at the street which wis later renamed Duke Street. That wis in 1917. 'The Dukker' wis the nickname given tae this street an I think it got that name fae the amount o ducks that the people in that street kept. My aunt Lucy an the woman across the road, Janet Stott, both kept ducks, an the people next door did tae. Unfortunately, movin oot o Aiberdeen didna help Martha's condition an she died in Fetterangus at the age o 24, in 1928. That wis a terrible shame. Martha hid a lovely voice an could hiv hid a career wi that too. She loved gan tae the Music Hall in Aiberdeen an singin that kind o songs. I think Jimmsy chose Stuartfield for that first move because his father, Aul Donald (son o Piper Jimmy) stayed there in Mill Street, wi some o his family. Stuartfield wis better known as Crichie, an that's how my great grandfather got the nickname o Crichie Donald, or Aul Crichie-er.

Aul Donald's sons, like their forefathers, were aa military men an some were front-line pipers. The best known o his sons' generation wis Robin, an of course my grandfather, Jimmsy, an then there was David (better known as Big Davie fae New Deer), too. But the sons were aa, in their ain right, champion pipers, winning firsts aa ower Scotland, an were medalled pipers in the regiments they served wi. An then Aul Donald's ain brithers were pipers, musicians tae, an some o the women in the family played the chanter, although more usually the women did the singin. Pipin wis more for men, they thocht, an wisna lady-like, but the women held their ain wi their diddlin an their singin.

Robin wis a great favourite: a favourite brither, an my mum Jean's an aunt Lucy's favourite uncle. Fightin wis in his blood an he wis a professional soldier in the 2nd Battalion Gordon Highlanders. Efter a year in Cairo at the beginnin o the First World War, the Regiment went tae France. Robin wis decorated wi the Distinguished Conduct Medal an the Russian Order of St George. Sadly, he wis killed at Loos, on the 25th o September 1915. Earlier, durin his time in Egypt, he wrote a tune caaed *The Burning Sands o Egypt*. Later on, returnin hame an findin it hard tae mak ends meet, he wis forced tae sell many o his compositions, one o them bein *The Burning Sands o Egypt*. This tune wis sold an later re-named as the weel-kent *Road to the Isles*. Noo I ken that there's a different *official* history o this tune, but this is the story o the tune as it wis aye told within my family, which I believe tae be true, and of which we are aa very proud.

Aathegither, three generations o Stewart pipers hiv served in the Gordon Highlanders includin some o my mither's brithers. They aa served their country weel an left their legacy. In the early 1970s my aunt Lucy presented the piping medals an those for gallantry tae the Gordon Highlanders Museum in Aiberdeen an they remain there in safekeeping.

1.8. Great uncle Robin Stewart with his younger brother Walter,
sons of Aul Donald (Crichie Donald), in their regimental uniforms.

Efter movin tae Fetterangus my grandfather worked the croft at 14 Duke
Street. There were stables at the back o the hoose, as well as an area at the
side that wis used as the campin ground for other Travellers. My grandfa-
ther worked the land, an grew corn an sic like tae the side o the croftlands,
richt up till he became ill an died. On the croft, there were often three horses,
some hens an ducks, an even a couple o goats. As well as this, my grandpar-
ents hid a huge rag-store an Aul Betty wis the main source o the gaitherin o
the rags, which, in maist cases, wirna exactly rags, but good clothin actually.
My grandma wid set up her cairtie an horse, by hersel maistly, in the early
mornins, an set oot for the surroundin country-hooses an villages, fairms
an cottages. She wid sell second-hand clothin tae fairmers, servants an fairm
workers o aa kinds. There were nae charity shops then tae put the clothin
intae, so my grandma wis really deein a service, I wid say (an many agree)
an honourable service. She wid go in any direction leadin oot o Fetterangus

1.9. My grandfather, Aul Jimmsy, Jimmy Stewart, walking through his fields at Fetterangus.

an she wid go as far afield as the outskirts o Peterhead, as far as Crimond, St Fergus, aa roon that area.

The rag-store wid contain aa the days' pickins which Aul Betty hid gaithered durin her travels. Of course aa the pickins then hid tae be separated, the woollens intae one bag, the cottons intae anither, the linen intae anither, an so on. Good claes were pit aside for sellin, an aa the aul torn shirts an clothin wid be cut intae strips tae sell for dusters. Woollen coats an skirts wid be sold on tae be cut intae strips for rug-makin. Onything else wid be sold for recycling. I well mind on helpin tae separate the various claes, even as a young child. Ropes wid be hung fae the beams, an tied tae the bags, tae keep them up an open whilst fillin them up. We wid caa these the bales. The family wid actually mak the bales themselves, oot o several hessian bags sewed thegither wi a huge curved needle. I mind sewin up the bags for my aunt Lucy. I wid be

1.10. The family at Duke Street's 'orra man' Joe Meeks
– 'Meekers' as he was called. A great character and well-
loved by the family.

aboot five tae eight years aul at the time. An I remember my sisters an me hid
lots o fun usin the bales for swings when they were empty. A lorry cam tae
collect the bales when they were filled, an there wis plenty o them. I mind on
Frankie Allan fae Aiberdeen comin for them. He wis a weel-kent merchant an
gied good money. He also took the rabbit skins an the hare skins which we
collected, as they were also needed, an he paid well for these skins which wid
be turned intae coats, jackets, mitts an handbags. Sometimes we got rabbits
an hares fae the fairmers, newly killed, which were aye appreciated as a special
treat. Oor diet often included rabbit an hare, which my family wid hiv hunted
an snared for oor ain tables. Whether it wis fae the fairmers, or whit the family
hid snared themselves, they rabbits an hares wir a great treat. Aye, there are a
lot o good memories for me associated wi those times in the rag store when
we were kids. The scaldie hantel dinna ken whit they missed oot on!

Noo, tae dae aa this work in the rag store an aroon the croft, the family
often needed an extra pair o hands, an sometimes they'd employ someone tae

dae odd jobs an help oot. This wid often be a down-an-oot, or a drifter, who wid be glad o a bed an some food for his belly. My grandparents hid a man caaed Joe Meeks workin for them for a lang time, an he wis a croft worker. He wid help work the land, manage an plant tatties, an help wi the feechels (rags). He wid also clean oot the stables, an mebbe sometimes harness my grandmother's horse an get it ready for her tae go on the road. They aye caaed him Meekers, an he wis a real family favourite. Maist times he lived in the stables wi fresh straw for a bed, as that wis whit he wanted. He wis made quite comfortable an my people were very good tae him. For his work, he wis repaid by his food, an some clothing. And of course, he wid aye be part o the family. The family aye spoke well o him wi tears in their eyes, he wis a poor thing.

Meekers wis also an entertainer. I suppose, like Jimmie Fleeman, 'the Laird o Udny's feel', characters like Meekers each claimed whose fool they were, an even fought ower this. Doon the line, the Travellers maistly hid their ain entertainers an many wid even hiv mair than one. These *worthies* often loved singin an dancin, an bein part o such a musical family as the Stewarts, they wid be in their glory. So ye see, like the Royal Households o lang ago, the Travellers hid their ain jesters too.

Another favourite worker at the croft wis a man caaed Jock Pom. Although he helped my grandfather an Meekers wi the large fruit an vegetable garden at the back o the hoose, his main job wis tae keep the large open fireside an grate clean an shinin, by polishin it wi black lead an o course shinin the brass handles on the grate an the brasses on top o the large wide mantelpiece. Jock Pom hid also tae tak in the logs an feed the fire. The back o the fireside hid tae be white-washed aboot every two weeks or so and this wis Jock Pom's job as well. It wis a lot o work, but that's how the family wanted it then. The fireplace wis the focal point o the hoose an hid tae be kept jist so. It wis very invitin tae sit at an it wis whaur maist o the storytellin an singin took place.

Travellers cam fae near an far tae oor campin ground at Duke Street. They cam firstly because they were allowed tae set up camp there an it wis a great place tae meet wi other Travellers. But it wis the music o the Stewart family, an the fun that went wi it, that wis the biggest attraction for them. Campbells, other families o Stewarts, McKays, Sims, Whytes, Lindsays, Mullens and Townsleys, an many others aa came. The campin ground wid fill up wi them. They wid hiv big pots o stews an soups cookin on the fires till aa hours o the nicht, tae feed them aa efter a good nicht's fun or for the next day's dinner or supper. An aa the time they wid be singin an playin music, storytellin, an even dancin. This could start up at any time o the day or nicht, an the music wid carry on intae the small hours. Sometimes they wid play sports such as wrestlin, an games like marbles were aye popular in the daytime. This

1.11. Travellers would camp in bow tents and vans like these behind the Duke Street croft. (*courtesy of SCRAN*)

wid aa take place efter they wid be comin back fae sellin roon the countryside, an efter they'd finished sortin oot the day's profits an takin care o the animals. Travellers aye took great care o their horses an any other animals. This wis the priority. The animals wid be fed an watered, an groomed tae, even before the Travellers attended tae themselves. But aye, the Travellers were always at the Duke Street campin ground in the summertime, but they wid actually come there at anytime, even in the winter as well.

When Travellers were out in the country sellin their wares, an they'd been tae a place whaur the folk wir good buyers, then on leavin the place they would tie a piece of rope, or even stalks from the cornfields or whatever round a post or a large stone. In this way they let the next Traveller ken that the people there were good buyers an they wir marked, hence the sayin, 'That's a mark'. If they couldna get somethin tae tie roon the post, then the Travellers would mark it wi chalk. If there wis rain then the cross might disappear, but they did it onywye, hopin one o their ain would notice it.

As I said, while the work wis gaen on at the croft an in the rag store, durin the day Aul Betty wid be oot on the road hawkin in the local area, collectin an tradin, an sellin, baith new goods an the second hand stuff fae the rag store. She wis a very, very clever woman, a very witty woman, an she wis good at makin money. An as she went roon the countryside an dealt in aa things, she aye hid an eye for quality. I ken this because years efter she wis deid folk were still comin up tae me an sayin, 'I know yer folk, I mind on yer granny weel. By God I still hiv a pair o Wally Dogs I bought fae her.' Or it might be a pair o vases, some towels, or blankets or somethin like that. Ye wouldna think that. Ye'd think that they wid hiv been worn an done. But people wid say this, years an years efter. I just couldna believe it. But ye see, everythin that she selt wis really good quality. So I wis proud o her for that, because ye ken there's sae many folk wid say that goods traded by the Travelling people wid be junk, but her stuff wis aye excellent.

Although she hid very little schoolin, Aul Betty wis a cunnin dealer an nae-one could cheat her. I wis told that if she wis in a shop an hid got her purchases, she hid the total o them counted up in her heid an wid tell the exact bill even before the assistant hid got a chance tae write the prices doon. That wis before countin machines when the shop assistants had tae dee their sums on notepads. She wis niver wrang wi her calculations an wis often told nae tae dee that, but she aye did. It wis jist the same when she wis dealin, she wid hiv everythin worked oot in a jiffy in her heid.

One o the saddest stories I heard aboot my grandma wis aboot her son Hugh, an this happened at Stuartfield. Hugh hid been eatin berries that wirna ripe an they wid be still green an hard. He took very, very ill an poor thing, he died. He wis only seven years aul. Noo my grandma wis expectin anither child at the time, an the day o the funeral the minister wis in one room, givin a service for the wee boy, an my grandma wis in the next room givin birth tae her new baby, also a boy, who wis later given the name Hugh. God took one but gave anither in its place. It wisna uncommon in them days, tae caa a newborn child efter anither that hid died. That wis quite usual, so Lucy an my mum told me an I hiv often seen this myself on aul gravestones. Two o the family, siblings, both died havin the same first name. Diseases like tuberculosis an typhoid were sae common then that they could blight a family. Sometimes too, one o the family might be smitted, an then it wid be passed on within the home, an often the whole family wid be wiped oot, even the parents. It must hiv been terrible.

Aul Betty an others in the family often hid their ain wye o treating illnesses, an they used a lot o their ain cures an healin methods. Gan roon the countryside, they were quite often told o this one being ill, an that one bein sick, an my grandma wid often pass on her cures an methods tae those in the scaldie community.

There wis a headmistress at Fetterangus School, Mrs Crabb wis her name. She wis a richt stern woman an we used tae caa her the *aul crab*. I ken it wis wrong, but we were jist kids then. She hid twa children, a boy an a girl, an the laddie, Geordie, often visited oor family home at 14 Duke Street. He seemed tae tak an affa likin tae Aul Betty an widna keep back fae her. Noo, Geordie took quite ill, an his body wis covered fae heid tae fit in massive scabs. Seeminly, the doctor hid tried everythin, but the spots widna go away an in fact they were gettin worse. One day he'd turned up at my grandma's an explained that he hidna been tae see her for a while because o this affliction. Well, my granny took one look at the spots, made up a solution o sulphur an syrup, clartit his body wi it, an told him tae go hame tae bed, keep himsel warm, an get his mither tae pit on this solution for him every day for a week. Efter a week or so the boy cam back tae her, an the spots were deid, an there wis only a trace left whaur they hid been on his body. He wis sae delighted, an his mither even cam an thanked Betty for helpin her boy tae get better.

Noo, my granny used tae go wi her wares tae a woman in the village caaed Mrs Shewan, who hid one dother, Mary. In fact, Mary wis an only child so the parents were quite scared for her well-being, her bein the only one an aa. One day, Mrs Shewan wis in an affa state. Mary wis very bound up wi constipation an everythin she tried didna seem tae hiv ony effect. Well, my grandma told the mither tae heat some water in the kettle an when the water cooled off tae slightly mair than lukewarm, grandma put the water in a basin, melted some soap, an made a lot o suds. She then asked for a bicycle pump, an well I suppose you can guess the rest! Thinkin aboot this cure aye maks me laugh, but it worked. Within a short time, Mary's intestines were workin fine, an the mither wis very grateful. Efter that, Mrs Shewan wid often confide in grandma aboot any illnesses they hid that they couldna sort oot themselves.

My grandparents wir very religious an they hid a strong sense of richt an wrong an my mum used tae say, 'If ye dae a dirty trick, ye'll aye get paid back.' This is quite true. Sad to tell, often the Travellers wid be treated less well by the so-called Christians they met along the way. My mither told me a story aboot one time when my grandma wis doon in Peterheid. She wid hiv the pack on her back as usual, but how she got there I dinna ken but she hid nae wagon wi her this day. It wis in the wintertime an it wis a terrible day o snaa. My grandma hid stopped tae lean against the gale o a hoose in West Road while she waited for the bus. I ken the exact hoose she leant tae. It wis Brethren folk that wis in there, very religious people. But as my grandma leant against the gale-end o the hoose tae get protection fae the snaa an bad weather, an jist tae get her breath back, the woman o the hoose cam oot an shooed her away. Caaed her for aa the hawkers an everythin bad. My grandma kent she wis a religious woman because wi her sellin doon there she wid hiv kent aboot maist o the folk ye see. An so my grandma turned tae her an says, 'Ye think ye're a godly person, an ye think ye canna dae nae hairm. I wonder if Christ wis standin here an wanted shelter fae the bad weather, wid ye shoo him

1.12. Aul Betty leaving the stable yard at Duke Street. The Traveller wagons at the bottom of the garden, which can be seen in the background, were where some of the family lived.

away? Christ didna hiv a fancy suitcase, nor a fancy hoose.' I thocht that wis good. Aul Betty stood up tae that woman an gied her a lesson in Christianity. As my grandma used tae say 'God's high, but He loves low.'

Aul Betty often heard many sad tales as she travelled aboot. Even as she went roon the doors in Fetterangus, folk trusted her an she wis telt many a sad tale. This is the story behind my ain ballad, *Cruel Edwin* which is based on one such tale Aul Betty wis telt. One day Aul Betty went tae visit a woman she knew, or thocht she knew, richt weel. This woman was caaed Mrs Shea. But this day Mrs Shea wis very doon-hearted, an depressed-lookin. As my granny talked tae her, the woman said, 'I'm sorry Betty, but I feel very low today.' 'Whit's wrang?' asked my gran. 'Well, ye see, a lang time ago, a terrible thing happened in my life, an it aye comes back tae haunt me. Ye see, I saw my ain grave being dug.' 'Oh my God,' says Aul Betty, 'How wis that?' 'Well, if ye come inside an are willin tae listen, I'll tell ye,' said Mrs Shea. 'I know I can trust ye.' So grannie went in an heard her tale. I mind my mither used tae tell us this story, which she used tae say she wis told as a bairn by Aul Betty. My mither wid have kent Mrs Shea tae, an the hoose that Mrs Shea lived in at the time, I know it well, for it's still there. This is how I tell the story, in my ballad,

> A stranger came intae this place
> And a handsome man wis he
> I couldna keep ma een aff o him
> Nor him his een aff me
> Nor him his een aff me.

The story goes on tae tell how this stranger coorted her till she fell wi first one child, an then anither. She pleaded with him tae dee the decent thing an marry her but unbeknown tae her he planned instead tae murder her, in the Fetterangus churchyard.

> That nicht when tae the kirkyard went
> Her hairt wis full o glee
> For thinking that his bride she'd be
> So she went richt ear-ily
> So she went richt ear-ily.

> And as she opened up the gates
> A-diggin she did hear
> And when she went a-further in
> For her life she began tae fear
> For her life she began tae fear.

> For by a yew tree in a neuk
> Her love wis diggin deep
> And muttering tae himself she heard
> She'll seen be deid asleep
> She'll seen be deid asleep.

He wis eventually caught an jailed for life. I tell this whole sad story in my ain ballad which I wrote in 2007, many years efter I wis first told this true story of this really tragic love affair.

Aul Betty continued tae work wi a pack on her back for a long time, cause my granda Jimmsy wis an invalid for seven years an so she still continued tae work away, up tae the age o seventy-two when she wis struck wi a lorry while oot wi her horse an cairt, an that eventually killed her.

1.13. Aul Betty holding me as a baby, aged 6–9 months at Rora near Mintlaw. My mother, with her back turned to the camera was expecting Jane and didn't want her face shown as was the Travellers' way.

My grandma's been deid since I wis three. That's a long time ago, but she's aye wi me, an I do remember certain things aboot her. I remember her aye singin, whether sittin at the fireside, workin aboot the hoose, or oot on her cairtie. I mind her cairtie wis aye spotless, an the horse weel-groomed an taken care o. I mind Betty wis so carin wi me, an she wid carry me maistly on her back, as well as her pack, because she wis worried I'd get my shoes or feet dirty. Nae bad, eh? I believe it took me sae lang tae walk because she pampered me sae much. It wis sae cauld in the winters then tae, an we didna hiv the comfy facilities folk hiv noo, so she wid wrap me up wi sae much clothin, I could hardly hae room tae breathe for aa the clothin she pit on me, an wi spats tae. (That's like leggings wi elasticated straps under the feet.)

When my Grandma died, I must hiv been kept aff the scene somehow. However I do remember the family burnin her claes roon the back o the hoose beside the stables, at the dump, or the 'midden' as we caaed it then. This wis the tradition wi Travellers. Ye hid tae get rid o aa the clothin when a person died. Nae-one wis allowed tae keep or wear a deid person's clothin, nae even family. Although I wis only three years aul when she died, she has been wi me aa my life in the songs an stories that were passed on tae me fae her daughters Lucy an my mam.

Aul Betty wis hardworkin aa her days. She'd brocht up a family o fourteen an did her best tae provide for them. Twa o her four girls were tae become

1.14. Family mourners at the side of Duke Street after Aul Jimmsy's funeral. Aul Betty is 2nd from the right in the front row, dressed in her apron having provided tea for everyone. Third from the left is Jean, next to her brother Patchy.

famous for performin the family's music. Her ain special talent wis in singin an her love o the songs an ballads, an that wis passed on tae my aunt Lucy, her second auldest dother. My mother Jean wis her youngest an I'll aye be grateful tae Aul Betty for the way she made sure that Jean could hae the best opportunities tae better herself an become the great musician she wis kent for. In turn, from these women o my family I wis able tae become a musician in my ain richt tae. It is oor life stories that I want tae now tell you.

Memories of the old family

The Gordons have enjoyed the services of one particular family of hereditary ear-pipers, the Stewarts. They came from Perthshire, where one of them was a piper to the Duke of Atholl, while his brother, known as 'Piper Jimmy', crossed the hills into the parish of Kirkmichael, Banffshire – the cradle of a remarkable military family, the Gordons of Croughly – where seven sons were born to him. All of these strapping fellows entered the Aberdeenshire Militia, now the 3rd battalion of the Gordon Highlanders, six of them becoming pipers. The best known of these was the eldest, Donald (1849–1913), who migrated to New Deer, Aberdeenshire, and was known all over Scotland as a champion piper.

From Seton and Grant, *Pipes of War*, p. 227

1.15. Donald Stewart (1849–1913), my great grandfather
known as Crichie Donald, or Aul Crichie-er.

An interview with Donald Stewart was conducted in 1911, two years before his
death in 1913, at the age of 67; the interviewer was Archibald Campbell:

> [Donald] Stewart is one of the best and most representative pipers in
> Buchan. [He] has trod the boards in Bagpipe competitions for 50 of his
> 65 years. His manly chest is covered with gold and silver medals, [and
> he] has also been a favourite in piping competitions. There is something
> patriotic in his martial step and flowing beard and [he] has won prizes
> too numerous to mention all over the north of Scotland. You can see
> Donald's chest expand and his eye glisten when he tells you that he [has]
> no less than five sons, all pipers, either in his country's service or in the
> Reserve. They are James, Robert (Robin), William, Donald and Davie.
>   Like his ancestors of old, Donald is sturdy and independent and
> in all his dealings a nature's gentleman. If you ask Donald which of his

possessions he values most, he will point to a corner shelf at the end of his bed. If you care to lift the cover, you will find a beautiful stand and silver and ebony great highland bagpipes.

Jock Duncan, privately printed pamphlet on North-East pipers

Donald's son, David Stewart was also a piper in the Great War in the Gordons Territorials and won the 51st Highland Division Cup (Haig Cup) for solo Bagpipe playing at a competition behind the lines in 1918. He was called big David and I remember him coming round the farms with his shult and gig. His wife went off to the farmhouse to sell her wares. And he talked to me once about pipes and tunes. Him and Geordie Robertson used to pipe the war memorial services at the Kirk of New Deer. They were stalwarts in the homeguard, as well, as New Deer Historical can verify with his photos.

I once worked in a farm in New Deer with young James his son who was 16 at the time. He used to tell me tales of his uncle Robin and how proud they were of him and about his father Big Davie's admiration of John MacDonald of Inverness, the pibroch expert. Big Davie probably knew John MacDonald in France, 1914–18.

Robin Stewart was a professional soldier in the 2nd Battalion Gordon Highlanders and was stationed in Cairo for a year when war was declared with Germany in 1914. The Regiment went to France in the 2nd Division. He was a piper but he distinguished himself by his gallantry in October, November 1914. He was specially promoted to Sergeant and decorated with the Distinguished Conduct Medal and the Russian Order of St George. He was killed at Loos 28 September 1915.

Jock Duncan, North-East traditional singer, from the entry in Seton and Grant, *Pipes of War*, p. 56, and information from the Commonwealth War Graves Commission.

Songs

1. Aul Betty's Cairtie – piano composition
2. Up Yon Wide an Lonely Glen
3. The Gypsy Laddies
4. The Battle o Harlaw
5. The Baron o Brackley
6. Bonnie Udny
7. Twa Recruitin Sairgeants
8. The Gallant Rangers
9. Jimmie Foyers
10. The Gallant Forty Twa
11. Oh Cursed Be the Wars
12. Peer Wee Jockie Clark
13. Yowie wi the Crookit Horn
14. The Derby Ram
15. Up Among the Heather
16. Oh It's I Am Gaun tae Be Mairrit
17. The Laird o Windy Waas
18. Fit Ails Thee?
19. Hish-ee-ba
20. Oh God Will Judge You Willie Darlin
21. The Swan Sweems Sae Bonnie
22. Barbary Allen
23. John Riley
24. It Wis of a Brisk Young Sailor Boy
25. Sailin, Sailin
26. Three Bunches o Black Ribbons
27. Big Hamish of the SSS – piano composition

1. Aul Betty's Cairtie (Elizabeth Stewart, 2002)

Piano Composition

2. Up Yon Wide an Lonely Glen

It wis up yon wide an lonely glen
Its shade by monys a lovely mountain
An beyond the busy hands o men
Twis the first time I went oot a-huntin.

It had been tae me a happy day
The day I met my youthful fancy
She was herdin sheep on yonder knowe
It's the first time that I spied my Nancy.

Oh her coats were white and her goon it wis green
An her body it wis lang and slender
Wi her dark blue een an her dooncast looks
She made ma hairt nae mair tae wander.

Said I, My dear will ye gang wi me
An lie wi me on a bed o feathers?
An if silks an satins will mak ye shine
An leave aa yere sheep amongst the heather.

Said she, My dear aye yere offer's fair
An I rather think yeer looks beguiling
Perhaps you're the son of some rich squire man
An me a peer humble shepherd's dother.

Oh I've been tae balls and buskins three
And my lassie she's neither rich or gaudy

But I widna gie a look o her weel-faurt face
For aa yere poodered painted ladies.

Oh I've been tae balls and buskins three
An I've been tae London and Balquhidder
But the bonniest lassie that ever I did see
She wis herdin sheep oot ower the heather.

It was her that I sought it was her that I got
It was her that I mean tae keep contented
Fareweel, fareweel, ye heathery hills
Fareweel, fareweel, my song is ended.

3. The Gypsy Laddies

Three gypsies came tae oor haa door
And oh bit they sang bonnie, o
They sang so sweet and so complete
That they stole the hairt o the lady, o
The lady, o the lady, o
They stole the hairt o the lady, o.

As she cam trippin doon the stair
Wi her maidens aye before her, o
It's when they saa her weel-faurt face
They cast their spells at ower her, o
Ower her, o ower her, o
They cast their spells at ower her, o.

Wi her auburn hair and her bonny broon een
She made the gypsies winder, o
She took a ring fae aff her hand
And she placed it on the gypsy's finger, o
Finger, o finger, o
She placed it on the gypsy's finger, o.

When her gweed lord cam hame that nicht
He asked whaur was his lady, o
Some did deny and some did reply
She's awa wi the gypsy laddies, o
Laddies, o laddies, o
She's awa wi the gypsy laddies, o.

Gae saddle tae me my bonnie black horse
For my broon is nae sae steady, o
That I may ride this lang summer's nicht
In search o my ain true lady, o
Lady, o lady, o
In search o my ain true lady, o.

He's rode east and he's rode west
And he's rode through Strathbogie, o
And wha did he meet bit an aul beggar man
He wis comin through Strathbogie, o
Bogie, o Bogie, o
He wis comin through Strathbogie, o.

It's did ye come east and did ye come west
And did ye come through Strathbogie, o
And did ye nae see the finest lady
She wis wi three gypsy laddies, o
Laddies, o laddies, o
She wis wi three gypsy laddies, o.

It's I cam east and I cam west
And it's I cam through Strathbogie, o
And the bonniest lassie that iver I did see
She wis followin three gypsy laddies, o

Laddies, o laddies, o
She wis followin three gypsy laddies, o.

The last time that I crossed this river
I had maids and dukes tae tend me, o
But I must cross wi my cauld, cauld feet
Wi the gypsies crossin aye afore me, o
Afore me, o afore me, o
Wi the gypsies crossin aye afore me, o.

Last night I lay in a fine feather bed
Wi my ain gweed lord aside me, o
This night I must lie in a cauld, cauld barn
Wi the gypsies lyin aye aroon me, o
Aroon me, o aroon me, o
Wi the gypsies lyin aye aroon me, o.

It's wid ye gie up yeer horses an yeer lands
And wid ye gie up yeer baby, o
And it's wid ye gie up yeer ain true love
Jist tae be wi the gypsy laddies, o
Laddies, o laddies, o
Jist tae be wi the gypsy laddies, o.

I wid gie up my horses an my lands
And I wid gie up my baby, o
And I wid gie up my ain true love
Just tae be wi the gypsy laddies, o
Laddies, o laddies, o
Jist tae be wi the gypsy laddies, o.

There are siven brothers o us all
And we are wonderous bonnie, o
But this very nicht we all shall be hung
For the stealin o the gweed lord's lady, o
Lady, o lady, o
For the stealin o the gweed lord's lady, o.

4. The Battle o Harlaw

As I cam doon the Garioch lands
An doon be Netherha
There were fifty thoosan Heilan men
A-marchin tae Harlaw.

cho. Wi ma dirrum doo ma fal-de-day
    Ma duddie an ma day.

As I cam doon an further doon
An doon beneath Balquhain
It wis there I saw Sir James the Rose
An wi him Sir John the Graham.

cho.

Oh cam ye frae the Heilans man
Or cam ye aa the wye
Saw ye MacDonal an aa his men
As they cam frae the Skye?

cho.

Oh I cam frae the Heilans man
An I cam aa the wye
I saw MacDonal an aa his men
As they cam frae the Skye.

cho.

Oh wis ye near MacDonal's men
Their numbers did ye see
Come tell tae me John Heilan man
What might their numbers be?

cho.

Oh I wis near and near enough
Their numbers I did saa
There was fifty thoosan Heilan men
A-marchin tae Harlaw.

cho.

If that be the case said James the Rose
We'll nae come muckle speed
We'll cry upon oor merry men
An turn oor horses heids.

cho.

Oh na, oh na, said John the Graham
Sic things there canna be
The gallant Grahams were niver bet
We'll try fit we can dee.

cho.

As we cam on an further on
An doon beneath Harlaw
They fell full close on ilka side
Sic straks ye never saa.

cho.

The Heilan men wi their lang swords
They laid on wondrous sair
They driv back oor merry men
Three acres breadth an mair.

cho.

They fell full close on ilka side
Sic straks ye never saa
For ilka sword gaed clash for clash
At the battle o Harlaw.

cho.

Brave Forbes till his brother did say
Oh brither dinna ye see
They beat us back on ilka side
An we'll be forced tae flee.

cho.

Oh na, oh na, oh brither dear
Sic things they canna be
Ye'll tak yere gweed sword in yere hand
An gyang alang wi me.

cho.

When back tae back the brithers brave
Gaed in amang the thrang
They sweepit doon the Heilan men
With swords baith sharp and lang.

cho.

The first strak Lord Forbes strak
He garred MacDonal reel
The neist strak Lord Forbes strak
The brave MacDonal he fell.

cho.

An siccan a pileerachie
The likes ye niver saa
Wis in among the Heilan men
When they saa McDonal faa.

cho.

When they saa that he was deid
They turned an ran awa
They beerit him at Laggarsden
A lang mile frae Harlaw.

cho.

Oh some they rode and some they ran
An some they did accord
But Forbes and his merry men
They slew them aa the road.

cho.

On Monday mornin
The battle it begun
On Seturday at the gloaming
Ye'd scarce ken wha had won.

cho.

An siccan a weary beeryin
The like I never saw
Wis in the Sunday after
In the moors beneath Harlaw.

cho.

If anybody asked ye
For them ye took awa
Ye can tell them this and tell them plain that
They're sleepin at Harlaw.

cho.

5. Baron o Brackley

Oh come ye by Brackley
Oh come ye by there
Saw ye a fair lady
She wis kaimin her hair?

She wis dancin an singin
And dancin wi joy
For young Jamie Braickley
The flooer o them aa.

It's I came by Brackley
And I came by there
I sa a fair lady
She wis kaimin her hair.

She wis dancin and singin
And dancin wi joy
For young Jamie Braickley
Wis the flooer o them aa.

Rise up Betsy Gordon
And gie me yeer gun
For if I gang oot
I will never come in.

First he killed one
And then he killed twa
And he killed Jamie Braickley
The flooer o them aa.

6. Bonnie Udny

Oh Udny, bonnie Udny ye stand whaur ye shine
An the langer ye stand there it maks my hairt fine
For if I wis in Udny I wid think masel at hame
For it's there I've got a sweethairt an it's here I've got nane.

Over hills and through valleys it's often I hae gaun
Through brambles and bushes I've often went along
Through hedges and ditches in dark nichts and clear
I hae often went tae Udny jist tae be wi ma dear.

Oh it's nae the lang journey that I hae tae go
It's nae the lang road that beckons me so
It's the leavin o Udny and the ones I love behind
Oh Udny, bonnie Udny ye're aye on ma mind.

It was on a certain Sunday that me and my love met
Which caused me on the Monday tae murn ower ma fate
An tae keep my eyes fae weepin what a fool I must be
She's awa wi anither let her go where walketh she.

Oh the young lads o Udny they're aa rovin blades
They tak great delight in coortin young maids
They tak them an caress them an they spend their money free
Oh Udny, bonnie Udny, bonnie Udny for me.

Oh I eence hid a sweethairt she vowed she loved me
Her parents were delighted that wedded we would be
Bit for aa her promises she has wint an left me
She's awa wi anither she thinks better than me.

I will build my love a castle upon yon high, high ground
Whaur laird, duke or earl can ne'er pull it doon
An if ony een should ask at thee, What is your name?
Ye can tell them it is Mary an fae Udny I came.

Oh you'll pu the reid rose an I'll pu the thyme
And it's you'll drink tae your love and it's I'll drink tae mine
For my love it will not falter nor sway to an fro
For the lang walks o Udny we still hiv tae go.

We will drink an be merry we will drink an gang hame
For tae bide here any langer we will get a bad name
And tae get a bad name boys oh that widna dee
Oh Udny, bonnie Udny, bonnie Udny for me.

We will gaither up oor bundles an we'll tak the lang wey hame
We will gaither up oor bundles and gae back the wey we came
And in Udny, bonnie Udny if ye'll aye think on me
Oh Udny, bonnie Udny, I'll be constant tae thee.

7. Twa Recruitin Sairgeants

Oh twa recruitin sairgeants cam fae the Black Watch
Come in tae some markets some recruits for tae catch
An aa that they listed was forty and twa
Oh list bonnie laddie an come awa.

cho. Oh over the mountains over the main
    Through Gi-be-ral-tar tae France and Spain
    Get a feather in yere bonnet and a kilt abeen yere knee
    List bonnie laddie an come awa wi me.

Wi yere tattie poorins an yere meal an kail
Yere soor sye sowens an yere ill-brewed ale
Wi yere buttermilk an whey an yere breid fired raw
List bonnie laddie an come awa wi me.

cho.

Oh oot o the barn and intae the byre
The aul greedy fairmer would never retire

It's a slavery job o a low degree
List bonnie laddie an come awa wi me.

cho.

Oh little dae ye ken aye the danger that ye're in
If yere horse wis tae fleg aye an it for tae rin
An the aul greedy fairmer will grudge a penny fee
List bonnie laddie an come awa wi me.

cho.

Noo if ye hae a chance tae hae a sweethairt and bairn
It's easy gettin rid o yeer aul spun yern
Twa beats o the drum and that'll be it aa
List bonnie laddie an come awa.

cho.

8. The Gallant Rangers

Come aa ye gallant rangers an listen here tae me
A'll tell yese aa a story that happent unto me
My name is nothin special an that I needna tell
My mind wis bent on rangin, a-rovin fare-ee-well.

Oh up speaks my auld mither these words she said tae me
My boy they are all strangers I doubt ye'd better stay
I thought that you are childish and you inclined tae roam
I'll tell you by experience son you'd better bide at home.

About the age of sixteen I joined a gallant band
We marched from Aberdeenshire into the Royal Grand
Our general he gave orders perhaps we thought that right
Before you leave next station boys I doubt you'll have tae fight.

I saw the Indians comin I knew their savage yell
My patience at that moment no mortal tongue could tell
I saw their glittering lances their bullets roon me fell
My mind wis bound on rangin, a-rovin fare-ee-well.

We fought for full nine hours before the fight was ower
The sight of dead and wounded I never saw before
Five thousand gallant rangers that ever fought the west
Lay beerit by their comrades and peace shall be their rest.

Perhaps you've got a father likewise a mither too
Perhaps you've got a sister to weep and murn for you
And if that be your situation and you inclined to roam
I'll tell you by experience you'd better bide at home.

Come aa ye gallant rangers aroon me here this nicht
Whatever you do for a livin for God's sake never fight
Your enemy is quite careless they'll shoot right in the crew
They're bound to hit somebody and perhaps it might be you.

Come aa ye gallant rangers an listen here tae me
A'll tell yese aa a story that happent unto me
My name is nothing special an that I will not tell
My mind wis bent on rangin, a-rovin fare-ee-well.

9. Jimmie Foyers

Far distant, far distant lies Scotia the brave
Nae tombstone nor memoral [memorial] to hallow his grave
His bones they lie scattered ower the rude soil o Spain
And young Jimmie Foyers in battle was slain.

From the Perthshire Militia to serve on the line
The bold Forty-Second we sailed for tae jine
To Wellington's army we did volunteer
Along wi young Foyers the brave halberdier.

At nicht when we landed the bugle it did sound
Our general gave orders to form on the ground
To storm Burgos Castle before the break o day
Wi young Jimmie Foyers to lead us the way.

It was the climbing of the ladder for the scaling of the wall
When a shot from a French gun young Foyers he did fall
He leant his right arm across his left breast
And young Jimmie Foyers his comrades addressed.

If goodness shall tak ye tae aul Scotia again
Ye can tell my auld father if his hairt beats warm
Ye can tell my auld father if his hairt beats warm
That his son Jimmie Foyers expired in your arms.

If goodness shall tak ye tae aul Scotia again
Ye can tell my auld mither if her hairt beats warm

Ye can tell my auld mither if her hairt beats warm
That her son Jimmie Foyers shall never return.

If only I had a drink o Baker's broon ale
My thirst it wid quench and my fever it wid quell
Bit life's purple current wis ebbing so fast
That young Jimmie Foyers soon breathed his last.

We took for a winding sheet his bonnie tartan plaid
And in the cold grave this young man was laid
We covered his body as cold as the clay
And muttering, young Foyers marched slowly away.

Well the drums they may rattle and the bugles they may play
Lang they'll be heard yet for manys a day
No more they will beckon that hero so bold
For young Jimmie Foyers in his grave lies cold.

10. The Gallant Forty Twa

Oh it's six weeks come Sunday
Since ma laddie's gaen awa

He's awa tae jine the regiment
O the gallant Forty Twa.

cho. Oh broken hairted I may wander
　　For the loss o my true lover
　　He's awa tae jine the regiment,
　　O the gallant Forty Twa.

I hid only one sixpence
And I broke it intae twa
And I gave my love the half o't
Afore he went awa.

cho.

I'll sit at my windi
And I'll spin at my wheel
And I'll think aboot my laddie
And the times we hid sae weel.

cho.

11. Oh Cursed Be the Wars

Oh cursed be the wars that ever they begun
They've taen fae bonnie Scotland oh mony a brave man
They've taen fae me my sweethairt likewise my brithers three
And their bodies feeds the worms on the High Germanie.

12. Peer Wee Jockie Clark

Oh peer wee Jockie Clark
He sells the *Evening Star*
He whistles an he sings
As he traivels near an far
And be aa the paper sellers
He's the best een o the lot
If they'd only mak a jaicket
Oot his faither's aul coat.

Noo Jockie's faither took a dram
As ye may understand
He wis a tyrant tae his wife and bairns
And a pageant tae the land
An oft times by his neighbours
He wis caaed a drunken lot
For his little bits of bairnies
Were neglected and forgot.

Oh says Jockie tae his mither
O Lord woman I dee think shame
Ye'd think I hidna a faither
A mither and a hame
My claes they are sae ragged
Nae a hale stitch hae I got
Wid ye try and mak a jaicket
Oot my faither's aul coat.

Noo Jockie's mither lookit doon
On her bairnie wi a smile
She said, O my little cannie
It's hardly worth my while
Bit gae awa and sell yeer papers
And be sure an sell the lot
An I'll try and mak a jaicket
Oot yer faither's aul coat.

Noo the jaicket it wis made
And a jaicket ne'er sae braw
It wis a grand protection
Against the wind and snaa
And the pooches in particular
It's Jockie's mind did please
They wid haud a steen o tatties
Wi the greatest o ease.

Oh says Jockie tae his mither
O Lord woman I dinna think shame
For ye'd think I hid a faither
A mither and a hame
My claes they are sae tidy
Nae a ragged stitch I've got
Since you made me this jaicket
Oot my faither's aul coat.

13. Yowie wi the Crookit Horn

My yowie wi the crookit horn
My yowie wi the crookit horn

Oh siccan a yowie ne'er wis born
She's teen fae me an teen awa.

Peer wee thing for aa my keepin
There came a nickum fin I wis sleepin
There came a nickum fin I wis sleepin
An took my yowie horn an aa.

cho. My yowie wi the crookit horn
     My yowie wi the crookit horn
     Oh siccan a yowie ne'er wis born,
     She's teen fae me an teen awa.

She neither nott tar nor keel
Tae mark upon her hip or heel
Her crookit hornie did as weel
Tae ken her oot abeen them aa.

cho.

If I hid the lad that did it
A wid sweir by the lad that said it
Though the laird himsel he should forbid it
I'd gie tae him his neck a thraw.

cho.

14. The Derby Ram

As I wis gaen tae Derby toon Upon a market day, I met the prettiest ram sir that ever was fed upon hay, *cho.* Oh yes sir, no sir you'll think I'm tellin a lie, But if you go tae Derby toon ye'll see't as well as I.

As I was gaen to Derby Toon
Upon a market day
I met the prettiest ram sir
That iver wis fed upon hay.

cho. Oh yes sir no sir
      You'll think I'm tellin a lie
      But if you go tae Derby toon
      Ye'll see't as well as I.

This ram it had a horn sir
It reached up tae the moon
A man went up in December
And niver cam back till June.

cho.

This ram it had some wool sir
Twas trailin on the ground
It reached right over to London
And sellt for a hundred pounds.

cho.

This ram it had a tail sir
Twas trailin on the ground
It reached right over to Ireland
An rang St Catherine's bell.

cho.

Noo the butcher that killed this ram sir
Wis up tae his eyes in blood
And the boy that held the basin
Wis carried away in the flood.

cho.

Dingle dangle Derby
Dingle dangle day

For it wis the prettiest ram sir
That iver wis fed upon hay.

15. Up Among the Heather

It's up among the heather on the hill o Bennachie
Twas there I met a bonnie lassie kilted tae the knee
When a bumbee stung me richt below the knee
An we baith gaed hame a-murnin fae the hill o Bennachie.

Said I tae my lassie, Whaur are ye gaun tae spend the day?
Oh I'm gaun tae spend the day on the hill o Bennachie
Whaur the lads and the lassies aa sit sae free
Amongst the bloomin heather on the hill o Bennachie.

As I wis a-wanderin on the hill o Bennachie
Twas there I sat a bonnie lassie sittin on ma knee
I took her and whurled her and aye she said tae me
O Jock we'll ging a-wanderin on the hill o Bennachie.

Noo said I tae my lassie, Will you tak my advice
Never let a sodjer laddie kiss ye mair than twice
For aa the time he's kissin ye he's makin up a plan
For tae hae anither rattle at yer aul tin can.

16. Oh It's I Am Gaun tae Be Mairrit

cho. Oh it's I am gaun tae be mairrit
    Aye mairrit, aye mairrit
    Oh it's I am gaun tae be mairrit
    But nae tae a tinkler lad.

Oh my mither had twa pewter platies
Platies, aye platies
Oh my mither had twa pewter platies
This nicht in the garret wi me.

cho.

Oh my father's a cock and a hennie
A hennie, aye a hennie
Oh my father's a cock and a hennie
This nicht in the garret wi me.

cho.

Oh my father has forty white shilluns
Shilluns, aye shilluns
Oh my father has forty white shilluns
This nicht in the garret wi me.

cho.

Oh my hairt is as licht as a feather
An I hope it'll never be sad
For it's I am gaun tae be mairrit
But nae tae a tinkler lad

cho.

17. The Laird o Windy Waas

Oh I'm the Laird o Windy Waas
I dinna come here withoot a cause
An I've got mair than fifty faas
When comin through the plain, o.

cho. An ae she likit that ae nicht
        That ae, ae, ae nicht
        An ae she likit that ae nicht
        She loot her laddie in, o.

Ye'll ile yere door and keep it green
An it will neither tar nor sheen
Keep on her hose bit tak aff her sheen
And I'll come slippin ben, o.

cho.

Oh when he got in he wis sae keen
He drew his bonnet across his een
He lifted her petticoats ower her een
And the aul wife heard the din, o.

cho. An aye she likit that aye nicht
        That aye nicht that aye nicht
        Aye she likit that aye nicht
        That she let her laddie in, o.

18. Fit Ails Thee?

♩=108

Fit ails___ thee ma bon-nie lass? Ye're blue be - neath the

ee, Yer pet - ti - coats are short in front, They scarce - ly touch yer__ knee.

Fit ails thee ma bonnie lass?
Ye're blue beneath the ee
Yer petticoats are short in front
They scarcely touch yer knee.

Gae ye awa ma bonnie lad
An dinna ye taunt me
Tho my petticoats is short in front
I've nane tae blame but ye.

Ye promised for tae marry me
In the month of sweet July
An sae I will ma bonnie lass
Fin I'll return again.

19. Hish-ee-ba

♩=108

Oh hish-ee- ba for A'm yere ma, Hish-ee - ba ma___ bai___ rn, o,___ It's___

hish - ee - ba___ for A'm_ yere ma,___ Bit_ gweed kens fa's yere fai - ther, o.___

cho. Oh hish-ee-ba for A'm yere ma
Hish-ee-ba ma bairn, o
It's hish-ee-ba for A'm yere ma
Bit gweed kens fa's yere faither, o.

Fin I wis a maid o sweet sixteen
And beauty only bloomin, o
It's little, little did I think
That at siventeen I'd be greetin, o.

cho.

It's keepin me fae jumpin dykes
Fae balls an fae wooin, o
It's gien me balance tae ma styze
And that's in the latest fashion, o.

cho.

If I hadda been a gweed wee lass
And teen my mither's bidden, o
I widna be sittin at this fireside
Sayin, Hish-ee-ba tae my bairn, o.

cho.

The plooman lads are gey queer lads
They're false and deceivin, o
They sell their cairt an they sell their horse
And they leave their lassies greetin, o.

cho.

If I hadda kent fit I ken noo
And that's fit I'll ken niver, o
The plooman lads widna hae got me
I wis better tae bide wi my mither, o.

cho.

20. Oh God Will Judge You Willie Darlin

Oh God will judge you Willie darlin
For this cruel deed you've done on me
For when you knew my babe was born
It's then you've turnt your back on me.

My baby at my breast is lyin
Wi two blue eyes to heaven above
Twas these two eyes that first enticed me
To leave my mother's darlin home.

My brothers they have turnt against me
My sisters have also done the same
But when my father passes by me
It's then I hang my head in shame.

Oh God will judge you Willie darlin
For this cruel deed you've done on me
For when you knew my babe was born
It's then you've turnt your back on me.

21. The Swan Sweems Sae Bonnie

♩=96

Oh there were twa sis-ters lived in this place, *Hey - o ma nan - nie, o,___*
Een__ was__ fair an the i-ther was deen, *An the swan sweems sae bon - nie, o.*

Oh there were twa sisters lived in this place
Hey-o ma nannie, o
Een was fair an the ither was deen
An the swan sweems sae bonnie, o.

Oh dear sister, dear sister would you tak a walk?
Would ye tak a walk down by the miller's dam?

Dear sister, dear sister put yere foot on yon marble stone
And so slyly as she pushed her in.

Dear sister, dear sister lend me yeer hand
An I will gie you ma gowd and ma land.

Oh I didna come here for tae lend ye ma hand
I come here for tae see you drowned.

Noo the miller had a daughter and she bein the maid
She came down for some water for tae bake.

Dear father, dear father sweems in yere mill dam
Either a maid or a white milk swan.

The king's three harpers, they bein passing by
They've taen three locks o her bonnie yella hair.

22. Barbary Allen

In London town where I wis born
A young man there was dwellin, o
He coorted a fair young maid
Whose name was Barbary Allen, o
Whose name was Barbary Allen, o.

He coorted her for siven lang years
Till he couldna coort her langer, o
Till he fell sick and very ill
An he sent for Barbary Allen, o
He sent for Barbary Allen, o.

It's slowly she put on her clothes
An slowly she cam walking, o
And when she cam tae his bedside
Young man she says, You're dying, o
Young man she says, You're dying, o.

Oh dyin, oh dyin, I canna be
One kiss from you would cure me, o
One kiss from me you shall not get
Young man for you are dyin, o
Young man for you are dyin, o.

Oh it's look you up at my bedheid
An see fit ye see hingin, o
A guinea gold watch and a siller chain

Gie that tae Barbary Allen, o
Gie that tae Barbary Allen, o.

Oh look ye doon at my bedside
An see fit ye see there, o
A china basin full o tears
That I shed for Barbary Allen, o
That I shed for Barbary Allen, o.

Oh she hidna been a mile oot the toon
When she heard the deid bells tollin, o
An every toll that seemed to say
Hard hairted Barbary Allen, o
Hard hairted Barbary Allen, o.

O Mother dear go mak my bed
And make it lang and narrow, o
My sweethairt died for me today
Bit I'll die for him tomorrow, o
Bit I'll die for him tomorrow, o.

23. John Riley

As I walked out one evening, Down by the ri - ver - side, I
o - ver- heard a fair maid, Whose tears rolled down the Clyde.

As I walked out one evening
Down by the riverside
I overheard a fair maid
Whose tears rolled down the Clyde.

Oh dark and stormy was the night
These words I heard her say
My love he's on the ocean
Bound for Amerikay.

My love he's on the ocean
My love he's on the sea
My love he's on the ocean
He's bound for Amerikay.

About the space of six months
She wis walkin on the quay
When Riley he cam back again
And stole his love away.

The ship wis wrecked all hands were lost
Her father wept full sore
When he found young Riley in her arms
Lyin drown-ed on the shore.

And in her breast these lines were found
And they were wrote in blood
How cruel were my parents
To persecute my love.

Now this may be a warning
To all fair maids and gay
Never let the lad ye love best
Sail tae Amerikay.

24. It Wis of a Brisk Young Sailor Boy

It wis of a brisk young sailor boy
An he wis bound for sea
Braw lass lay doon yer milkin pails
An come alang wi me.

I widna lay doon ma milkin pails
I widna gyang wi thee
I widna lay doon ma milkin pails
For aa the lads I see.

Oh could ye wash a sailor's shirt
Or could ye wash it clean?
Oh could ye wash a sailor's shirt
An bleach it ower yon green.

Oh I could wash a sailor's shirt
And I could wash it clean
And I could wash a sailor's shirt
An bleach it ower yon green.

Oh now he has deceived me
An left me here to murn
He promised he wid mairry me
When ever he'd return.

The green, green grass has fallen down
And it will rise in spring
A broken hairt will mend again
And mebbe sae will mine.

25. Sailin, Sailin

Oh sailin, sailin's a weary life
It's teen fae me my hairt's delight
It's left me here for tae sigh and murn
And to wait upon my true love's return.

Oh bring tae me paper, pen and ink
That I may write tae my hairt's content
And every line I may drop a tear
And every line I'll write Billy dear.

O father, father build me a boat
For it's on yon ocean that I may float
And every vessel I will pass by
I'll mak enquire for my sailor boy.

Oh she hidna lang sailed upon the deep
When manys a war vessel she chanced tae meet
O Captain, Captain come tell me true
If my dear Billy's amongst your crew?

Oh what kind o clothes does your Billy wear?
What kind of clothes does your Billy wear?
His jacket's blue and his troosers white,
And the colour o his hair is as black as night.

Oh I doubt, I doubt and I rather fear
That your dear Billy oh he is not here
For aa last night as the wind blew high
We lost that sailor in yonder bay.

Oh she wrung her hands and she tore her hair
Like any lady in wild despair
She dashed her heid up unto a rock
Oh whit wey can I live since my Billy's gone
Oh whit wey can I live since my Billy's gone.

26. Three Bunches o Black Ribbons

♩=92

Three bun - ches o black rib - bons, An murn for him I'll__ do, An for
e - ver - more I will a - dore,__ He's my char - min__ sai - lor boy.

(Song structure is v1, v2, v3, v2, v1, v4, v1. All but v4 use above melody.)

v4 My mo - ther said tae me one night, What needs you cry and murn? There's o - ther young men
in this place that will glad - ly mar - ry__ you, There's o - ther young men in this place, but there's
none of them for__ me, It's for e - ver - more I will a - dore, He's my char- min. sai-lor boy.

Three bunches o black ribbons
An murn for him I'll do
An for evermore I will adore
He's my charmin sailor boy.

Oh I'm a poor misfortunate girl
I'm unhappy in my name
And it's for a brisk young sailor boy
I'm afraid he'll nae be mine.

Oh green it is for grief brave boys
And red it is for joy
And forevermore I will adore
He's my charmin sailor boy.

Three bunches o black ribbons
Aye an murn for him I'll do
An for evermore I will adore
He's my charmin sailor boy.

My mother said tae me one night
What needs you cry and murn?
There's other young men in this place
That will gladly marry you
There's other young men in this place
But there's none of them for me
It's for evermore I will adore
He's my charmin sailor boy.

Green it is for grief brave boys
And red it is for joy
And for evermore I will adore
He's my charmin sailor boy.

Three bunches o black ribbons
And murn for him I'll do
And for evermore I will adore
He's my charmin sailor boy.

27. Big Hamish of the SSS (Elizabeth Stewart, 2002)
Piano Composition

Pipe March

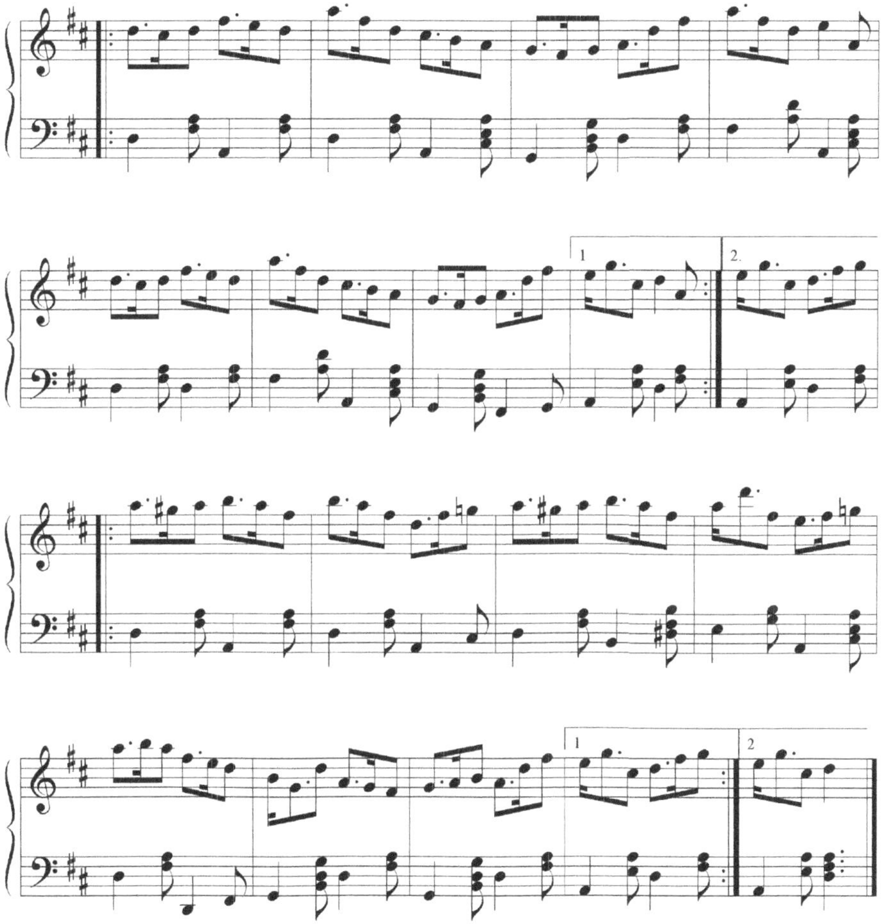

2.1. My mother, Jean Stewart, with her lovely banana-shaped Cooperativa De-Luxe accordion about the time she started her dance band. She is about 16 or 17 here.

Chapter Two

Jean Stewart's Dance Band

Jean Stewart, my mither, wis a star in her ain right. In her lifetime she hid a great influence ower many, many folk, through her broadcastin an dance band playin an through the teachin o piano, accordion an dancin. She won awards for everythin she competed for, even clog dancin! She wis a highly skilled an qualified musician who could play any instrument she took a mind too. Her family wis so proud o her, especially Aul Betty, who hid worked her fingers tae the bone tae mak sure her dother hid everythin she needed for her music. Even today, nearly fifty years efter my mither's death, mention Jean Stewart an people still remember her with respect.

Jean wis the youngest o the family. She wis born in 1912, in Stuartfield (Crichie), an she wis the fourteenth child o Aul Betty an Aul Jimmsy. There wis four dothers an ten sons an my mum wis the youngest o the lot, then Ned wis the one up fae her. The whole family wis musical, but bein the youngest two, Jean an Ned got mair chance for lessons early on an then tae play professionally later. Their father wis a hard taskmaster in this trainin for he wis the one that started them off, an this wis tae stand them in good stead. Jean wis also put tae Charlie Clark in Fraserburgh who taught piano an wis reckoned tae be the best teacher that there wis at the time. Charlie put forward his maist promising pupils for examination tae the London College of Music as well as regional festivals such as the Aberdeen & North-East of Scotland Music Festival. My mither kept a right carry on for tae get a piano an it hid tae be the best of course, bein the youngest my mither wis aye spoilt. My grandma worked hard tae get her a piano, a Drannek fae London. It wis beautiful, an I believe it wis one of only three made.

Bein close in age, Jean an Ned were at school thegither an they often won prizes for singin in harmony. Each wid tak their turn in deein the harmony as it cam naturally tae them baith. They wid sing songs like *Jock o Hazeldean*, *The Crookit Baw-bee* an *Huntingtower*. Those early competitions were tae be jist the start o them makin music thegither outside the home. Later, when my mither hid her ain dance band Ned aye played fiddle in it an thegither they established one o Scotland's earliest Strathspey & Reel Societies, in

2.2. Jean at Fetterangus School, middle row, last girl on the right, aged about 14.

Fetterangus. Amang the other brothers, Tom wis the auldest lad an he wis a military man, an the best piper in the family, although they were aa excellent. Another brother Donald, wis an outstandin singer as well as piper, so much so that he wis told nae tae enter for the singin competitions in Aiberdeen because he won year efter year an the judges wanted tae gie others a chance.

Although my mum played many instruments it's probably the accordion that she wis better known for an she cam tae that instrument through her eldest sister's, Maggie's, son. My mither an Curly were really like brother an sister, even though Jean wis his aunt. The two o them were similar in age, both wir dark skinned, an you wid hiv taen them for twins. Curly brought the accordion tae my mither, it wid hae been when he wis aboot fifteen I think, an fae then on that wis Jean's instrument. She wis mad aboot the accordion an hid tae hiv this one that wis banana-shaped wi mother of pearl keys an studded wi rubies, emeralds an blue sapphires. This accordion wis a Cooperativa De-Luxe, Italian made, an it wis gorgeous. Curly always loved the music, right fae early childhood. He wis playin the melodeon at the age o four, an at five he wis playin the streets. I mind bein told that Curly's brother died suddenly, I think fae meningitis, at aboot siven years aul. He wid hae been aulder than Curly an the parents hadna the money for a coffin, so Curly jist hid tae go

2.3. Jean's nephew and my first cousin, charis-
matic Curly MacKay, as a young man in his late
twenties with his accordion

2.4. Jean as a teenager, around the time she auditioned for the BBC

roon the streets an play till he got the money tae buy the coffin. Times were
very hard then. As an adult Curly hid his ain dance band, like my mither, an
like my mum he wis highly respected, baith as a musician and as a person.

Roon aboot the time my mum started playin the accordion she went for
an audition tae play the piano on radio programmes for the BBC in Aiber-
deen. She told me that she went tae the interview wearin a navy blue coat taen

fae the rag store, an a pair o shoes that hid barely a sole tae them. But she must hae been the best, because oot o the eighteen who auditioned she wis the one who wis chosen for the job.

Jean went on tae broadcast live for the BBC for manys a year. A big part o her job wis tae prepare an play any new tune that cam up fae London. Tunes like *The Lambeth Walk*, an onythin like that, she hid tae broadcast it. At that time these sorts o tunes were the 'top o the pops' an it wis her job tae introduce them tae the public. Sometimes she wid be accompanyin other performers on the piano or the accordion. I always remember as a young lassie lyin in the box bed in the living room, early in the morning, watchin my mum gettin ready tae go aff tae Aiberdeen for her broadcasts. She used tae get ready in front o the chiffonaire, an she wid be lookin so beautiful. Then she'd say cheerio wi a kiss an that wid be her off. Because o the lack o buses at that time she widna be back till the next day. Often she wid be on the radio in the evening aboot 5pm, on *Children's Hour*, an Lucy wid say 'be quiet noo, an listen tae yer mammy,' an we'd sit an listen tae her playin an feel really proud o her. Then mebbe she wid continue fae seven o'clock onwards accompanying singers on other programmes. John Mearns an Willie Kemp, both weel-kent cornkisters in their day, were often accompanied by Jean when they were singin for the radio. My mither also accompanied a very weel-kent singer an comedian fae Aiberdeen at the time whose name wis George Elrick. Then later she wis also tae accompany his brother Albert, who she wis very fond of. He wis a comedian as well as a singer, an he did magic tricks tae. She had many great friends in the broadcasting scene, includin Ludovic Kennedy, Jessie Kesson, Moultrie Kelsall an the great presenter Elizabeth Adair.

Even though Jean wis a classical player on the piano, she niver went an made a big deal aboot the letters she hid tae her name for playin. She wis brought up wi bagpipes, fiddles, tin whistles an aathing else. The tradition wis aa there, but she had also studied music properly. She told me that she wis only one certificate away fae havin a doctorate in music. A lot o people thocht that because she wis a Traveller she hid nae education, but she hid wanted tae better herself an so she did. An rightly so, because Travellers were always looked down on then. She knew whit she wis doin an could talk aboot music wi the best o them. Havin said that, bein a gifted classical pianist never stopped her fae playin her traditional bagpipe tunes, hornpipes an reels. She loved that. When she played her bagpipe marches on the accordion, she wid often put a match-stick in the key that the tune wis played on an that gave her the drone o the pipes. The bagpipes were so much in her blood that this is what she did, an it wis really effective.

My mum hid her ain dance band by the time she wis sixteen. Early on her brother Ned wis the fiddler, and another brother Jimmy (Patchy), wis the

32   **Music**

THE BRITISH BROADCASTING CORPORATION
Head Office : BROADCASTING HOUSE, LONDON, W.1

Broadcasting House, Queen Margaret Drive, Glasgow, W.2
TELEPHONE AND TELEGRAMS : GLASGOW WESTERN 6721

Our reference..........03/EQ/HCH ....27th July 1945........ (Date

DEAR SIR/MADAM,

   We offer you an engagement to perform for broadcasting or for recording for the purpose of subsequent broadcast reproduction as follows :

		REHEARSALS	
DATE	Thursday 9th August 1945	Wed. 8th Aug. 7.30 - 10.30 p⸱	
TIME	10.00-- 10.35 p.m. Scottish Home Service (Scotland)	Thurs.9th " 10.00 - 1.00 p	
STUDIO	Aberdeen	7.00 - 9.30 p.	
NATURE OF PROGRAMME	"GYAUN ABOOT FOLK"		
TYPE OF MATERIAL REQUIRED	to play linking music and to accompany 2 or 3 songs on the accordeon.		

FEE 1. Broadcast performance(s) or Recording Session(s) for the purpose of
Clause 13 (c) overleaf.
When the broadcast performance is given in any transmission(s) of the
Overseas Service the fee includes one mechanical reproduction in each
of the remaining transmissions of the Overseas Service.
                        £3.3.-. plus £2.5.5d. expenses

FEE 2. Mechanical Reproduction Overseas only :
        (Payable in respect of each such reproduction not covered by Fee 1—
              see Clause 13 (d) overleaf.)
                        15/2d.

FEE 3. Mechanical Reproduction in Home Service (including simultaneous
broadcast Overseas):
        (Payable in respect of each such reproduction not covered by Fee 1—
              see Clause 13 (e) overleaf.)
First reproduction provided that this takes place within seven days of
actual performance :
                        £1.1.-.

Other Reproductions :
                        £2.2.-.
        N.B.—Fees under 2 and 3 above are payable only if a broadcast reproduction is given.

The above is contingent on your compliance with the conditions below and overleaf :—

   1. That your signed acceptance, together with all necessary particulars, is in our hands by ....return

   2. That full programme particulars, in accordance with the attached Programme Form, are supplied.   In this connection we must particularly stress the necessity for the accurate timing of each item and for the supply of composers' arrangers' and publishers' names in every case.

   3. That you shall personally attend all rehearsals and performances as provided above.

                                    Yours faithfully,
                        THE BRITISH BROADCASTING CORPORATION,

Name ....Miss Jean Stewart.........................
                South Street
Address ....Fetterangus................................   Administrative Assistant (Programmes) Scotland.
                Aberdeenshire.
P/845/SR/P 21-4-44 2000

2.5. An early letter from the BBC giving details of the engagement fee and expenses for a Scottish Home Service broadcast. Also included was a royalty fee for repeat broadcasts on the Home Service and overseas.

drummer. Patchy wis a great drummer an he also played drums at the Tivoli in Aiberdeen. If ye were a part o anything there, ye were considered a star so that's how good he wis. Jean wis the leader always, an the band wis usually known as *The Jean Stewart Dance Band*. She handled aa the money an she wid bring in other musicians as well dependin on whit wis needed for the

2.6. This is one of my mum's piano certificates. She had twelve top certificates from the respected London College of Music.

bookins. So sometimes my mither's band wid be three musicians, but then sometimes it could be up tae six or eight musicians. She'd always get a rare, good-goin band, whitever number wir playin. My mither played for everythin ye see, an her band covered aa types o music. She played jazz, quick steps, slow foxtrots, modern waltzes, aul fashioned waltzes, St Bernard's waltzes, Boston 2-step, sambas – aa that sort o thing – and of course she played Scottish music

2.7. The Fetterangus Strathspey & Reel Society. (*courtesy of Gordon Easton*)

too, Gay Gordons, Strip the Willow, a grand march or eightsome reel. Really jist every kind o music you could want, Jean's band would play it.

Later, fae the fifties onwards, the musicians in her regular band played fae sheet music, as well as by ear, because they'd tae keep up wi aa the new music. They still hid tae play the traditional stuff too though, so they hid tae be adaptable an they hid tae learn quick. The band played for a long time for Bert Ewan. He wis *the* man an at that time he hid aa the dance halls taen ower for his dances. Even in the smaller places like Kinellar an Dunecht, he managed every hall you could think on, an the cinemas tae, which he also used for the dances. At one time my mither wis fully booked wi him an she wid often be playing two o his venues in the same night, mebbe even three. She wid play fae 8pm in the first place, then mebbe there'd be a singer or band fae doon south, Jimmie Duncan, Lonnie Donegan or the *Clyde Valley Stompers* for instance. When they took over, then *The Jean Stewart Dance Band* wid be off tae another venue tae play a later slot. *The People's Journal*, which everyone read at that time, hid entertainment pages listing all the dances and venues in the North-East and there were a great many listed each week. Very few people hid TV in those days an folk looked mair tae their neighbours an their neighbourhood for entertainment. Live music wis very popular at that time.

My mum wis very particular aboot her stage appearance an she aye wore trousers. Slacks were fashionable back then, but in addition she wis wary o bein on stage in a skirt. Some o the stages she performed on wir sae high! She wore a red silk shirt an a bib tae protect her clothes fae the rub o the accordion. The bib wis made fae the same velvet as the inside o her accordion case. She wis very stylish. Her nickname wis Big Jean, although really she wis quite tiny, slim an only 5'4", but I think the nickname is mair aboot the presence she hid, an the impression she made on the folk aroon her. I wis doon in Crimond some years ago noo an years efter my mother had died. I wis approached by a councillor who, in the fifties hid been the hall-keeper an doorman at St Fergus Village Hall when my mither hid been playin there wi her band. One nicht when the dance wis ower, she hid changed her claes but by mistake left behind her blouse an stage trousers. This man hid kept them all those years, an noo, thirty years later, wanted tae return them tae me. That's typical o the effect she hid on the people she cam intae contact wi ye see.

Ned wis a regular member o the band for many years an of course the two o them also played in the Strathspey an Reel Society thegither. He wis the lead fiddler, but he improvised in his fiddle playin an often he harmonised tae the other fiddlers as well. When the whole Strathspey an Reel Society wis playing melody, he wis harmony. Then he wid play melody along wi mum an then he wid go back on tae the harmony line. Noo, Ned hid a style o his ain an his slow airs were incomparable at the time. He didn't get the recognition I believe that he should hiv got, although he certainly wis weel-kent, an a beautiful player, passionate an tender.

The other musicians in the band changed mair often, depending on their circumstances. I mind there wis Bill Bruce o *The Gaybirds* on saxophone an trumpet, anither Stewart relative on bass fiddle, an many others cam an went over the years. I mind one man, Eddie Mabee, who wis in the band for a while when I wis young. He wis a great trumpet player an my mither aye likit the sound o the trumpet in her band. I mind meetin this good-lookin man, who I was told wis Eddie, when he cam tae the hoose doon Duke Street. He'd come fae Canada an got a job as a banker in Strichen. He played in the band for a good while an he wis affa weel-likit, aa the women especially loved him. However, he stole money oot the bank at Strichen an seemingly he hid done the same thing in Canada. He wis caught an put in Peterheid Jail, but, while he wis there, he escaped. Noo the prison guards, their orders were, 'When you shoot, shoot in the leg,' but they shot him right through his hairt an he wis killed. That's the story I remember onywye. Aye, he used tae play in my mither's band for a good while, an he wis a very good musician, but trust sic a man tae get a job wi my mum! An she wis sae hurt aboot him bein killed ken, for he wis a likeable rogue.

The band regularly played at the Aikey Fair which wis held every year on the week o the Sunday o the 19th or nearest tae the 19th in July. Aikey Fair wis the biggest horse fair in the north o Scotland an as well as bein a major opportunity for tradin horses, wis also *the* place to go for dealers wi their fancy goods an merchandise. It wis also a great social occasion which brought thegither not only the Travellers, dealers, farmers and farm workers, ploughmen and their families, but also as many folk from the region who could get

2.8. Aikey Fair, situated two miles east of Maud, between New Deer and Auld Deer. The last real horse fair here took place in 1946. (*courtesy of SCRAN*)

2.9. Another image of Aikey Fair. This photograph is of the men gathered around for the horse dealing and shows just how many people attended the fair, and how busy it was. (*courtesy of SCRAN*)

there. Everyone wid be dressed in their best an oot tae hae some fun. Music an dancin wis a big part o the fair an pipers cam fae aa the country roon. The dancin started on Friday nicht, in the marquee an ran through the weekend. My mither an her band wid be booked tae play Friday, Saturday and Sunday. Her band wis the best, an they were local too. That wis a regular booking for many years, afore and efter Jean wis mairriet. I wis there once at the marquee dance when I wis very young an I wis fascinated, even as a child, by aa the goings-on, but it wisna too safe for youngsters as there wis a lot o drinkin goin on, an I didna get tae go back then until I wis much aulder.

There wis a close tie between the Travellers and the people who worked on the land and thinkin aboot Aikey Fair reminds me o *The Dying Plooboy* which wis a great favourite of my mum's, and a song she sang a lot. Jean aye said that the family o the plooboy were Fetterangus folk whom she kent weel. She explained his death in this way. The lad wis on his way hame tae visit his folks not knowin that his workmates, who hid been givin him some trouble at the farm, were intent on gien him a right scare. One o these men got a white sheet an waited behind a hedge for the lad to pass. It wis late in the nicht by the time the lad came along, an when the ghostly figure jumped oot at him the plooboy got a terrible shock. He rushed hame tae tell his parents what he'd seen an once there he died fae the fear, wi a hairt attack. The man who hid pretended tae be a ghost thought this wis a great outcome an he went back tae the farm boastin o his achievement. The lad's family actually told me that the lad's ghost later appeared tae his murderer an I hope he regretted his actions then.

Although Jean an the band were busy playin in dance halls aa ower the North-East an further afield they also played a lot in Fetterangus Hall, an it wis aye packed when she wis playin there. She wis known for the fun an jokes that went wi her music an this added tae the enjoyment o the nicht. I mind hearin aboot one time in the Fetterangus Hall. My mither's band hadna been long started up playin when my mum's dog, Tarzan, cam in. Although he'd been locked in the hoose somehow he'd got oot, an he ran richt through the hall an richt up on tae the stage, an sat at Jean's feet. An he stayed there til the dance ended, several hoors later. Tae me, that's quite somethin, for even the dog enjoyed her music! The crowd found it so funny, an they accepted it aa richt. Efter that Tarzan often cam tae listen tae my mither, an the dancers niver thocht onythin aboot it!

My mither wis also employed by the Education Authority tae play for the Scottish Country Dance Society. She played the piano for Frankie Matthews o Peterheid who wis the dance instructor, an he wis a great dancer and very handsome. She played for his classes at Fetterangus, an she went wi him tae different halls aa roon aboot wherever he hid a class. Thinkin o him brings back a lot o happy memories for me. I did country dancing as well, along wi Ned's daughter, my cousin Lily. Frankie classed us as bein the best dancers he'd ever taught, as we had the proper timing. Those were happy times. My mum had special tunes for him, an he wid often snap his fingers tae my mum an say, 'Jean, my favourite tune'. My mum adored him, an at this command she

2.10. Jean with members of her Accordion Band. This picture was taken in the early 1950s and many of the players at this Strathspey and Reel concert were from Cuminestown way. *The Strathspey and Reel Society* could have about 40–50 accordion players at this time, but they didn't all appear on stage at one time – it all depended on who was available.

wid play *What Makes the Darkie Weep in Sorrow* an the tears wid fill his een because not bein fae Scotland the song hid a special meanin for him.

My mither hid a music room in Duke Street where she taught her individual pupils. There wis every instrument you could think on including a saxophone, piano, chanters, banjo, tambourine, accordion, clarsach an cello. She hid a genuine Stradivarius tae but this wis stolen when Lucy left Duke Street. The music room wis a beautiful room tae be in an I jist loved it, an it even hid a Gramophone, a Master's Voice. I still have the receipt for this from when it was bought new for 5/- by my grandfather. This room wid be used for the teachin she did fae the hoose an then she also went oot tae teach in private hooses. Later on, again in the fifties, she would go tae the fairms where she wid teach accordion in their lounges. In this way mum didna need tae rent a room for her classes so that wid keep the cost doon a wee bit. I mind at the age o mebbe 13 gan wi her tae Garmond beside Cuminestown. That wis a big class, an affa big class, an she went there on a regular basis. I mind she also went tae Stevens o Riding Hill, Crimond. That wis a big fairm, an these classes were very popular. It wouldna cost the individuals much tae participate. Many o the people who cam along were country folk fae the nearby fairms or cottages. Some wid be fae further afield an I suppose they wid hae been quite well

2.11. *Jean Stewart's Dance Band* playing at a Harvest Thanksgiving Dance at the POW camp in Stuartfield. Ian and Eddie Noble are on saxophone and drums, with myself on piano (age 16).

off tae afford the time aff, an then tae pay for the lessons as well. The students always brought gifts for my mum, because they loved her sae dearly. Eggs, chickens even, everyone wid bring her something. At Garmond the family wir very musical an the classes there wid include members o the immediate family as well as cousins. Maist o them hid red hair an they aa looked alike. The family were called Smith, an there were plenty o them! I mind one man cam fae Cornhill near Banff. His name wis Mr Fordyce an he wis one o quite a few that wid hiv come a fair distance. At Garmond there wis an interval in the lesson, so that mum could listen tae the musicians one by one, tae inspire an develop her pupils, an it wis fae this class that she formed her accordion band for concerts. At the turn o the century many Italians came over an settled in this area, especially in Peterheid. Many o them, Ferraris, Beckis, Zanres an Bicoccis for example, wir successful business men who made ice-cream an ran chip-shops an restaurants. Jean wis sae weel-kent that she wis invited into their homes tae teach their children the accordion. The Italians hiv their ain long tradition of accordion playin, an then Jean wis brocht in as a regular teacher. Even now, some o the Italian shops are still there, the chip shop an the ice-cream shop, an they're good goin businesses yet. Some are long gone but I still remember them.

Outside Crichie (Stuartfield) there wis a POW camp that wis hame tae aa sorts of prisoners, fae Italy, Germany an Poland. During the wartime my mither an her band wid often be asked tae go an entertain them. Even efter the war wis ower the band wid go tae play for dances that wir held there. The photo here shows me playin wi her at a Harvest Thanksgiving Dance at the camp in aboot 1955. Although it wis nae longer a prison by then, there wis still a lot o memorabilia aboot which I mind lookin at. Efter the war when the prisoners were released, many o them stayed on in this country an some would visit my mither's hame. She'd hae musical evenings where they wid come along wantin tae see her an hear her music again.

Although my mum is maistly known for her instrumental music, she kent aa the songs an hid a fine voice, which wis husky an very expressive. She loved tae sing, an sang across a wide variety o songs, includin the supernatural ballads like *The Cruel Grave*. She also sang ones like *Johnnie My Man* an she'd sing that in the real aul Traveller style. She put in a lot o emotion an the result wis that you could almost hear the bagpipes, like a pibroch, in the way she sang. She couldna help it, that wis jist how she wanted tae express hersel. When I sing these songs that I associate wi my mither, in her ain style, it's very emotional for me an brings back a lot o memories. She was so different, an I canna copy her style. She wis very different fae her sister Lucy in that respect. Lucy wis a straight singer an widna sing in the Cant, which Jean jist loved tae dae. Jean would sing Cant songs like *Big Jimmy Drummond* and this wee verse, *One Day in Dunblane*.

One Day in Dunblane

One day in Dunblane it came on a heavy rain
An A took up ma ludgins in Sally's paddin ken
There were raggy man an baggy man an ballad singers too
There were stoot an able gadgies fittin for the ploo.

The Gypsy's Warning wis always sung by my mither, nae by Lucy at aa. I love it. It's beautiful an very touchin. A girl gings tae get her fortune read fae a gypsy who tells her nae tae trust the man she's wi, for he'll fool her wi his lies an tak everthin she's got. The girl goes tae pay at the end o the readin, but the Gypsy says, 'keep thy gold, I do not want it. For the hour that I might foil him and rob him of his expected bliss. Lady, in the green grave yonder lies the Gypsy's only daughter. Lady, in the green grave yonder lies the Gypsy's only daughter.'

Jean wis also a skilled composer an songwriter an she composed many different pieces, such as the march caaed *The Maid o the Ugie*. I believe she caacd this march efter Lucy, because Lucy wis a maid, an she often took a walk doon by the river Ugie, which runs jist by the village. Fetterangus wisna a big place in them days. As I've said, there wid be aboot 300 people livin there, an in such a small village, everyone wid ken everyone else's business. Nothing happened in Fetterangus but mum wid hiv tae mak up a song aboot it. She made up this one song tae the tune o *Mairzy Doats*, an she wis close tae gettin the jail for that one because it wis aboot everybody in the village an it wisna too complimentary! Aye tellin aboot people that wis workin, or somebody's bidey-in, or somebody sneakin intae somebody's hoose – it wis aa in the song. I wish I could get aa the words o it noo, because I tell ye, it wid be worth somethin. But these wir songs o the moment an I don't suppose my mum expected them tae last. I can remember wee bits o it still. In Duke Street, there wis a man who bided across the road. He started sellin kindlers for the fire, tae mak some cash. An then next door tae my mum there wis another couple. Well, there wis rivalry between this couple, the man wis a stick merchant, an this other one who wis gan oot sellin kindlers. So there wis a carry-on there an my mither started off her song wi that two, an then she jist went on, up through the village, commentin in a funny way on all the characters ye'd encounter in the street. Folk such as the woman fae Glesga, who got a mention as 'Missus Eagle Beak', cause she hid a hookit nose like an eagle's beak. Whit I dee mind wis that folk got really mad wi my mum an got the police tae her. But then strangely enough aabody started singin it an haen fun at the same time, so it wis aa forgotten aboot then. Oh, she loved tae mak up songs an aye used her wicked sense o humour in her songwritin. Anither thing she loved wis tongue-twisters, an she wis great at them. I mind she'd dae *The House That Jack Built* wi us as children. Each giver's line wis said with a slap tae the outstretched hand o the receiver.

Giver Take that   *Receiver* What's that?
Giver That's the house that Jack built.

Giver Take that   *Receiver* What's that?
Giver That's the malt that lay in the house that Jack built.

Giver Take that   *Receiver* What's that?
Giver That's the sack that held the malt, that lay in the house that
Jack built.

Giver Take that   *Receiver* What's that?
Giver That's the string that tied the sack that held the malt, that lay in
the house that Jack built.

Giver Take that   *Receiver* What's that?
Giver That's the rat, that chewed the string, that tied the sack that held
the malt, that lay in the house that Jack built.

Giver Take that   *Receiver* What's that?
Giver That's the cat, that ate the rat, that chewed the string, that tied the
sack that held the malt, that lay in the house that Jack built.

Giver Take that   *Receiver* What's that?
Giver That's the dog that wurried the cat, that ate the rat, that chewed
the string, that tied the sack that held the malt, that lay in the house that
Jack built.

Giver Take that   *Receiver* What's that?
Giver That's the cow with the crumpled horn, that chased the dog that
wurried the cat, that ate the rat, that chewed the string, that tied the sack
that held the malt, that lay in the house that Jack built.

Giver Take that   *Receiver* What's that?
Giver That's the maid all forlorn, who milked the cow with the crum-
pled horn, that chased the dog that wurried the cat, that ate the rat, that
chewed the string, that tied the sack that held the malt, that lay in the
house that Jack built.

Giver Take that   *Receiver* What's that?
Giver That's the man all shaven and shorn, who kissed the maid
all forlorn, who milked the cow with the crumpled horn, that chased
the dog that wurried the cat, that ate the rat, that chewed the string,
that tied the sack that held the malt, that lay in the house that Jack
built.

Efter this, she'd go straight intae:

2.12. Jean, aged about 25, with her prized accordion.

The priest, the minister, the maid an the man
Went roon the kirkyard wi a hot brick in his han.

You've got tae say it quicker an quicker aa the time. Nae easy tae dee, but sayin it really quick sounds like sayin somethin else. Ye can try it yerself!

My mither wis a clever an popular woman wi the locals an wi other Travellers. She wis a magnet for other Travellers, who wid come fae near an far jist tae listen tae this wonderful Traveller woman who hid made sic a name for herself. She wis aye very happy tae be in the thick o things an she wis aye up tae things. I mind as a young school child her havin her very ain concert in the middle o the street wi her ain entertainers, an havin the street in an uproar wi them aa. Some wid sing an others dance an sing, an some folk wid be so worked up, till they were screamin wi the sheer joy o it. The worthies loved dancing in the streets. As I said afore, many o the Travelling people had their ain helpers like Meekers, who were often also entertainers. Nowadays,

2.13. A typical Traveller encampment, 1930s. (*courtesy of the Laing Collection, Perth Museum & Library*)

these folk wid be put intae care homes or left withoot support. Sometimes ye'd find that their ain folk wid be well-off but for whitever reason, they wouldna acknowledge their ain kin. Often tae these folk wid be quite clever, an they were aye good workers. But oor people, the Travellers, really cared for them well an treated them jist like anither member o the family an they in turn got very attached tae the Travellers. Tae be honest, my mither said she collected them like trophies, an wid swap one or two at times wi another Traveller. That wid be when she, or the other one, fancied some different bit o entertainment! It sounds odd now but I think everyone benefited fae this set up, an we were aa Travellers efter aa.

Anither thing my mum loved tae dee wis tae dress up, usually tae play a prank on some peer soul, an I could tell ye many stories aboot the things she got up tae, an often she'd get me involved as well! Here's just one tae gie ye a taste.

Mum hid many pupils that she took in the hoose tae teach piano an accordion an one o them wis a young man fae the nearby village o Maud, caaed Bill Fowlie. Bill wid be in his early twenties when he first cam tae the prefab at 27 Gaval Street for accordion lessons. He cam regularly an wis quite a good musician. He got real friendly wi the family an likit my mither a lot. One night when she wis teaching him, she took a notion tae dress up an gie him a scare. She gave me a wink an said 'Elizabeth I'm gan oot for aboot ten minutes. I hiv somethin tae dee. Go ower Bill's lesson for me till I get back.' She went oot the side door only tae sneak in the back one tae dress differently. She

2.14. Jean having fun dressing up in false teeth and glasses, looking for an opportunity to wreak havoc. (*courtesy of the Kenneth and Rochelle Goldstein Collection*)

disguised hersel wi a shawl ower her heid an put on a pair o thick-rimmed spectacles (wi lenses as thick as bottle-ends), an then a pair o 'buck' teeth she'd hid specially made. She changed her skirt, an that wis her transformed. Comin back tae the side door she knocked sharply, an of course I knew who it wis an I got up tae answer the knock. Here wis my mither standing on the doorstep, angrily asking if Bill Fowlie wis there. I said, 'Yes, he's havin a music lesson wi my mither.' She asked if she could speak tae him for a few minutes, an I took her inside. Very angrily she confronted Bill wi the words 'Ye devil, ye've put my dother pregnant, an ye'll pay dearly for it. I'll tak you tae court an tak every penny aff you, an I'll hiv your name known tae aa.' She waved a walkin stick at him, an threatened him wi it. The poor lad's face wis crimson, he wis jist aboot tae tears, an denying everythin of course, because he didna ken who this woman wis. She caaed herself Mrs Pittendreach but obviously this meant nothin tae him. The lad wis standin right in front o oor prefab living room windae when suddenly he fainted wi fear. He fell backwards an went richt through the windae. Well, this time Jean got a fricht as well. Scared that the lad wis damaged, we eventually got Bill tae his feet an patched him up (because he wis bleedin) before explainin tae him that this wis really a joke! My mum said that because he wis a friend o the family, as well as her pupil, she'd thought he'd tak it wi a pinch o salt. Well he did, eventually, once he got over the shock an the pain an he could see the funny side o it aa. In fact, he continued wi his music lessons for a long time efter that so he must hiv been ok aboot it. However, efter this incident my mither wis a bit more wary o who she'd try her tricks out on, an she picked the location more carefully tae, an niver again played a trick next tae a big windae!

My mum liked tae laugh an didna like tae miss an opportunity tae have some fun as she did with another o her pupils, Mr Ingram, when my mither made up *A Pie Fart, a Cabbage Fart*. Mr Ingram wis an aul man who used tae come tae the prefab at Gaval Street. He played the button-box or the melodeon. He wid aye play the *The Smith's a Gallant Fireman*. However, as he wis playin he wid lift his legs to the music an fart at the same time. He was aye fartin! I mind him well an as a young girl I thought it wis affa, but lookin back on it, it wis mair funny really. Well, my mum couldna resist it an she pit these words tae the second part o the tune o the *Gallant Fireman* which wis a tune we'd often diddle.

Diddlin/Pie Fart

Da dum diddle diddle ow na ha de de dee da di dum
Da duddie um da da da hi di diddie di ha dum
Di um di deedle da da ha de de dee ta de da
Ti di daddie hi de dee da hi de duddie hi da
A pie fart, a cabbage fart a k-nacker, and a clinker
Pysemeal, oatmeal, a roarer and a stinker
A dandy-pluff, a rotten-pluff a sly een an a winker
That's aa the names o farts that comes oot o Ingram's blinker.

My mum would sing these words tae him while he wis playin the tune an it wis hilarious! He didna mind a bit.

Even as a young quine, she wis quick-witted. She told me aboot one time when she wis in her teens, an there lived in the village an aulder man who hid quite a reputation for the ladies. He wis an ugly wee guy who wore thick glasses an he professed tae be blind. Noo this man lived wi a woman an her daughters an seemingly he'd been sleepin wi them aa, in fact one o the daughters fell pregnant twice by him. He wis puttin on an act o being blind bit really he could see quite well, an my mum kent this. One dark night as she wis gan tae the shop, who did she encounter but this man. Suddenly he cornered an attacked her wi the intention o sexually assaultin her. Noo, my mither wis aye small but she hid a fiery temper, an God help any man tryin tae be funny wi her. He wisna expectin her tae dee whit she did. She kicked him between the legs, scratched him deeply, an broke his glasses, leavin him in a bad state, bloodied, an lyin on the pavement. Good for her! Next day a policeman appeared at my Mum's door. He explained tae her that this man hid made charges against her for attackin him. The policeman knew my mum an he knew whit this man wis like, so he wid hae a good idea whit hid really happened. He told Jean that the man wis wantin tae charge her especially for breakin his glasses, an hid claimed he couldna see tae sign for his blind pension withoot these glasses. My mither replied that he could see fine an she cam up wi this plan tae prove it. When it wis aa arranged the policeman went back tae this man, tellin him he hid spoken wi my mither an that he hid charged her for everythin, which o course he hadna. The man wis pleased. 'Now,' said the policeman, 'I need you tae sign this document stating that you cannot see tae sign for your pension.' This hid been my mither's suggestion tae catch him oot ye see. An well, of course, didna the aul fool sign the form. The policeman turned roon tae him an said 'Now I've got you where I want you, this case is dropped. I should be charging you for attacking this young lady and for the lies you've told me, wasting my time.' So that wis him sorted oot. I really like this story because it demonstrates my mum's intelligence, even

2.15. Jean in another of her disguises, with a false nose. (*courtesy of the Kenneth and Rochelle Goldstein Collection*)

though at the time she wis still quite a young lass. My mum wis niver one tae shrink fae a challenge!

Efter livin at 14 South Street my mam moved us to North Place, Fetterangus, or 'up the pole' as it wis better known. I dinna exactly ken how auld I wis, but I wid hiv been somewhaur aroon 3 or 4. My mum rented the hoose in North Place fae Mr Willie Booth. It wis the first o three hooses thegither, aa ground level buts an bens, an then aroon the corner wis another hoose. There wis my mum, an next tae her wis an aul couple caaed Annie an Andrew, nicknamed by my mither aul Annie an Andrew Swinee. Of course that wisna their real surnames, but they hid at one time reared pigs at a nearby farm so, as usual, my Mum found a nick-name for them. Noo the third hoose was where aul Boothie himself bided. Then roon the corner wis whaur an aul woman caaed Mrs Walker lived. Mum hid a nickname for her tae, but I canna put that intae writing! Onywye, Boothie himself wis a greedy sort o proprietor, an

2.16. Jean at the door of the prefab. (*courtesy of the Kenneth and Rochelle Goldstein Collection*)

he charged the maximum rent he could. The old 'Swinees' were findin it hard tae pay the rent an one day Annie wis tellin my Mum aboot the rent being too much for her an Andrew to find every week, an the poor aul thing wis in a state o despair. Annie confided in my mither, hopin that Jean would find a solution, an that she certainly did. Noo, my mither hid done a lot o acting at school an as I've told you, she often used her actin skills tae fool people, an of course have fun. Well, she thocht the whole thing oot an tried tae find a way tae get the rents lowered, or, better still, tae get everyone oot o payin the rent at aa. Noo she hid a policeman's uniform an probably this hid come oot o the tats or feechels. So she got dressed in this uniform, tied up her hair an donned a pair o specs, an she went off tae Boothie's door. Wullie on seein the police-man asked, 'What can I do for you sir?' The policeman nicely asked 'You're Mr William Booth aren't you, an I believe you are the proprietor of these four houses?' Feeling proud that he was just that, he replied 'Yes, I certainly am.' 'Well' said the policeman, 'I'm afraid, I've got a bit of bad news for you. You see, these houses are condemned, an by no means should you be takin rent from your tenants for livin here. Now, what are you going to do about this? As you could be taken to court, and that could cost you a lot o money. That could make you penniless!' Wullie, being a bit scared an wi the thocht o havin tae pay oot a lot of money, wis really shook up. 'Well,' he said, 'I'll jist stop takin rent money fae my tenants aathegither.' Can you imagine how my mither felt? That let her off the hook too. No more rent! 'Well,' said the policeman, 'I have a legal document here for you to sign to that effect, and from today onwards, you'll no longer take rent money from your tenants. They can live there for as long as they want without you charging them rent.' An so Wullie signed the agreement an aa three tenants went rent-free. So at least that wis a good deed my Mum did wi her dressin up. Mind you, she wouldna get off wi that nowadays. She'd be jailed! This is only one occasion whaur she dressed up as a policeman. There were other times she did this for devilment an she really fooled folk, but I think this story is my favourite.

Second sight ran in oor family as it did in many other Traveller families. Aul Betty hid it, an so have I. Jean wis very strongly gifted an hid many premonitions an warnins o things tae come. This ability tae foretell events could be quite a burden for Jean an ower the years it brocht her a lot o sadness as well as happiness. Once when she wis at Ned's hoose she went intae a bedroom, an she could smell a coffin, or death, in that room. Her niece, Ned's daughter Jean, wis in the hoose at the time an my mither hid shouted tae her tae come intae the room. But when she wis asked, the cousin said she couldna smell onythin oot o the ordinary. My mum said she could feel the smell o a coffin, an flooers too. Noo Travellers are very superstitious aboot certain flooers, especially lilies, which they caaed the flooer o death. They wid niver tak lilies or daffodils intae their hoose. My mum went tae the ither bedroom an she smelt the same thing an she said 'I feel it in every room in the hoose. It's really strong.' Well, the next day at 5 o'clock she got word that her brother hid died suddenly. That's jist one story that shows how good she wis.

She talked aboot the second sight a lot an she knew she hid this ability fae a very early age. She told me that even as a teenager she wis seeing things. One occasion I mind her tellin me, she wis in the box bed in Duke Street, Fetterangus an she heard her uncle Ned at the door. (This wis Ned Townsley, her mither's brother.) But when she went tae the door, there wis nae-one there. She wis very fond o this uncle, and he o her. She wis adamant that she heard him sayin, 'O Betty, Aul Betty, let me in.' But nae-one else could account for it an they hid heard nothin. The next day the police were at the door tae say that Ned hid been killed. He wis walkin on the grass verge at Fountain Blue, near Ellon, an he hid been hit by a lorry. His body wis taen tae the morgue, an Jean wis the only one who wid identify him. She wis only a kid o fourteen at the time but she wis very brave. She described tae me how dark it wis. The only light up this windin stair tae the morgue wis a hand-held candle, an she said she only kent it was uncle Ned by touchin his nose as he hid a bump on it.

When her ain father wis dyin she hid a warning tae. A week afore his death her mither hid said, 'Jean, ye'll hae tae cut yer dad's nails.' 'Why?' Jean hid asked, 'Ye've tae dae it' wis the reply. 'They're ower lang lassie, so mind.' On Sunday nicht Jean wis in bed wi her sister. It wis twelve o'clock an Jean said tac Lucy that she heard someone tappin at the windae wi affa lang nails. 'Och', said Lucy 'I dinna hear anything.' Jean said, 'I've heard it once, if I hear it three times, it's a warnin tae cut ma dad's nails.' She heard them then, a second time, an her father died that nicht an she wis niver able tae cut his nails. She aye said that gave her an affa feelin.

There wis anither story aboot her nephew Geordie who wis in the Merchant Navy. He wis a very handsome man an he wis aye caaed Mr Laughter or Mr Handsome because o his looks an his popularity. At one time the family were worried because they hadna heard fae him in years. Jean reassured them an said that he wis very much alive, that he wis noo a mairriet man wi kids, but that he hadna been in touch because his wife didna want tae be connected tae the Travellin people. Well eventually, mebbe more than twelve years later, the family advertised in the papers tae try an find him. Geordie got in touch an he wis in Brighton, mairriet, wi heaps o kids, jist as Jean hid said. Another time, when he wis still in the Merchant Navy, my mither hid a vision an saw him in a hospital bed. There wis something wrong wi his throat, an later we found oot he hid been in hospital very ill wi tonsilitis. So my mither hid seen aa that. Neighbours cam tae see Jean tae hiv their fortune read. My mither didna use cards or onythin, she could tell by jist lookin at the person an she wis often consulted.

Jean wid predict other things tae, couples breaking up an stuff like that. Things that wid seem incredible at the time, but they wid happen eventually. Another time, speakin aboot my father's uncle, Jock Stewart, a nice funny man who wis better known as Jock o Byth cause he'd lived there for years, my mither said, 'Jock's gaun tae dee in twa days.' Because he wis healthy at the time the family were sceptical, but she insisted an even described whit everyone wid be wearin at the funeral, includin one man she said wid wear a brown pin-striped suit. She'd seen this aa in a dream an it did happen, jist as she'd described it. Maist times she saw sad things, an this could get her down sometimes, but she also hid premonitions o happy events. She aye used tae say that she knew she wid be famous one day. Havin said that, she wisna motivated by fame. She jist wanted the joy o playin, that wis the maist important thing for her. The joy an the fun, an the laughter. Until now I've told ye aboot my

2.17. My mum playing for Bunty Mathers and Sidney Simpson's wedding. The couple are in the centre of the front row, above the children. There's no sign of her band so she would be playing on her own for this Fetterangus family's wedding as she often did for others.

mither's music career an what sort o personality she wis, but I'm gaun tae go back noo, an tell ye aboot her home life, which nae many people knew aboot.

By the age o 27, in 1939, my mither hid achieved a gread deal an wis a weel respected an successful woman among her ain folk, an beyond tae. As well as broadcastin, teachin, an her work wi the Education Board, she wis very successful wi *The Jean Stewart Dance Band* an wis active in the Country Dance Society an the Strathspey an Reel Society.

Then oot o the blue, an against her family's wishes, she ran off wi her second cousin, Donald, an mairriet him. For some reason or another the marriage wis declared illegal so she hid tae go through the ceremony again but by this time she wis already pregnant wi me, an this wis quite a shock tae her mither an tae the rest o her family. Noo, the thing wis, my grandma hid spent a lot o money on my mum, her youngest child, an I suppose worshipped the ground she walked on – Jean being the great musician an personality that she wis – so this wid hiv been a blow. My father wis seven an a half years younger than my mither an although she could hiv got any man she wanted, she chose him. He went off tae the army almaist richt away an within six years my mither hid us three girls. Me, Jane, an Frances. But the marriage wis anything but a happy one. When he wisna aroon, oor home wis a happy place full o music an laughter but when he wis there we were all in fear o him. As we got aulder we were aa petrified o him an used tae love it when he went aff tae work on the hydro-electric schemes but of course he aye turned up again. He wisna a lovin nor a carin father. He wouldna stick a job an niver finished anythin he'd started. For years he wis jealous o my mither an aa she hid achieved an he wis very cruel tae her. She couldna hae friends, or if she did, he wid mak a fool o her, often even hittin her in front o people. He wis a great dart player an spent a lot o time playin in the pubs. Naebody could beat him at that an he won lots o money, but it wid aa go on drink. As the years went on, he got worse. He treated my mum like a beast at times. It breaks my hairt tae mind some o the things we saw him dae tae her when we were children. When she wis expectin Robert, her fourth child, in 1948, jist weeks before he wis born, my father dragged my mither's head doon a harled wall that wis across fae oor house. His brutality nearly killed her. Her face wis very often disfigured wi the beatins he gave her, an her nose wis broken mair than once.

Later on, efter Robert wis born an while my mither wis still in her confinement bed, in the prefab at 27 Gaval Street, he took her lovely £1,000 Cooperativa De-Luxe accordion that Aul Betty hid worked her fingers tae the bone tae buy, an he sold it for £250 tae a young lass called Alice D . . . who lived roon aboot the Aiberdeen area. The girl hid been in love wi the accordion for some years an my father took the opportunity tae get it awa oot o the hoose while my mither wis disabled. My mither broke her hairt! She cried an cried, an tried tae get the accordion back but the girl wouldna part wi it. My mum wis niver the same efter this happened. That accordion wis her jewel, an meant sae much tae her that losin it wis a loss she jist couldna get ower, an niver did. She hid a broken hairt.

As a young woman my mither hid been in a car crash in Mintlaw when she wis learnin tae drive. Small particles o glass hid entered intae one ear, makin her slightly deaf, an as the years went on her deafness increased. Added tae this a kind o tumor grew oot o her ear. She must hiv hid a lot o pain wi it an it wis unsightly tae, which wid hiv upset her. My father threw good insults at her aboot this, an wid call her 'deif lugs', even in front o people, aa the time. I often wished I'd hid the strength tae crack him one for I hated him for takin my mither doon in this way. She wis the constant bread winner in the home, an he took every penny he could fae her. An despite everythin she continued tae provide for us, which he wis niver able tae dee.

I find it hard tae believe that an army man who knew so much aboot war, hatred an fightin wid treat his beautiful wife like that, an his ain children too – mind you when he wis in the army he wis a boxer as well as a fighting soldier. I ken he hid been at Dunkirk an even escaped from a POW camp by motorbike, along wi another prisoner, a neighbour fae Fetterangus as it turned out. An after the war he wis given a medal for his part as a fighting

2.18. The Jean Stewart Dance Band. This picture was taken in the public hall in Mintlaw in the 1950s, when there was scenery at the back of the stage. The bass player cum trumpet player, K. Lozak, who had married and settled in Mintlaw, was originally from Poland.

man. And I am proud of what he had been through but I feel this harsh nature wis there before, an ran in the family. When my mither wis expectin my sister Frances, she wis seein my father away on the train at Mintlaw station. He wis gan back tae the army base. On her way back home, when she got tae Fetterangus, my father's family wir waitin for her an they attacked her, an left her lyin in a pool o blood. She nearly lost the baby who weighed only two pounds at birth. Frances hid tae be nursed at the fire wrapped in cotton wool, an although she did survive she hid problems as a result o the beatin my mither took that day. There are just so many stories o my father's cruelty tae my mither, right up until the end o her life. Decent folk find this final act of my father's unthinkable. When she wis on her death bed he actually sold the bed fae under her, for a pound, tae his ain mither. The aul woman then turned up an demanded my mither get oot o the bed, sayin that it noo belonged tae her. Even now I find his cruelty unbelievable an I can't forgive him for what he put my mither through.

Aye, my mither hid a very unhappy mairriet life wi my father. I don't know how she could hiv went oot playin wi her dance band, often hidin her black an blues efter gettin a beatin fae him. My father wis fond o the bottle, an he wis a very clever gambler, bit he gambled aa my mither's assets away. If

2.19. Family photograph showing, left to right, Jane, aunt Lucy, Jean, Frances, Donald and Robert. (*courtesy of the Kenneth and Rochelle Goldstein Collection*)

it wisna for my mither we kids wid hiv starved. Some Traveller men hid the attitude that the women should always be a few steps behind the man. My father wis one o them. But in truth the women were the grafters an did aa the hard work. Not aa the men were like this though, for my mither's brithers and uncles were hard-workin, clever men, an good money-makers.

Wis there anything good aboot him? Well, tae be fair, he wis an excellent artist who could draw an paint really well. Sometimes he wid decorate the hoose wi his ain wall murals, which everyone admired. He also made absolutely beautiful floor rugs out o aul rags. The backins were sacks which I wid often sew thegither for him. He'd draw a design, a landscape, or mebbe a wee cottage wi flowers an trees aa roon, an fae this he'd make the most beautiful rugs. His ain father did the same, an the aul man actually hid patented a tool for weavin the cut fabric back an forward in the rugs. My father's family also made the most beautiful paper roses I hiv ever seen. An of course my father being my mither's second cousin, off the same lineage through his mither's side, meant that he wis very musical. He played harmonica, piano, accordion, and the fiddle. For a while in the early years he wis also the drummer in ma mither's band. He wis also great at whistlin, an his yodellin wis extraordinary. But o course his sister Jane wis weel kent for her singin an yodellin tae. Their uncle wis aul Davie Stewart, the Galoot. Bit for whatever reason, my father wis a cruel man. There are things I could tell ye that are too brutal an hurtful an I'll hiv tae tak those tae ma grave wi me.

2.20. At my mother's graveside at Fetterangus cemetery. The gravestone bears the musical inscription 'They wrote the songs that made the whole world sing.'

Well-known band leader and broadcaster, Mrs Jean Stewart, 27 Gaval Street, Fetterangus, has died after a long illness.

Known to thousands of dancers in the North-eas', Mrs Stewart had a band of her own from the age of sixteen until she retired three years ago through ill-health.

She was an accomplished pianist and accordionist and gave lessons on both instruments. Mrs Stewart, who was fifty, was also one of the first woman accordionists to broadcast from the B.B.C.'s studio at Beechgrove House, Aberdeen.

She was a sister of Lucy Stewart, well-known Buchan folk artist. Mrs Stewart is survived by her husband, a son and three daughters.

2.21. The text of the obituary for Jean printed in the *Press & Journal*.

Jean often told me that she regretted spoilin her musical career for him an that will always make me sad, however when she died in 1962 her obituary paid tribute to how important she had been through her music.

I want tae finish this chapter wi another story my mither used tae tell me when I wis jist a wee lassie. This lovely fairy-tale made a great impression on me.

There wis a young good-looking woman who fell in love wi a handsome, tall, dark, Traveller man. She fell wi a child tae him, an for some reason or ither they niver got mairriet an over time they drifted apart. I somehow think it wis a clandestine affair, an that he wis already mairriet, but we'll niver ken that for sure.

The child wis born, a boy, an his mither got a job at Arnage Castle near Ellon, Aiberdeenshire (it's on a side road west o the A948). She wis given a small hoose on the estate tae live in. As a wee boy, the lad wis fascinated by the castle, an wid almost everyday go as near as possible tae it, an dream. Probably he wis thinkin that the folk inside must be very rich, an mebbe thinkin that kings an queens an their families lived in places like that. Maist children dae think that, I'm sure o it, an I ken that I did.

Maist times when he went an looked at the castle, if he wis seen by the Laird, he wis shooed away. He wis poorly clad I guess, an nae doubt a bit ragged. He took it aa fae the Laird, saying nothin, until one day, when he wis aroon 14 years aul, he wis bein chased away as usual an feelin quite brave, he turned roon tae the Laird an said 'One day, I'll own this castle, jist wait an see.' 'Hop it,' said the Laird in reply, an Donald ran aff hame.

Noo Donald grew up tae be a fine strappin man, an he worked very hard for he wis clever, an witty, an in time he became a very wealthy man. He wis a contractor an hid offices an houses aa ower Aiberdeenshire an even beyond that. Donald became so rich that he made his ain dream come true. In 1934 he bought his dream home, Arnage Castle, the very castle he wis so often chased fae when he wis a laddie.

Noo, when I wis a young girl, mebbe fae aboot 11 years onwards, my mither wid take her accordion an she told me she wis gan tae this castle, tae see this man Donald Stewart, who wis now Laird o Arnage Castle, an she wis givin him accordion lessons. She also told me that he hid a brass piano. Noo, I didna think there wis sic a thing ever made, so whether it wis half-brass, or jist a lot o brass decoration on it I really dinna ken, but bein piano mad at that early age even I knew that this wis somethin different, an I wanted tae see it. She promised she'd tak me there one day but sadly she died before that could happen an even noo I often think on it. It wis fascinatin enough jist tae ken that my mither wis in this castle almost every week, withoot bein told aboot

2.22. Jean playing her accordion in her music room at Gaval Street. This photograph was taken by Kenny Goldstein. (*courtesy of the Kenneth and Rochelle Goldstein Collection*)

this wonderful piano tae. Bit that wisna the end o this story. Whit wis even stranger wis that my mum hid also told me that this man wis her full cousin. Her uncle Donald Stewart wis the man who'd coorted the woman in the castle cottage, an wis the father o the present Laird, Donald Stewart. And so Jean wis his full cousin, an related tae him! This wis great. But still, I niver did get tae meet him, or see that piano.

Years later, in 1970, efter my mither hid died an when I wis still livin in Fetterangus, a man appeared at my door. I knew he wis a relation somehow for he certainly resembled my mithers' brothers, an even her. He asked if I knew who he wis an of course I didna, until he told me that he wis Donald Stewart from Arnage Castle. He wis better known as the contractor, Donald C Stewart. He told me he hid built a big hotel in Ellon an caaed it *The Craighall Inn*, an he wanted me, only an especially, tae play an sing at the opening o it. Well, I wis nine months pregnant wi my son Michael but I jist couldna refuse tae dae this. So I went an played at the openin. I took some chance, didn't I? but I wis glad tae dee it, an tae get a chance tae ken my second cousin a bit better. He told me aa aboot his friendship wi my mither an said he wis proud o his Stewart family background. Donald C Stewart wis a household name, an very well respected locally. He died some years ago noo, an I niver did get tae go tae Arnage castle tae see that piano, but this story means a lot tae me. It shows that dreams can come true if you're determined enough to make them come true.

When I think on my mither noo I remember her skills as a musician, her wicked sense of humour, her intelligence an her strength. She wis so talented an she achieved so much in her short life. She could hiv gone on tae achieve a lot mair, but that wisna tae be. She died in 1962, at the age o fifty leaving Frances (aged fifteen), Robert (then twelve), Jane (21) and me (22). This wis jist a few years efter a young American Fulbright scholar by the name o Kenneth Goldstein spent nearly a year wi oor family in Fetterangus, studyin oor Traveller music, songs, stories an traditions. He concentrated more on recording Lucy's ballads an songs, mebbe because my mither wis aaready famous, but he recorded a fair bit fae Jean too. I'm glad these recordings exist as they stand as further evidence o the great talent an tenacity o Jean Stewart, my mither.

I am so very proud o her, as she wis o me. Always she wanted her quinie tae accompany her on the piano when she wis playin her *heavy* traditional bagpipe marches on the accordion, an I loved it. What memories I have. She his been my inspiration an my guidin star throughout my life an my main mentor. Many people who knew my mither caa me Jean, an not Elizabeth, even tae this day, an it's nearly fifty years ago since my mither died. I just leave them to it, an hae a laugh tae myself. I've only recently found this poem in a box of papers that I hadn't looked at in years. This anonymous poem was written on small sheet of paper, and must have been sent to Jean some time in the 1940s judging by the frail and faded condition of it.

Jean's Poem

Jean iver since ye wis a bairn
Music's been yer big concern
Noo it's baith, weel worth while
Tae hear ye play and see yer style.

Ae dances ye gie them syncopation
Forbye bein pianist tae strathspey association
Yer ain selections are a gran construction
It's neteral fae a Stewart production.

Dancin te ye a aye excell
Especially wi the eens ye coach yersel
It's plain tae see at a dance contest
That you an yer partner are the best.

For yer hornpipes, an heilan fling
Folk his great fascination

Wi a that, an sangs ye sing
Ye get faul appreciation.

Memories of Jean and Ned

Jean was a tremendous musician on accordion and piano and one can
easy see where Elizabeth got her music from.

I remember Jean Stewart and her band at Millbrex Hall (a wooden
old hut which had a stage) in 1946, April. That night the minister Mac-
Ewen produced one of his plays, he produced one every year in aid of
hall funds and the kirks, the tallest kirk in Buchan. Jean and her Band
played at the Dance after the Play of which both occasions were packed
and she played to the wonderful eightsome reels and quadrilles, lancers,
which the dancing master [Craigbeith] taught, and many more to the
small hours of morning. She revelled in it, as does Elizabeth to this day.

I remember Jean on the Radio Broadcast, speaking about Jimmy
MacPherson who was hanged at Banff in 1700, with great knowledge and
emotion as though he was a long lost relation, which he probably was.

Jean's brother Ned was a quiet, reticent gentleman who was held in
great regard by all the fiddle fraternity. He liked best to play in the band
with Jean or with his beloved Fetterangus Strathspey and Reel Society.
He was a wonderful solo player regarded as one of the best in the slow
airs, but was very thrawn to play solo to an audience unless one or two
people got him cornered at the back of stage, when he would come out
of his shell, but just if they played a tune or two in return. He could take
a tune out of a fiddle that only the best could equal.

I met him for the last time in Glasgow at a piping competition in
1968 where he was there with his Stonehaven relations who brought
young 17 year old George Stewart down to play. We had a great chat
about past Buchan fiddle characters.

Jock Duncan, North-East traditional singer

Jean Stewart was a musical legend of my early childhood in the 1930s
and beyond. When I finally caught up with her in my youth, it was
mainly in her role as dance-band leader around the village halls of
Buchan. Whether it was Mintlaw, Maud, New Deer or Strichen, there
she would be on stage, a good-looking woman with the striking features
of her heritage and a ready smile that lit up her face. Then she would

burst into life on her accordion and away we went, dancing in the way we used to dance in those days before Rock 'n' Roll.

It was the post-war period of scarcity but there was no scarcity of top-class dance-bands. From across Aberdeenshire came Curly MacKay of Huntly – and from nearer Jean's own base in Fetterangus (or Fishie, as we called it) there was the contrasting style of Nommie Brown of Mintlaw, who wis a wizard on saxophone or clarinet.

We were well served in those days of good musicianship – and never better than by Jean Stewart, who lingers in the memory like a distant song.

Jack Webster, journalist and broadcaster

Songs

28. Jean Stewart's Tune – piano composition
29. The Butcher's Boy
30. The Cruel Grave
31. Sir Patrick Spens
32. The Laird o the Dainty Doonby
33. My Nannie, O
34. Roy's Wife o Ardivalloch
35. The Wee Toon Clerk
36. Robin Tamson's Smiddy
37. In London Town
38. The Gypsy's Warning
39. When I Wis Single
40. Johnnie My Man
41. Cod Liver Oil
42. The Dying Plooboy
43. A Wee Drappie o't
44. Donal Blue
45. The Heilan Men's Ball
46. Hey the Cuck
47. Big Uggie
48. Oh Some Say the Deil's Deid
49. Oh Fits Aa the Steers Cummers?
50. There Were an Auld Man He Cam ower the Lea
51. Hm-hmm (When I Wis a Wee Laddie)
52. Three Bonnie Lassies fee Bunion

53. Hip an Row
54. Big Mother Hen
55. Ten O'Clock Is Ringing
56. My Lad's a Bonnie Lad
57. Three Jews Lived in Jericho
58. Miss-is Brown
59. The Maid o the Ugie – piano composition

28. Jean Stewart's Tune (Elizabeth Stewart, 2002)

Piano Composition

29. The Butcher's Boy

Oh ma parents they gaed to me good learnin
Good learnin they gave tae me
They sent me tae a butcher's shop
A butcher's boy tae be.

I fell in love wi a nice young lass
She'd a dark and a rovin ee
I promised that I'd mairry her
If one nicht she wid lie wi me.

I'd coortit her for manys a month
Six lang months and mair
Bit anither een had taen his ee
An he wis tae despair.

For Mary wis wi bairn tae him
O Willie fit will I dee
For my baby it will soon be born
So will ye mairry me?

He went up tae her parent's hoose
Tween the oors o eight and nine
He asked her for tae tak a walk
Doon by yon riverside.

They walkit east and they walkit west
An they walkit aa around
Till he took a knife fae oot his breist
And he stabbed her tae the ground.

She fell upon her bended knee
And for mercy she did cry
O Willie dinna murder me
And leave me here tae die.

He took her by the milk white hand
And he dragged her on and on
Until he came to yon rushing stream
And he plunged her body in.

He went hame tae his mother's house
Tween the oors o twelve and one
It's little did his mither think
What her only son had done.

The question she did put to him
Why the blood stains on your clothes?
The answer that he gave tae her
Twas from a bleedin nose.

He asked her for a candle
For to light him up to bed
And likewise for a handkerchief
For tae tie aroon his head.

No peace nor rest could this young man get
No peace nor rest could he find
For he thought he saw the flames o hell
Approachin in his mind.

Noo this young man he's been taen and tried
And the gallows it wis his doom
For the murderin o sweet Mary Ann
A flooer that wis in bloom.

30. The Cruel Grave

It's siven lang years since my true love's left me
It's siven lang years since he's wint tae sea
It's siven lang years since my true love's left me
Will he iver come hame for tae mairry me?

It's siven lang years since my laddie's left me
It's siven lang years since he's wint awa
It's siven lang years since my laddie's left me
He wis the best een oot amongst them aa.

When I go to my bed I often wonder
When I go to my bed I often do pray
I pray to my only God in heaven
Will he send my Willie back home one day?

Who is that at my bedroom window
Who keepeth me out of my nicht's rest
Who is that at my bedroom window
Who gives me pain into my breast?

Tis not my father, tis not my mother
Tis not my brother, nor sister too
Tis not my father, tis not my sister
And who it is I know not who.

Will ye open the door and let me in my love
Will ye open the door and let me in

For I am cauld and I'm tired and weary
And it's I am soakin tae the very skin.

Well she opened the door wi the greatest o pleasure
She opened the door and she let him in
Sayin, If that's you Willie you have lost your colour
For your nae like the young man I used tae ken.

She took his hand and she led him tae a room
Upon a bed a young child slept
She said, This is your son you have never seen
And it's for some moments the young man wept.

So they went a-walkin and they went a-talkin
Till the early oors o the break o day
And they went a-walkin and they went a-talkin
Till soon he said, I must away.

But they kept a-walkin and they kept a-talkin
Till the early cock it began to crow
He said, I must away now I can stay no longer
For where I'm bound for I've far to go.

O Willie dear, oh please don't leave me
O Willie dear, don't go back to sea
O Willie dear, oh please don't leave
Why can't you stay and marry me?

He said, I must away I can stay no longer
Although this parting it will give more pain
And when I'm gone pray for me no longer
For never no more can I come home again.

31. Sir Patrick Spens

♩=76

Oh the king sits in Dun - ferm-line toon,___ A - drin-kin at the bleid reid_

wine,___ He said, Faur will I get a skee-ly skip - per, Tae sail this new_ ship o mine?

variations: bar 3 - 4   bar 8

Oh the king sits in Dunfermline toon
A-drinkin at the bleid-reid wine
He said, Faur will I get a skeely skipper
Tae sail this new ship o mine?

Then up and speaks an auld elderly knight
Wha sits at the king's richt knee
He says, Sir Patrick Spens is the finest sailor
That iver sailed the sea.

So the king sits doon wi quill in hand
And in a letter writes tae him
He said, Will ye tak this new ship o mine
And bring young Margaret hame?

Oh the first line that Sir Patrick read
A loud laugh gaed he
But the next line that Sir Patrick read
A tear blinded his ee.

Oh wha has gaen and deen this thing
And telt the king o me
That I maun go to Nor-a-way
And bring young Margaret hame.

But I'll go my lord I'll go my king
I'll sail richt thru the faem

And I will go to Nor-a-way
And bring yeer Margaret hame.

Mak haste, mak haste my merry men
Oor gweed ship sails the morn
Oh say nae mair my maister dear
For I fear a deidly storm.

For late yestreen I saa the meen
Wi the new een in her airms
Oh maister dear, I greatly fear
That we will come tae hairm.

They hidna been three weeks awa
Three weeks but scarcely four
When the highest lord in aa the king's court
Tae the Scotsmen they did say.

Oh you Scottish men you drink our wine
And you spend our money free
And you have come from Scotland
With none of your own.

Oh you lee-ars, aloud cried Sir Patrick Spens
You lee-ears, aloud cried he
For there's fifty thousand of gold and silver
In a dowry I've brought with me.

But we'll sail away from Nor-a-way
We'll sail richt thru the faem
We'll sail away from Nor-a-way
And tak young Margaret hame.

So they sailed away from Nor-a-way
They sailed richt thru the faem
They sailed away from Nor-a-way
Jist tae tak young Margaret hame.

But forty miles fae Aiberdeen
They ran intae a storm

It soon became aware tae them
They'd niver see dry land.

Oh lang, lang, lang will their ladies wait
A-wringin at their hands
Afore they see Sir Patrick Spens
A-sailin tae dry land.

For at Aiberdour the boat went ower
In fifty fathoms deep
Now Sir Patrick Spens and aa his men
Lie sleepin in the deep.

32. The Laird o the Dainty Doonby

Oh a lassie wis milkin her faither's kye
When a gentleman on horseback he cam ridin by
When a gentleman on horseback he cam ridin by
He wis Laird o the Dainty Doonby.

Oh dear me an it's whit wid I gie
For tae lie ae nicht wi thee
For tae lie wi me that wid niver, niver dee
Though ye're Laird o the Dainty Doonby.

So he took her by the lily white hand
He laid her doon whaur the grass lies green

It's lang, lang, lang ere he picked her up again
He said ye're lady o the Dainty Doonby.

Noo it happened tae be on a fine summer's day
Her father haen some money for tae pey
Her father haen some money for tae pey
Tae the Laird o the Dainty Doonby.

Oh kind sir an it's hoo dae ye do
Hoo's yere dother Janetty noo
Hoo's yere dother Janetty noo
Since I laid her on the Dainty Doonby?

Oh my dother Janetty's nae affa weel
My dother Janetty she kowks at her kail
An my dother Janetty is lookin unco pale
Since ye laid her on the Dainty Doonby.

Wid ye tell yer dother Janetty this
Tell yere dother Janetty this
Wid ye tell yer dother Janetty this
Will she spik tae the Laird o the Doonby.

He took her by the lily white hand
He took and showed her rooms twenty-one
He placed the kyes intae her hand
He said, Ye're lady o the Dainty Doonby.

Oh said the aul man, Whit will I dee
Oh said the aul wife, I'll dance until I dee
Oh said the aul man, I think that I'll dance tee
Since she's lady o the Dainty Doonby.

33. My Nannie, O

Behind yon hills where Lagar flows
Amang moors and mosses many, o
Oh the wintery sun the day has closed
And I'll awa tae my Nannie, o.

A countery lad is my degree
And few there be that ken, o
Oh what care I o few there be
My thochts are on my Nannie, o.

My Nannie's charmin sweet and young
And is blithe as she is bonnie, o
And ill wid befaa the flattering tongue
That would beguile my Nannie, o.

Oor aul gweed man delights tae view
His sheep and kye thrive bonnie, o
But I'm as blithe a lad that handles the ploo
An hasna care but my Nannie, o.

Come weel come woe I carena by
I will tak what heavens will send me, o
Nae the care in life that have I
But tae live and love my Nannie, o.

34. Roy's Wife o Ardivalloch

Oh Roy's days will nae be lang
Perhaps his days will nae be mony
Then when he is dead an gaen
It's then she'll turn her thochts tae Johnnie.

cho. Roy's wife o Ardivalloch
    Roy's wife o Ardivalloch
    Mark ye hoo she cheated me
    As I cam ower the braes o Balloch.

Davie Gordon o Kirkhill
An Johnnie Gordon o Curshalloch
See ye hoo she cheated us
As we cam ower the braes o Balloch.

cho.

As we cam toddlin roon the back
It's Roy gaed skelterin through the Balloch
Wearyin o the faithless quine
As she gaed on the road to Valloch.

cho.

As we cam in aboot the back
She cam in aboot the Balloch
An Roy's piper played richt weel
She's welcome hame tae Ardivalloch.

cho.

'Iho ye wid caa the Cabrach wide
Fae Ordestan inta the Balloch
Ye widna get sae swack a quine
As Roy's wife o Ardivalloch.

cho.

She is bit sic a cantie quine
And weel can she dance the heilan walloch
Fae tap to tae she's tight an clean
Is Roy's wife o Ardivalloch.

cho.

Her hair is fair her een are clear
Her wee bit mou is sweet an bonnie
Tae me she'll aye wis be my dear
Tho she's forever left her Johnnie

cho.

Bit Roy's wife wis scarce saxteen
Her days as yet hae nae been monie
Roy's thrice as auld as she
She's taen the carle and left her Johnnie.

cho.

Bit Roy's years are noo three score
And Roy's years will nae be monie
And when his days are past and gaen
She'll mebbe turn her thoughts tae Johnnie

cho.

35. The Wee Toon Clerk

Oh Meysie she gaed oot ae nicht
Some fresh fish for tae buy
An the wee toon clerk he heard o this
An he followed her on the sly.

cho. Ricky doo dum day, doo dum day
    Ricky, ricky do dum day.

Oh how can I get tae your bedside
An it's how will I win in?
When the aul man locks the door at nicht
An he keeps the key below his chin.

cho.

Oh you'll get a ledder a lang, lang ledder
O fifty steps and three
An it's you'll climb up tae the chimeney tap
An doon the lum tae me.

cho.

Oh A couldna get a ledder, a lang, lang ledder
O fifty steps an three
But it's I got a hud o a rope an a creel
An I'll climb the lum tae thee.

cho.

Noo the aul wife couldna sleep that nicht
For some soun that she heard
I could lay my life, says the silly aul wife
There's a man in ma dochter's bed.

cho.

So the aul man raise an pit on his claes
An it's up the stairs he flew
An when she saw twis the silly aul man
She tae the curtains drew.

cho.

Whit ails ye noo ma faither dear
At this time o nicht?
Disturbin me at my nicht's prayers
An oh bit they were bricht.

cho.

Ye're a lee-ar, ye're a lee-ar ye silly aul bitch
An it's lang may no ye lee
For she his the bible in her oxters
Praying for you and me.

cho.

Noo the aul wife wisna pleased at this
So she wid rise hersel
Bit she took her fit in the dirler lip
And it's intae the creel she fell.

cho.

Noo the comrades at the chimeney tap
It's quick the creel they drew
Said the silly aul wife tae the silly aul man
I'm on my wey tae heaven noo.

cho.

But when they saa it wis the silly aul wife
It's quick the creel let faa
And five or six o the aul wife's ribs
Gied nicky-nack against the waa.

cho.

Oh here's tae the blue, the bonnie, bonnie blue
The blue that I looed weel
And may ilka jealous silly aul wife
Rock in the same aul creel.

cho.

36. Robin Tamson's Smiddy

My mither ment ma auld breeks
And aa an they were duddie
An she sent me tae get Mally shod
At Robin Tamson's Smiddy
The Smiddy stands beyont the burn
That warples through the clachan
I never yet gaed by the door
But aye I fell a-laughin.

cho. Oh fal de diddle di do
     Fal de ral de diddy

Oh fal de diddle di do
At Robin Tamson's Smiddy.

Oh Robin wis a worthy carle
He hid a bonnie daughter
He'd niver let her tak a man
Though mony een had sought her
But what dae ye think o my exploit
The time the mere was shoe-in
I slippit in aside the lass
And briskly fell a woo-in.

cho.

And aye she ment my auld breeks
The time we sit a-crackin
Oh niver mind the auld cloots
I've new eens for the makin
But if you consent and come wi me
And leave the carle yeer father
Ye'll get ma breeks tae keep in trim
Masel an aa thegither.

cho.

Quo she, Ma man yeer offer's fair
I really think I'll tak it
Ging you and get on the mere
Ye'd best slip on the back o't
For gin I wait my father's time
I'll wait till I be fifty
I'll mairry young and in my prime
And mak a wife sae thrifty.

cho.

Noo Robin was an angry carle
For the stealin o his daughter
And aa the countryside he run
And far and near he sought her

But when he cam tae oor fireside
And found us baith thegither
O Robin, I hae taen yeer bairn
But you can tak my mither.

cho.

Noo Robin growled and shook his head
Quoth he, Ma lad ye're merry
I think I'll tak ye at yeer word
And end the hurry-burry
So Robin and oor aul gweed wife
Agreed tae creep thegither
While I hae Robin Tamson's bairn
And Robin has ma mither!

cho.

37. In London Town

In London town there lived a maid
She was lovely young an fair
Till a young man cam a-coorting her
An he brought her to despair.

Oh seven lang months they'd passed and gone
An the eighth one comin on
Saying, Willie my dear will you marry me
Before my baby's born?

For to marry you I shall not do
Nor neither tend to do

So go home and let your parents know
That I've been false to you.

To go home and let my parents know
For them to grieve ower me
I'll go down to yonder sandy banks
And I'll float with my baby.

One day while Willie was a-walkin
Down by the riverside
It's who did he see but his own Mary
She come floating in wi the tide.

He lifted up her lily white hand
For to see if she was dead
Sayin, Lord hae mercy on my soul
She has gone to a watery grave.

To go home and let her parents know
For them to banish me
I'll go down to yonder sandy banks
And I'll float wi my Mary.

38. The Gypsy's Warning

♩=72

Do not heed him_ gen tle la - dy, Tho his voice be low and sweet, Heed not him who kneels be -
fore_ you, gen-tly plea- din_ at thy feet, Now thy life is_ in its mor - ning cloud at_ thy hap-py
feet, Lis - ten to_ the gyp - sy's war - ning, gen - tle la - dy trust in
that, Lis - ten to_ the gyp - sy's war - ning, gen - tle la - dy trust in that.

Do not heed him gentle lady tho his voice be low and sweet
Heed not him who kneels before you gently pleadin at thy feet
Now thy life is in its morning cloud at thy happy feet
Listen to the gypsy's warning gentle lady trust in that
Listen to the gypsy's warning gentle lady trust in that.

Do not turn sae cold from me I would only guard thy youth
From his stern and withering power I would only tell thee truth
I wid shield thee from all danger save thee from the tempter's snare
Lady, shun that dark eyed sailor I have warned thee now beware.
Lady, shun that dark eyed sailor I have warned thee now beware.

Lady once there lived a maiden pure an bright and lightly fair
But he wooed an wooed and won her filled her gentle hairt wi care
Then he heeded not her weepin nor cared her life to save
Soon she perished now she's sleepin in the cold and silent grave
Now she's perished and now she's sleepin in the cold and silent grave.

Keep thy gold I do not wish it lady I have prayed for this
For the hour when I might foil him robbing of his expected bliss
Gentle lady do not wonder at my words sae cold and wild
Lady in that green grave yonder lies the gypsy's only child
Lady in that green grave yonder lies the gypsy's only child.

39. When I Wis Single

When I wis single I wore a black shawl
An noo since I'm married I've got nane at all.

cho. Still I love him can't deny it
    I'll go with him wherever he goes.

He bought me a hankie all red white and blue
And because I wouldna wear it he tore it in two.

cho.

He stands at the corner he whistles me oot
His hands in his pockets his sark hinging oot.

cho.

40. Johnnie Ma Man

O Johnnie ma man dae ye nae think in risin
Dae ye nae think in risin an comin awa hame

There's nothing in the hoose an the bairnies are greetin
An there's nothing in the bowie left tae fill their wee wimes.

Wha's that at the door I hear speakin sae kindly
Is that the dear voice o my ain wifie Jean?
Jist come awa in and tak yersel a drappie
Then we'll baith be contented afore we gang hame.

Dae ye mind ma dear Jean when we went oot a-coortin
When drinkin it wis far fae ma mind
When we spent lang nichts amongst the reid roses
Wis there ever a word aboot oor gaen hame?

It's weel dae I mind of the days that ye mention
Those days they are done and will nae longer come
For I think on us noo and try tae forget it
So wid ye rise up Johnnie an come awa hame.

Dae ye think on hame an the bairnies are greetin
Nae meal in the bowie tae fill their wee wames
While ye sit a-drinkin and a-lamentin
So rise up Johnnie an come awa hame.

So Johnnie he raise an he bursted the door open
Bad luck tae the whisky that gied me the glim
Bad luck tae the whisky that made me sae frisky
An hae taen me awa fae my ain wifie Jean.

Contented is he noo as he sits by the fireside
And Jeannie his wife nane happier is she
Nae mair tae the ale hoose at nicht does he wander
But happy wi Jeannie and his bairnies three.

41. Cod Liver Oil

♩=144

I'm a young mar-ried man and I'm tired o ma life, For late-ly I mar-ried an ai-lin young wife, She's got

no-thin tae dee__ but sit doon and sigh, Sayin, I wish_ tae God_ this day I wid die.

I'm a young married man and I'm tired o ma life
For lately I married an ailin young wife
She's got nothin tae dee but sit doon an sigh
Sayin, I wish tae God this day I wid die.

A friend o my ain cam tae see me one day
And told me, Your Annie's jist wastin away
He gave me advice sayin, I couldn't go wrong
If I bought her a bottle of Dr De Jonge.

So I went oot and got her a bottle tae try
And the wey that she drank it you'd sweir she wis dry
I brought her anither it wint doon jist the same
Noo I'm sure she's got cod liver oil on the brain.

The hoose it resembles a big doctor's shop
Wi bottles and bottles frae bottom tae top
And when in the kitchen the kettle does boil
You'd swear it was singin oot cod liver oil.

Oh doctor, dear doctor, oh dear Dr Jonge
Your cod liver oil is so pure and so strong
I declare on my life I'll go down in the soil
If my wife don't stop drinkin your cod liver oil.

42. The Dying Plooboy

The gloomy wind is sighin soft
Aroon my lonely stable loft
And fae the skylight dusky red
The sunbeams wander ower my bed.

The doctor left me in good cheer
Bit something tells me death is near
My time on earth has nae been lang
And noo's the time and I must gang.

Ah me it is a week the morn
Fin I wis weel and hairstin corn
As fu o health as blithe and strong
As ony man amang the throng.

Bit something in my breast gaed wrang
A vessel burst and blood it sprang
And as the sun sets in the skies
They'll lay me doon nae mair tae rise.

Fareweel ma horse ma bonnie pair
I'll yoke and lowse wi you nae mair
Fareweel my ploo wi you this hand
Will turn nae mair the fresh reid land.

Fareweell ma freens and parents dear
My voice again ye'll niver hear
Fareweel for aye yon setting sun
The day is ower my day is done.

I've served my maister weel and true
My weel deen work he'll niver rue

And yet forebye I micht hae striven
Tae reach the pearly gates o heaven.

Tis weel my maker kens my name
Will he gie me a welcome hame?
As I should help in need afford
Receive me in thy mercy Lord.

43. A Wee Drappie o't

There's life in the journey we aa hae tae gang
And sair is the burden we cairry alang
How heavy be our journey and poverty our lot
We'll aa meet thegither ower a wee drappie o't.

cho. Ower a wee drappie o't, ower a wee drappie o't
     We will aa meet thegither ower a wee drappie o't.

The trees they are strippit o their mantle sae green
The leaves o the forest nae langer tae be seen
When winter comes wi her cauld icy coat
An we'll aa meet thegither ower a wee drappie o't.

cho.

Burns in his lamentations said that man was made tae murn
There's nae such thing as pleasures frae the cradle tae the urn
But in lamentations he surely had forgot
That the pleasure man enjoys is a wee drappie o't.

cho.

44. Donal Blue

My name's Donal Blue I'm a cannie wee bit chiel
If ye pu at ma beard I'm as crabbit as the deil
If ye pu at ma beard I'm as crabbit as the deil
An I'll play at yer noddle in the mornin.

cho. Wi ma hi hoo haunle and ma haunle hooch aye
       Cam a-lachy Achtermachty Ecclefechle an Milguy
       Wi ma hi hoo haunle and ma haunle hooch aye
       She's a braw lady clerk in an office.

I'll tell yese aa a story I heard in the north
The smith got a wife and she's an affa drouth
She likit it sae weel pit sae muckle in her mooth
She had tae be carried hame every mornin.

cho.

Oh the Smith he's bin busy at the shoein o a horse
When word cam tae the door, Tak yere wife oot the frost
If ye dinna tak her in frae the cauld and the frost
Ye'll be sure tae perish lang gin the mornin.

cho.

The Smith he ran doon wi his hammer in his hand
He flung her on his back o as hard as he can
He flung her on his back o as hard as he can
And he pits her in the bed aye gin the mornin.

cho.

Oh dear me fit can I dee
I've ae drunken wife and I'm nae needin twa
When I've ae drunken wife an I'm nae needin twa
And he pits her oot the bed aye gin the mornin.

cho.

45. The Heilan Men's Ball

Oh the Heil-an men and wo-men have got up a fan-cy ball, It wis
held on Sun-day mor-nin in the cat-tle mar-ket hall, For e - lu-ding you, in - for-ming you it
wis a grand af - fair, For the Duke o Kil - lie-cran-kie an ma - sel an I wis there.

Oh the Heilan men and women have got up a fancy ball
It wis held on Sunday morning in the cattle market hall
For eluding you informing you it wis a grand affair
For the Duke o Killiecrankie an masel an I wis there.

Some arrived in motor cars an some in big balloons
Some o them wis nearly drunk an whistlin pairty tunes
Some wis dressed in corduroy an some in kilts sae braa
An the jokers joined the mobbers for they wore nae kilts ava.

There wis Roderick-eet McGilpy and wee Peteree Macandoo
Big tartan whiskered Donal fae the hills o Tumpher too
There was Lachy Auchtermuchty and Lauchy fae Milguy
An as soon as he cam in the hall he shouted, Hip-hooch-aye.

There wis Wullie Hoolie-Doolie and his greasy nose sae blue
Angus Cock-a-leary and Heilan Rory too
There wis Jimsy Hanky-Panky and his concertina hat
There wis Inverary Mary wi side whiskers like a cat.

There wis greasy Bell and sodjer Nell an Lauchy fae Gilgair
A thousand mair noblemen including Burke and Hare
There wis Nannie and her Grannie an Dick Tyler and his chum
An a great big hungry bobby wi a corporation like a drum.

There wis Jenny Toddle-Bonnie an her mairrit sister Jean
Funny Peter Mary fae a place caaed Aiberdeen
There wis bonnie black-eyed Susan an her cousin Bonnie Bess
An a pair o Zulu Caffers fae the wids o Inverness.

There wis Tobermoray Doolach an his Turnoch Tulloch Peg
Bowsie greetin Geordie an his bowsie widden leg
There wis Yardin Hockey-Pocky wi a bandage roon his heid
An Curly Wullie couldna come because that he wis deid.

There wis a party fae the east an a party fae Montrose
A great big Heilan piper wi some heather on his nose
There wis Lauchy here and Lauchy there an Lauchy feelin glad
An every een there that nicht wis looking for a lad.

Well the wey I danced and pranced that nicht
Wis jist aboot my death
I think I'd better stop it
For I'm getting out of breath ... for the days of *auld lang syne*.

46–49 Dance Verses

46. Hey the Cuck

Oh it's hey the cuck an ho the cuck an hey the cuck-oo's nest,
Ho the cuck an hey the cuck an hey the cuck - oo's nest, I'll get a - ny man a bot - tle o a
bot - tle o the best, That'll rat - tle up the fea - thers of the cuck - oo's nest.

Oh it's hey the cuck an ho the cuck an hey the cuckoo's nest
Ho the cuck an hey the cuck an hey the cuckoo's nest
I'll get any man a bottle o a bottle o the best
That'll rattle up the feathers of the cuckoo's nest.

47. Big Uggie

The nicht they took big Ug - gie tae the ball, She
could - nae dance, she could - nae dance at all, For I tellt her tae re- verse, an she
fell an skint her '__', The nicht they took big Ug - gie tae the ball.

The nicht they took big Uggie tae the ball
She couldna dance, she couldna dance at all

For I tellt her tae reverse and she fell an skint her '_____'
The nicht they took big Uggie tae the ball.

48. Oh Some Say the Deil's Deid

Oh some say the Deil's deid
The Deil's deid, the Deil's deid
Oh some say the Deil's deid
An beerit in Kirkcaady.
Some says he ris again
He ris again, he ris again
Some says he ris again
An danced the Heilan Laddie.

49. Oh Fits Aa the Steers Cummers?

Oh fit's aa the steers cummers fit's aa the steer?
Charlie he is landed an soon he will be here cummers

Oh fit's aa the steers cummers fit's aa the steer?
Charlie he is landed an soon he will be here.

50. There Were an Auld Man He Cam ower the Lea

There were an auld man he cam ower the lea
He wis roarin oot for charity
He wis roarin oot for charity
Wid ye lodge a beggar man?

cho. Oh laddie fol te tow row ray

Oh the last beggar we had in this place
He left us in a fine disgrace
For he ran awa wi ma dother Jean
An I wish I had him slain.

cho.

Oh aul wifie, aul wifie fit wid I gie
For ae sicht o yer dother tae see
Up aul rogue, ye aul rogue I might it's been ye
An I wish I had ye slain.

cho.

Oh yonder's yer dother comin ower the lea
She's ridin in her carriage and three
An she his a bairnie on ilkie k-nee
An een on the road comin hame.

cho.

Oh if I'd been as black as I am white
If I'd been as young as I am auld
I would kilt my plaid up tae my k-nee
And awa wi ye I'd gang.

cho.

51. Hm-hmm (When I Wis a Wee Laddie)

When I wis a wee laddie lang syne at the skweel
The heidmaister caaed me a dunce and a feel
There wis some o his words I could ne'er understan
Save when he said, Jimmie man haud oot yer han
I only said, Hm-hmm, I gloomed an said, Hm-hmm
I wisnae ower prood but ower dour tae say, Aye.

Ae day a queer lord Lang Nibbit himsel
He vowed he wid thrash me if I widna spell
Quoth I, Maister Quill wi a kind o a swither
I'll spell ye that word if ye'll spell me anither
Let me hear ye spell hm-hmm, that common word hm-hmm
That aul Scotch word hm-hmm for hm-hmm means aye.

If ye see how he growled an shook his aul pate
And shouted, Ye villain get oot o ma gate
Get aff tae yeer seat ye're the plague o the skweel
It's deils if nae kens if ye're mair rogue or feel

I only said, Hm-hmm, I gloomed an said, Hm-hmm
I couldna spell hm-hmm for hm-hmm means aye.

And when a brisk wooer I coortit ma Jean
My heavens braw lassie an my pride an my queen
Come under my plaidie wi hairt beatin fain
I speirt and I whispered if she'd be my ain?
She only said, Hm-hmm she gloomed an said, Hm-hmm
She only said, Hm-hmm for hm-hmm means aye.

Noo ae thing I wantit my bliss tae complete
Ae kiss fae her rosy moo couthie and sweet
But a shak o her heid wis her only reply
Of course that said, Na but I kent it meant aye
Her twa een said, Hm-hmm her pale face said, Hm-hmm
Her red lips said, Hm-hmm for hm-hmm means aye.

Dae ye min on the deil as he wandered through Beath
Wi a wife in each oxter an een in his teeth
When some aul carle cries oot, Wid ye tak mines the morn
He waggit his tail an he cockit his horn
He only said, Hm-hmm he growled an said, Hm-hmm
Wi sic a big moothfu he couldna sae, Aye.

52. Three Bonnie Lassies fee Bunion

There are three bon-nie las-sies fee Bun- ion,____ fee Bun- ion,____ fee Bun- ion,____ aye fee Bun- ion, There are three bon - nie las - sies fee Bun- ion, And I am the best of them all,____ And I am the best of them all.____

(variant of 2nd last bar)

There are three bonnie lassies fee Bunion,
Fee Bunion, fee Bunion, aye fee Bunion
There are three bonnie lassies fee Bunion
And I am the best of them all
And I am the best of them all.

My father has forty white shillings
Shillings, shillings, aye shillings
My father has forty white shillings
And the brass of a goat and a cow
And the brass of a goat and a cow.

So me mother said now I could marry
Marry, marry, aye marry
My mother said I could now marry
And she'll leave me her bed when she dies
And she'll leave me her bed when she dies.

So I'm sending me shoes tae be mended
Mended, mended, aye mended
So I'm sending me shoes tae be mended
And me petticoat tae be dyed green
And me petticoat tae be dyed green.

So the next Sunday morning I'll meet him
Meet him, meet him, aye meet him
So the next Sunday morning I'll meet him
And I shall be dressed like a queen
And I shall be dressed like a queen.

53. Hip an Row

bar 4 of verse also sung as:

Hip an row, hip an row
Hip an row the feeties o't
I didna ken I hid a geet
Until I heard the greeties o't.

I pit on the little pan
For tae mak the meaties o't
The little pan it fell doon
An burnt aa the feeties o't.

Hip an row, hip an row
Hip an row the feeties o't
I didna ken I hid a geet
Until I heard the greeties o't.

54–58 Children's Songs

54. Big Mother Hen

Big mother hen and her three little chicks
Close by the fireside sleepin
Big mother cat an her three little kits
Close by the fireside sleepin.

Miaow said the cat to her three little kits
Soft on your wee paws creepin
Now with a run little chicks you are done
Old mother hen is weeping.

55. Ten O'Clock Is Ringing

Oh ten o'clock is ringing, o mother let me out
My lad is standing waiting to take me out a walk

First he gave me apples then he gave me pears
Then he gave me sixpence to kiss him on the stairs

I wouldna hiv his apples and I wouldna hiv his pears
And I wouldna hiv his sixpence to kiss him on the stairs.

56. My Lad's a Bonnie Lad

Oh my lad's a bonnie lad
My lad's a dandy
My lad's a bonnie lad
As sweet as sugar candy.

If ye gie him onything
Dinna gie him brandy
If ye gie him onything
Gie him sugar candy.

57. Three Jews Lived in Jericho

Three Jews lived in Jericho
Three Jews lived in Jericho
Je-ri-cho-co-co
Je-ri-cho-co-co
Three Jews lived in Jericho.

The first one's name was Abraham
The first one's name was Abraham
A-bra-ham-ham-ham
A-bra-ham-ham-ham
The first one's name was Abraham.

The second one's name was Isaac
The second one's name was Isaac

I-i-sac-sac-sac
I-i-sac-sac-sac
The second one's name was Isaac.

The third one's name was Jacob
The third one's name was Jacob
Ja-a-cob-cob-cob
Ja-a-cob-cob-cob
The third one's name was Jacob.

They all fell ower a precipice
They all fell ower a precipice
Pre-ci-pice-pice-pice
Pre-ci-pice-pice-pice
They all fell ower a precipice.

58. Miss-is Brown

Miss-is Brown went to town
Riding on a pony
When she came back she wore a brown hat
They called her Miss Maloney

Mistress Noah on the shore
She's got daughters three and four
The oldest one is twenty-four
And married to a sailor.

Oh dear me what a cold you've got
Come with me to the whisky shop
Take a glass, take a glass
And that will cure you all at last

First she got the cradle pot
Then she got a ladle
Then she got the girnin geet
Tae rock it in the cradle
Hokey Pokey penny a lump
That's the stuff to make you jump
When you jump you're sure to fall
Hokey Pokey that's it all.

59. The Maid o the Ugie (Jean Stewart, 1950s, adapted by Elizabeth Stewart)

Piano Composition

2nd time
Da Capo al Fine

3.1. Charles Joyner, a professor from the USA, was one of the many people who visited Lucy after the release of her album in 1961 *Lucy Stewart Traditional Singer from Aberdeenshire, Scotland: Volume 1 Child Ballads* (FW03519).

Chapter Three

Aunt Lucy

My aunt Lucy wid aye say

> A gweed tale telt well, an a bonnie tune ... an ye've a rare song. An wha winna sing it? It disna matter if it's a Scotch song or no ... aa folk hiv a hairt an a heid tae ken – an tae sing – a gweed een.

She wis a shy modest person, an so when Hamish Henderson visited oor family on that very first occasion, aboot 1954, she wis very wary o him. Efter he hid talked wi her an Ned aboot songs, even singin a few verses himself, an jist showin that he kent aboot aa the things she loved an kent so well, she sang one song for him. It wis *As I Went A-Walkin*, which she also used tae caa *The Jolly Plooboy*. This wis a real favourite an cam fae oor family only. Tae gie her the confidence tae sing it for this stranger wi his tape recorder my mither accompanied Lucy wi her accordion. Anither een Lucy sang for Hamish later wis *The Plooman Laddies*, but this time she sang unaccompanied. Little did she or my mither ken then that in years tae come these recordings were tae become part o the sound track of a documentary film made by Timothy Neat for Grampian Television. It wis broadcast in 1992 an caaed *Journey to a Kingdom – Hamish Henderson Returns to the North-East of Scotland*.

Lucy wis born in 1901 in Skene Street, Aiberdeen, the fifth child o the fourteen children o Aul Betty an Aul Jimmsy. Unlike Jean an Ned, Lucy hid nae formal musical trainin. She played nae instruments as far as wis known, an wis actually nae rated for her singin either. But ye see Lucy hid learned the tradition at her mither's knee, an fae her family, includin her brother Donald. Probably she wid hear other songs an stories fae the Travellers she'd meet as they moved aroon fae one campin site tae another, but ninety-nine per cent wid be fae her immediate family.

Lucy hid a love an respect for the songs, stories an traditions o the family, an she became the guardian o that tradition jist as she wis also tae be a guardian for the family. She looked efter her brithers an sisters, an then later on some o her nieces an nephews, an later again, their children too. She looked efter maist o them at one time or another.

3.2. Travellers gathered for seasonal work on farms and at the berryfields at Blair, where this picture was taken, 1930s. (*courtesy of the Laing Collection, Perth Museum & Library*)

In my eyes, Lucy wis a very special woman. She wis very knowledgeable, an yet she hid only a total of four years schoolin in her whole life. Wi traivellin for six months o the year she wis only at the school for short periods at a time. But she got a lot o learnin fae her parents, an she loved everythin connected wi Kings an Queens, castles an well, jist everythin really. She wis very good at dates in particular. An she wis aye singin, fae a very early age. She told me aboot one time, when the family were livin in Aiberdeen. She wid only be aboot four, an she wis oot wi her brither Jimmy, he wis nicknamed Patchy, an they were singin in the street. Noo Patchy wid hae been close enough in age tae Lucy, so baith wid be very young. Well, some woman reported them, an they were lifted an put intae a police cell til their parents came. This woman, she wis oot tae get Aul Betty 'the Traveller' put in the jail for the kids singin ye see. I guess she thocht it wis cruel, but my grandma didna ken the children had done this. An the singin wis in them, an it jist cam natural tae them tae be oot there singin, an makin music. An for Lucy, singin an tellin stories wis whit she wis aboot really, aa her life.

When Lucy wisna at school, she wid be helpin tae look efter the hoose, mebbe makin the meals, or she'd be oot wi her mither, Aul Betty, sellin roon aboot. I mind Lucy telt me that when she wis a bairn an gan roon the hooses, Aul Betty told her aforehand that she'd tae sit on the step as soon as the door wis opened, so that the hoosewife wid hiv tae hear whit Aul Betty hid tae sell. The woman couldna jist close the door on them ye see, an it worked! So Lucy wis bein useful, even as a wee lassie.

Lucy wis aye the one that stayed at hame. She wis the second girl an niver mairriet or left home. She looked efter her parents an her brithers an sisters, cookin an cleanin an everythin, an when her parents died, Aul Jimmsy in 1935 an then Aul Betty in 1942, she jist carried richt on carin for the family. It wis for this reason that Lucy got the hoose in Duke Street. When the parents died, by rights the hoose wid hae passed tae the auldest son at that time, an that wis Tom, the piper. But Tom widna hae that. He said tae Lucy he didna want the hoose. 'You're the one that's looked efter the family so you're getting the hoose an land'. So that wis Lucy's property then an she jist loved it. She stayed in it til the roof wis faain doon upon her, an the rats wir everywhere. She didna care though. It'll seem strange, but often Travellers set a lot on stone, bricks an mortar, an they likit tae own property. They were good wi money, an good dealers an they didna like tae be in debt. I think because they couldna get jobs, an were so ridiculed, they likit tae hae *a pound or two in their pocket* tae gie them pride, ye ken an that extended tae property too. Some Travellers hid a lot o properties, an Lucy wis one o them. She wid buy onythin gan if she hid the money for it. At one time she owned three properties.

It's funny tae think how life wis for Lucy. I think she wis jist very fond o her ain folk, an family wis the most important thing for her. Lucy's younger sister Martha wis only twenty-four when she died an I'm sure that wis a huge blow which affected Lucy deeply. Whitever the reasons though, Lucy aye lookit inwards, an tae the family. She wis the carer. She'd nane o her ain, but she brocht up plenty o kids in her time. She used tae say that she'd hae been better havin kids o her ain cause she'd ended up carin for so many, but we respected her, we loved her, an really she wis jist like a second mum tae us. In truth, although Lucy often said she wished she'd hid her ain kids, she wis pit aff this when her nephew Jimmy, the brither o Curly MacKay wis born, cause his mither, Maggie (Lucy's older sister) wis camped in the family ground at Duke Street at the time she went intae labour. There wis nane o the grown-ups aboot tae help Maggie, an Lucy saw it aa. She wis only fourteen at the time, an this really feart her an put her aff ever haen a relationship wi a man.

There wis nearly eleven years between Lucy an my mither Jean, an so Lucy classed my mither mair as her child rather than her sister. An then when we cam along she jist carried right on carin for us tae, in the same way as she'd cared for Jean. When we were young my father wis away in the army for a long time. He wis in Dunkirk, an he wis a prisoner o war as well. So mum wid tak us doon tae Lucy in Duke Street an we'd stay there mornin til night. An Lucy wid be carin for us. She did this because she loved my mum, an she wanted her tae get on wi her music an make something o her talent. An if Lucy didna take us in, wha wid? There wis naebody else.

3.3. From left to right, Jane, Frances and myself at Fetterangus
Primary School.

My earliest clear memories o Lucy are o bein wi her when my mum went
oot tae play wi the band. She looked efter myself an Jane right frae the start,
when we wir babies, as toddlers, an then when we started school. From school
age she wid be plaitin oor hair an gettin us ready so that we were aye very
smart. Mind you, she'd a temper tae, an many a time I'd get a clout roon the
lug for nae standin still while she did my hair. An aa the time she wid be
teachin us – things like History, Geography, an English – nae tae mention the
music an the songs, an the stories as well. Lucy didna really teach us as such,
but she wid jist be singin an recitin continuously, the ballads, the stories, the
riddles, the rhymes, the children's songs, jist whitever, an we jist learned them
that way, wi aa the history an humour an tradition aa mixed in as well. Some-
times she wid sing a complete ballad, but other times it wid be jist snatches,
mebbe a favourite verse or twa, or jist the refrain even. Lucy wis the person

who taught me my first two tunes on the piano, which wis surprisin because everyone thought she couldna play! This was when I wis four years aul an the tunes were *Endearing Young Charms* an *The Lovat Scouts*. One o the first songs she taught me wis *The Russian Jew*.

Lucy an Ned loved riddles tae. Back then, when we made mair of oor ain entertainment, maist folk wid be tellin riddles tae one another aa the time. An ye'd tae be a quick thinker tae excel at solvin them. Given aa the practice we got, my sisters an me were very quick wi the answers! Riddles like . . .

I'm long and I'm small, I've nae guts at aa
I've neither a face nor an eye
A tail I have as long as beyont
And without any wings I can fly.
  a kite

I've a wee sister and her name's bo-peep
She wades the water deep, deep, deep
She climbs the mountains high, high, high
An my wee sister has only wan eye.
  a needle

Fit side o yeer face is yeer nose on?
  the outside

Fit's taken for ye, afore ye get it?
  yere photo

Come a riddle, come a riddle, come a rot, tot, tot
Here comes a man with a red, red coat
A stick in his hand and a sting in his throat
Come a middle, come a rot, tot, tot.
  a cherry

Fit's leery-ee-orrachy, rin by the dyke
Keep awa yer cluckin hen, I dinna care for yere tyke
  a worm

Father, mother, sister and brother
They all lie in bed and never touch each other
  it's the bars o the grate

It's from a young man I got it
It's atween two legs I put it
First through hair, then through skin
Then again the trick wis done.
  a man gettin a pocket knife an skinnin a rabbit

Why did the coo look ower the dyke?
  because it canna see through it

Which is the lightest city in the world?
  Cork

Fit is the littlest brig in the world?
  yer nose

Why does a dog carry its bone in its mouth?
  because it hasna a pocket tae pit it in

If there wis a big man walkin doon the road
an a little one behind him. What time wid it be?
  a little after one

The man that bought it never knowed it
The man that made it dinna need it
  a coffin

As I climbed up the golden stair
I climbed along a golden wey
I saw this king an aa his clan
Ridin tae Jerusalem.
  the moon an the stars

A deaf man heard a hare
A dumb man says, where?
And a man without legs or arms pickit it up.
  damn nonsense

Fit gaes roon the trees and roon the trees
An never ends?
  the bark

3.4. My young brother Robert, a natural story
teller and ballad singer, musician and come-
dian from a very early age.

Fit grows in the wid an wid it did destroy
An after it wis deid an gone
It played in the wid wi joy?
    a fiddle
Fit maks his bed an never lies on it?
    a river

I gied till I got it
Sat doon tae I fund it
An gied awa without it when I wis daen.
    a thorn in my fit

Aye, entertainment wis very different in the past, an once we got started we wid be amused for oors on end playin word games like this. It would depend on who wis aroon of course, an often it wid be jist the immediate family. On many occasions it wid be like a competition, first one wid start, say Lucy, an then ma mither wid hiv tae dee one better, tae cap it an then of course myself an my sister wid chip in. A lot o these rhymes an riddles would be made up on the spot, an I've aaready told you how good Jean wis at this. This wid get everyone gaen, tae break the ice so tae speak, an then we would go on tae tell tales, mebee ghost stories, an then the songs an the music could then start up. This might be roon the fireside, or mebbe it wid be when they wir busy doing jobs aboot the croft, an in this case it made everyone work better an lifted the spirits for the rest of the day too. Everyone wid make their contribution.

Robert my brother, the youngest o the family, well he wis somethin else again. Fae aboot the age o five upwards he wis jist a natural storyteller, full of stories an jokes an makin up riddles. Aye he hid a quick wit an he hid my mother's sense o humour, seein the funny side o a situation, an nae givin a care tae whit he said. He aye got aff wi it because he wis sae clever wi it.

I mind once when Ned wis there an he started singin *The Barrin o the Door* an nothin wid do but Jean hid tae sing it again – tae out-do him. There wis also a story she'd tell aboot this mairriet couple that argued aboot wha wis gan tae mak the supper. They were sittin at the fireside see, a bit like the couple in *The Barrin o the Door*, an the aul wifie, she says, 'Weel, the een that maks the bonniest sang, needna mak the supper.' So the aul man sings

> Two an two is four
> An four an five is nine
> I'll tak a haud o yeer thing
> If ye'll tak a haud o mine.

Bit the aul wifie thinks tae herself, 'I can dae better than that, I can win.' So she answers back by singin this, an she does win.

> Two an two is four
> Four and five is nine
> I ken the length o yeer thing
> But ye dinna ken the depth o mine.

When we were aulder, late teens, we'd hear fae Ned an Jean songs wi a threid o blue in them. Nae sae much fae Lucy, because she wis quite modest, even though she kent them an aa. These wir songs that wir jist sung among wirsels, an oh some were really blue. That wid mak us roar wi laughter, an again Jean an Ned wid mak up verses tae add on an get mair fun fae them. Later on I mind that when Arthur Argo visited us he wid aye egg us on tae sing these cause he likit these songs an aa. He wis in his glory, an he got a fair few fae the family, such as *She Wis a Rum Yin*, *Habben a Boo an a Banner* an *My Granny Wears Her Knickers* an mair, believe me.

Lucy kent loads o stories on aa sorts o subjects an she hid a real love o telling them tae us. I wid say she wid hiv a story for every situation an occasion. When we were wee she telt us more o the short humorous ones, keeping the big serious stories for when we were a bit aulder. This is a funny story, one that she used tae tell us, an it maks me laugh yet.

Well, this happened a long time ago. There wis once a woodcutter an his wife, an they were very, very poor. One day, the husband went oot tae cut wood, an he took only a dry piece wi him tae eat for his denner. Efter he'd been workin a good while, he sat doon on a dry stump tae eat, an he wis eatin awa when he wis surprised tae see a fairy standin afore him. 'Oh poor man, that's a dry piece ye're eatin' said the fairy. 'Oh aye,' said the aul man, 'I'm very poor aff, and there's nae food tae spare at hame.' 'Well' said the fairy, 'I'll gie ye three wishes. You gang hame tae yer wife an ye can use these wishes tae get whitever's yer hairt's desire. Whitever ye wish for, ye'll get.'

Oh, the woodcutter wis overjoyed an he gaed hame as quick as he could tae his wife tae tell her his guid news. He telt her aa aboot the kind fairy an the three wishes, an how the fairy hid said that they should wish for whitever they likit an they wid get it. So they sat doon tae consider whit they'd wish for first. Efter a bit, the wife said, 'We could wish tae be king an queen an we could wish tae hiv a grand castle, an plenty o siller. Noo, while she's speikin awa, the aul man pulls oot his dry piece, an nae thinkin, says, 'I wish we hid a sausage on the table.' Nae sooner were the words oot his mooth when there wis a nice juicy sausage on the table. Oh the wifie she flew intae a rage. This wis one o the wishes gone. An the mannie wis in an affa state an they got tae fightin aboot this sausage until in his rage the aul man shouted oot, 'I wish that sausage wis hingin fae yer nose!' No sooner wis the words oot o his mouth than the sausage shot up intae the air an attached itsel tae the aul wifie's nose. Noo that wis twa wishes gone. What should they do noo? 'We could still wish tae be king an queen,' said the aul man. But whit wis the use o that. What wid folk think o a queen wi a sausage hingin fae her nose? They argued on an on aboot this until the aul man cried, 'Oh I wish the sausage wisna there.' As soon as he said the words the sausage disappeared. But now the three wishes were gone and they were as poor as iver. An the aul man hid nae choice noo but tae return tae his woodcutting wi only his dry piece for tae eat.

Here's anither one, an I think this an *The Woodcutter's Tale* are good examples o how stories were used by the Travellers, nae jist tae entertain or sooth, but tae educate ye too. This one wis showin us that ye can be funny an clever tae, niver mind whit yer status is in life.

Well one time there wis a lad an he wis down on his luck. He hidna a penny tae his name. He thocht tae himself, 'I'll need tae try something tae get some money.' So he went along tae a field where there wis a doss o sheep, an he pickit up heaps o the sheep's dirt. Then he got some some silver papers an he rolled up this sheepie dirt in the silver papers an he put the wee silver balls intae wee boxes. Now that wis him ready. He got a hurl intae the Castlegate in Aiberdeen an he set oot tae sell this sheep's dirt. 'Hot-na-tots' he roared oot. 'Good for a short memory. Come an buy some Hot-na-tots.' Before lang, a farmer passed by an he wis very impressed wi the idea o medicine that wid help his memory. He asked whit price the lad wis askin for the Hot-na-tots an he wis told they were a guinea a box. Well, the farmer took twa boxes an off he went. Now when the farmer got hame he opened up the box an took a mouthful o the contents. Of course, it tasted affa, an reminded him o sheep's dirt. An he wis scunnert.

Noo some time later the farmer wis back at the Castlegate where who should he meet wi but the same lad that hid sellt him the hot-na-tots. 'That stuff ye sellt me last time we met,' he says, 'It tasted jist like sheep's dirt!' 'That's exactly what it wis' said the lad, 'an it certainly helped your memory. Ye'll niver forget the day ye ate sheep's dirt!'

When I wis young, I wid gan oot wi Lucy on her cairtie, roon the countryside collectin feechels, jist like Aul Betty hid done in the past. She wid sing one song efter the other an tell stories, rhymes an sic like as we went along, tae keep me amused I suppose, but also for hersel tae. It made the journey shorter. I mind one time when we were oot in her cairtie we went tae this hoose at Kininmonth, near Fetterangus, where an aul woman hid died. Well, Lucy wis very particular aboot the hygiene o the things she collected. She likit things tae be jist so. Onywye we were at this hoose, an she hid been telt previously that she could tak onythin she wanted fae a heap o stuff that hid been laid outside for her. There wis beautiful stuff there an I remember especially some lovely blue ornaments lyin on the ground. We loaded up the cairtie an carried on tae the next hoose. Once there, Lucy an the hoosewife were talkin an this woman told Lucy that the aul wife in the previous place hid died o gangerine. Oh well, that wis enough for Lucy! She wis richt back tae that place an dropped aff everythin! She wis so particular aboot hygiene ye see, an o course back then they didna hiv the cures or protective medicines we hiv noo, so she wid be concerned, an she wid hae nothin tae dae wi that stuff.

As I've said, Lucy knew an amazing number o songs, an we wid hear them aa dependin on her mood at any particular time. It could mebbe be a children's song like *Cups and Saucers*, or it might jist as likely to be one o the big ballads. Lucy hid this wye o singin, very straight, an it cam fae her hairt. You couldna help but listen tae her. I niver got fed up listenin tae Lucy. We wid get her tae sing tae us an tell us the stories ony time o the day or night, cause they were so fascinatin, an we were enthralled.

3.5. Visiting the monument to Tifty's Annie, who died on 15 January 1673. This was erected by public subscription in 1859. This is in Fyvie Kirkyard and I go there whenever I can and leave flowers.

Lucy loved the big ballads, *Tifty's Annie*, *The Battle o Harlaw*, *Two Pretty Boys*, *The Cruel Mother*. Aa these big, sad songs, really made an impression on me when I heard them as a kid. I couldna get enough o them.

The Cruel Mother wis a ballad Lucy often sang, an it wis one that scared the wits oot o me when I wis a child. This wis a very scary story aboot twin boy ghosts who appeared tae the mither efter she hid killed them. An it wis supposed tae be a true story of course. Lucy wid tell us the story first an then sing the song, or sometimes vice-versa. The story went that a great lady lived in a castle an she fell in love wi the gairdener an they coorted on the sly, til she became pregnant. Noo, at that time, if ye fell pregnant an ye hid a kid, ye hid little chance o survival. You were either killed or murdered, done awa wi, or lockit up in a dungeon or attic, or somethin like that, oot o sicht. Aboot the time the kids wid hae been born she went intae the green woodsidey an she gave birth tae twa laddies. Given the fate that wid befall her if she wis tae return tae the castle wi the bairnies, she strangled them wi the ribbon fae aff her hair, an she went back hame an niver let on aboot whit hid happened. Noo that must hiv been very hard for her an she kept thinkin aboot whit she'd

3.6. The trumpeter at Fyvie Castle. (*courtesy of Tom Spiers*)

done an this wis makin her ill ye see. An then one day she lookit ower the castle wall an there were two boys, playin wi a baa, an she spoke tae them. So she said, 'Hey bonnie boys, if you'd been mine, I wid hae fed ye on the white coo milk an wine.' Noo these wir the ghosts o her boys ye see, although she didna realize this. An so the boys answered her, 'Oh but we were thine, but you took the ribbon fae aff yer hair an you chokit us tho we grat sair.' An then of course, she wid realize that these were her ain twa laddies. Sic a sad tale. In the end ye see, the boys wid be in heaven an she wid be roastin in hell, cause ye've tae pay for whit ye dee ye ken, an they were now growin up in heaven an could tell her what they thocht o her.

Lucy used tae tell us another story aboot a young unmarried woman which shows the hardship ye might hiv tae endure if ye got yersel pregnant ootside wedlock, an the lengths ye might go tae in order tae survive. As in many Traveller tales, Aul Nick is part o this story.

Noo there wis once a poor woman. She hid a baby an she wisna mairriet an so she hid been thrown oot o her hame an wis wanderin the roads wi her baby, lookin for somewhere tae shelter. She wandered an wandered an she wis sae tired an exhausted an eventually she jist sat doon at the roadside an started tae cry. The nicht wis gettin on an it wis already dark an when she lookit up she saw a gentleman standin before her. A very well-dressed gentleman. She niver heard him cam in aboot her an she wis surprised tae see him there. 'Poor woman,' he says, 'Whit's wrang an why are ye cryin?' 'Oh,' she says, 'I've nae road tae go on. I've been thrown fae my hame wi my baby.' An she went on an told him the whole story. The man wis quiet for a while an then he said 'I'll mak a bargain wi ye. I'll buy yer little boy from ye, an ye'll want for nothing. Ye'll get anythin that money can buy. But the boy, your son, will hiv tae be mine.' The woman couldna imagine givin up her son but the gentleman promised that he wouldna claim the lad until he was fifteen years aul. The woman considered this an she decided that this wis a good idea. She wis glad tae get the promise o a nice hoose an anythin she wanted or needed, an she wis happy that the boy would be with her for so long.

The time rolled on an the boy wis comin near the age o fifteen when one nicht, as the mother wis sewin, she lookit up tae find the gentleman before her. 'Now' he says, 'I've come for the lad. You know oor bargain. I've come tae claim the boy.' Noo the mother hid niver let on tae her son aboot this an she wis worried noo an tried tae pit the gentleman aff but he widna hae it. 'Tomorrow nicht,' he said, 'Send the lad out tae the well a few minutes afore twelve. Be sure ye dae it.' An at that he disappeared. The next nicht near midnight the mother asked the lad to fetch water. He didna want tae venture oot sae late but she pestered him an so he lifted the two pails an went off tae the well. When he went tae the well, the man appeared just as arranged, an made a grab for the lad. But the boy put up a gallant fight an they focht an focht till at the chap o midnight the man disappeared. The lad made for hame, aa sore an battered an he told his mother whit hid happened.

The next nicht the gentleman appeared tae the aul woman again an told her tae send the boy oot for peats tae the peat stack, aboot the same time as before, jist short o midnight. So the lad wis sent for the peats an as before he met with the gentleman an they focht an at the chap o midnight the man disappeared. The lad crawled hame tae his mother. He wis pit tae bed, but by this time the mother wis near aff her heid. Whit wis she tae dee noo. Eventually she decided tae go tae the priest an she told the priest all aboot this man who wis comin an demandin the boy. The priest asked her if she'd ever hid any dealins wi this man an so the woman told him how the man hid come tae her assistance fifteen years before an how they'd agreed the boy would be his when he reached the age o fifteen. The priest told the woman to go home an prepare the lad tae gang oot an meet the man for a third time. This time though the mother an the priest would go as well. So the woman went off hame. The boy didna want anither beatin an didna want tae go oot a third time but the priest telt him it wis the only way, an so the lad agreed an thegither they went oot tae the well, just short o midnight. The man appeared jist like before but this time the priest wis there an he held up the Holy Bible, sayin, 'In the name o the Father, the Son and the Holy Spirit, whit has this lad done tae you that you should bad use him in this way?' The man made to ignore the priest an make a grab for the lad but the priest got in the way. At the chap o twelve, the man said 'Well, ye've defied me an now yer money will turn tae aul claes'. With that he vanished an the woman went hame an opened her chest tae find that her money hid indeed aa turned intae aul claes.

Ye can see that Lucy wis passin on tae us the musical tradition an heritage o oor family, an she wis also teachin us. It might be a lesson aboot love or morals like in *The Cruel Mother*, or the story o the woman who bargained wi the devil, or it might be history, because she loved aa the songs an stories aboot historical figures like Mary Queen of Scots, James V, the legendary MacPherson an especially Bonnie Prince Charlie. She sang quite a few songs connected wi him such as *A Wee Birdie Cam Tae Oor Haa Door*, an *Oh Come Awa Charlie* which I've never heard anyone else sing. We aye diddled in various songs tae, like *The Braes o Killiecrankie*.

The Braes o Killiecrankie (Roud 8187)

If you hae been whaur I hae been
On the braes o Killiecrankie, o
If you hae been whaur I hae been
Ye widnae hae been sae lauchie, o
Ta la da la la da da li da ra da
Da ra ra di da de da de da ra
Ta ra ra da da ri a ra da
Da dee ta ra da ri a.

Lucy often sung, *The Laird o Drum* an it wis a great favourite in the family. The laird who wis livin in the castle o Drums aroon 1612, had already been mairriet but it wis an unhappy union. Then, years later, at the age o 68 an when the laird wis noo a widower, he fell in love wi a poor young girl o sixteen years, who he'd see on a regular basis oot on the hill tendin her father's sheep. She wid be dressed in raggedy clothin, an wis obviously well beneath him socially. Well niver mind, he wis determined tae mairry, despite aa gan against him. An he did mairry her, an the ballad tells the story o that romance. She outlived him, an eventually mairriet his cousin, an she hid children tae baith o them. It's very romantic tae think that this rich man couldna care less for money, position, or whit she wis socially. He hid nae prejudice ye see, an this appealed very much tae the Travellers, who were themselves sae often the victims of prejudice. Aye, this story wis one o their favourites.

Although Lucy's main role wis as a carer tae the family, she hid, at least early on, a life ootside the family an aa, but aye within limits. As a young woman she wis a stunner an she wid often go an watch my mither perform wi her dance band. This wid be when Lucy wis in her late twenties or early thirties. Apparently she took aa day tae dress hersel, high heels an aa. She hid long black, blue-black hair, an violet-navy eyes. She wis a really beautiful woman. She wid always be accompanied tae the dances by her brithers, an she'd sit up in the gallery wi a fan, jist like a queen. Nae man could touch her though, cause she wis well protected by the brithers, an if ony man said onythin oot o place, by God, they got it. So she went wi her brithers, an she cam back hame wi her brithers. She hid her fair share o admirers though, an there wis one man in particular I kent o. He stayed in the village o Fetterangus an his name wis Jimmie More. An he asked Lucy tae mairry him, but she refused. She told me she did love him, but niver went wi him cause she wis so shy, an modest too. Lucy could hardly even speak aboot such things. An she didna like tae see things like chorus girls or onythin like that on television. If somethin like that wis on, she wid pit the TV aff, cause she wis affronted by this. An as I said before, she wis scared o havin children efter seein her nephew bein born when she wis only 14 years aul. Noo, efter she refused tae mairry Jimmie More, he went away tae Canada tae forget her, but that wisna the end o it. Many years later I wis playin in a hall in Mintlaw an this stout aul man wis sitting there, an I passed him several times. Eventually he asked me, did I ken Lucy Stewart of Fetterangus an wis I any relation tae her. I suppose he could tell we were related for I looked like her. 'Aye' I said 'She wis my auntie.' An then he asked did I ken she'd eence hid a boyfriend called Jimmie More. An again I said, 'Aye, I did.' Well, here wis Jimmie More an he told me he'd gone tae Canada an he hid niver mairriet. He wis broken-hairted ye see. Isn't

3.7. This picture of Lucy standing at the front door of the pre-
fab was taken by Kenny Goldstein during the time he spent
recordinq with us. Here Lucy is dressed up for the occasion.
(*courtesy of the Kenneth and Rochelle Goldstein Collection*)

that strange, efter aa those years he still hid feelings for her an noo he wis in
Aiberdeenshire an bidin nae far fae my ain hoose.

Like aa Travellers Lucy loved stories wi a supernatural element an espe-
cially romantic ones. Here's one aboot doomed love an this is how she'd always
stairt.

*Noo this story happened aboot four or five hundred year ago. There wis a laird
that hid four of a family. He hid two sons an two daughters. At that time [in
Scotland] the lairds were viry powerful an spent their time maistly settin oot the
laws. Every laird hid either a drummer boy, a trumpeter or a piper that wis tae
gae roon the place an walk wi them in the morning an when they beddit at night
an at dinner times. On this estate there was an aul widow an she hid a son, an
the lad workit as the drummer boy for the Laird an he a wis very handsome lad.*

Noo the Laird's two daughters wir lovely girls, one wis aboot sixteen an the other wis aboot eighteen. The youngest wis Margaret an the aulder one wis Anne. Margaret fell in love wi the drummer boy, an because he wis sae handsome, Anne fell for him too. But the Drummer boy wis for Margaret who wis a very, very pretty girl an kind tae. Their love hid tae be a secret because the Laird wouldna approve. But Anne knew what wis happenin an she wis jealous, an so she told her father aboot the secret meetins between the lad an Margaret. The father kept a watch on them an discovered their secret an he was sae angry he demanded that the young lad be taken out an beheaded.

When the lad's mother cam tae hear this, she got in a terrible state an she went tae the Laird an asked him tae spare the lad's life, promisin tae tak him awa fae the estate, niver tae return again. But the Laird wid hiv none of it. The widow persisted tryin tae get her son aff an when she cam beggin for a third time the Laird said that she hid been sae persistent that he wid hiv her laddie's head taen doon an hung on the spine o the gate an he'd hiv the aul woman teen tae witness it.

The boy wis beheaded an his mother wis teen tae see her son's head put on the spine o the gate. When she saw this, she said to the Laird, 'Ye've given me a sair hairt, but ye'll get one tee. Ye've got four o a family o yer ain an not one will die a natural death. An every time ye've got a death comin, ye'll hear the Banshee.' The Laird demanded the widow wis tae be burned as a witch an so she wis.

But from then on things went very bad for the Laird. Even tho the drummer boy wis dead, the Laird wis haunted by the beat o his drum. The Laird's daughter Margaret took tae wanderin at nicht an while she wis wanderin she wid meet the spirit o the drummer boy. One night the Banshee cam tae the Laird's winda an the yells o it were terrible, an the Laird wis jist aboot oot o his wits. The followin day, his daughter Ann wis oot ridin an she wis thrown fae her horse, broke her neck, an died. That wis the first. The Laird wis in such a terrible state aboot this an still he wis haunted by the beat o the drum, which aye wis tae be heard roon the castle at nicht. A few months later the Banshee wis heard again an the next day the Laird's twa sons were drooned while they were oot fishin. There wis jist Margaret left now an she wis pinin awa. She widna eat nor drink anythin. On the night before she died, the Banshee visited the Laird again, an that wis the finish o Margaret. That was the four away. So the Laird paid dearly for his dirty deed tae the aul woman an her son.

Love wis aye a popular theme for Lucy, as it wis for so many, an another o the songs I loved her singin tae us as we wir growin up wis *The College Boy*. I really associate this song wi her because any o those sad songs, ye ken, she sang them wi such conviction, an there wid be tears in her eyes when she wis

3.8. Young Robert and myself outside our home where the collectors, led by Hamish Henderson, would visit and record.

singin. Like myself, I ken that she got involved emotionally in the stories o the songs. Many o these, when I came to sing them after Lucy died, would be very difficult for me. I'd heard her sing them aa my life, an I wid often sing them wi her an harmonise along tae her, an it wis difficult tae sing them efter her death an no hiv her singin wi me. The ballad *The College Boy* has a great effect on me. Only recently, I wis told it wis also caaed *Young Craigston* an that the lad wis o Craigston Castle by Turriff, Aiberdeenshire. I wis so carried awa wi this ballad an the tune that I asked the Laird o the castle, only a couple of years ago, if I could visit the place an get a feeling o it. The young Laird, a handsome, half-Italian, couldna do enough tae mak me an my entourage feel welcome. Fae then on, I wis even mair hooked, an wanted tae locate the graves o his ancestors at the old graveyard, which is nae far fae the present King Edward Church. In 2009 I wis invited by the minister there tae attend communion on the last Sunday o the month an while there he proudly showed off the silver chalice cup that wis presented tae the old church way back in the early sixteen hundreds by the very lairds o the castle that the ballad mentions. This wis a special day for me. I got to see the chalice, wi the Latin inscription, an we went tae the old graveyard tae see the graves o young Craigston, his father and his grandfather.

Lucy also hid a particular likin for songs wi an Irish theme an she sang a few o them, includin the lovely *Bonnie Wee Irish Boy*. This is a wee song, an there's nae many verses tae it, but it has an affa bonnie tune. This connection wi Irish songs mebbe went way back an cam fae Irish Travellers, probably in my grannie's time, or mebbe before. I ken back then, some o the Traveller men went tae Ireland an brocht hame an Irish wife, so mebbe that's how the songs

3.9. Taken with the minister of the King Edward church near Turriff in
2009. This chalice was presented by the Laird o Craigston to the church
in the early sixteen-hundreds.

cam tae be in oor family. This could have been through my great uncle Davie
Stewart's wife, Molly.

Because we were sae used tae Lucy's songs an stories an aa thing else, we
didna fully realize the significance o whit wis happenin when the collectors,
led by big Hamish, first started arrivin at Gaval Street in 1954. By this time
Lucy wis 53 an of aa the family Lucy wis the least likely to sing tae anybody
ootside the family home. She wid see herself really as bein the least musical.
The entire family kent that Lucy hid the songs, but the songs didna seem
tae be valued sae much at that time. I guess, when ye've got somethin, ye
dinna aye appreciate it at the time, or ken the value o it. When the collectors
started comin by Lucy wis very shy initially, but ower time she became mair
comfortable wi the visitors an eventually she did enjoy the attention, an of
course, she jist loved singin, an so eventually that desire tae sing an pass on
the traditions wis stronger in her than the shyness. Hamish Henderson wis
the first tae visit. He cam tae the prefab where my mum wis stayin an Lucy
wid come up there because even then her ain place wis faain apart. Lucy wid
be there fae mornin tae nicht lookin efter us onywye, so this wis whaur Lucy
wid be found. Hamish then brocht Peter Kennedy, an Alan Lomax wis here

3.10. Howard Glasser, graphic artist and calligrapher, during a visit to Scotland. Howard made two trips in the summers of 1960 and 1963, collecting and researching the rich traditional music of the north of Scotland. He went on to become Professor of Design at the University of Massachusetts, Dartmouth. (*courtesy of Howard Glasser*)

tae. I remember when Hamish brocht Norman Buchan, an his wife Janey. The hoose wis sae full o folk that day. People were sittin on the airms o the chairs, an even on the flair. I mind we ran oot o cups for the tea an Janey Buchan asked for her tea in a jam jar an she didna mind at aa. An she wis an MP's wife! These were very excitin times for us aa, an as a young quine I loved it aa.

On one visit, Hamish an Lucy wir discussin *MacPherson's Rant* an ye could hear jist how much these ballads meant tae her, an how much history she knew an could explain about it quite clearly. She went through the ballad, line by line, even doon tae the fee market at Turriff where MacPherson wis finally betrayed an caught by the Laird o Rothiemurchus. This wis a favourite o oor family as MacPherson was one o oor ain, so tae speak. I learned aa the history o this well before I went tae school. I loved it. As well as MacPherson bein one o us, he wis also a great musician. Lucy used tae say that the clock

3.11. Over the decades students from all over the globe came to visit Lucy. Here a group from the USA look on as Lucy proudly shows her record to the camera, with Professor Charles Joyner, second from right, right row.

in the church at Fetterangus wis the original clock that wis pit back a quarter an oor so that MacPherson wid be hanged! At one time, Fetterangus wis in Banffshire actually – so it could be true enough aboot the clock. If this is true, then it makes the ballad even more exciting. I know it does for me onywye, comin fae Fetterangus an knowing this wis the original 'hanging clock' so tae speak. Another time, a Glasgow University professor visited us an Lucy told him aboot one of Robert the Bruce's illegitimate sons. This professor wis sure Lucy wis wrong an told her so. But then, efter he hid returned tae Glasgow an done some research he contacted Lucy tae apologise, because he'd found out that she wis richt aa along.

When Hamish first brocht Kenny Goldstein tae meet Lucy she wis again very shy wi him. Kenny hid cam fae America an he planned tae stay an study oor family an their traditions. He wid turn up every mornin at 9am an jist stay aa day. In a short time he kent everythin that went on in oor hame, an he jist sort o settled in. He wid record Lucy for hoors on end. But mind you, he'd tae wait long enough for her tae sing. Kenny said that he wis wi us for nearly two months afore Lucy gied him a single complete song. Afore aa the stuff wi the collectors started, she wis very wary o the microphone an I can hear that when I listen tae some o those early recordings. She sings quite differently fae when she wis jist singin aboot the hoose. She wid be correctin

3.12. A rare photo of Lucy with Kenny Goldstein, taken before he returned to America in 1960. (*courtesy of the Kenneth and Rochelle Goldstein Collection*)

some o her language ye see, because she thocht Kenny wouldna understand her Buchan tongue an I suppose she wanted tae gie him what she believed he wanted tae hear. I think, in a way, that's spoilt some o these recordins, but she didna realize it ye see. Some songs of course, like *Down in London Town* are sung withoot the Buchan dialect, but wi others Lucy hid taen it oot. However, as time went on, Lucy cam tae enjoy Kenny being aroon an she wid practice wi the microphone when he wisna there an she likit tae sing wi the mic by this time. She sang him her usual repertoire, but ower time she also tried tae remember other songs an ballads she minded her mither singin, but which she didna normally sing as far as we knew.

Because Kenny spent sae much time wi us, he wis really like one o the family, an we loved him as such. He wis jist aye there, soakin up everythin, an there wis nae room for airs or graces. He also brocht his wife an children tae Fetterangus, an we took them aa intae oor hearts an I wid babysit for him many times. He wis involved in everythin. I mind one time he hid a set-too wi my fiance. I think he could see that this scaldie wis nae good for me, but I mairriet him anyway. Kenny used tae also get me tae go wi him when he went tae visit other folk he wanted tae record. I wis almost like his translator as he couldna quite understand the Buchan dialect. One time I remember goin wi

3.13. One of a series of pictures taken by Kenny Goldstein for the forthcoming record sleeve, this captures Lucy characteristically singing from the heart. Although in her home setting, Lucy here is a performer. (*courtesy of the Kenneth and Rochelle Goldstein Collection*)

Kenny, Hamish an his wife Kätzel, tae look for a house for Kenny an his family, for when they were to join him from America. I really enjoyed travelling aboot wi him in his car.

Eventually Kenny wanted Lucy tae go travellin wi him, tae London, Edinburgh, America, aa these places, but Lucy wis jist too shy. It wid hiv been too much o a shock for her. By the time Kenny came Lucy wis settled in her life. She wis a hen wife, she kept hens an sold the eggs, an she dressed as such, in an aul coat, a checked head-square, thick stockins an Wellington boots, an she hardly wis oot o them. For a very special occasion she wore suits, one especially I remember wis made up o a plain purple skirt an a purple an white jacket. An when she did get dressed up, she aye wore a beret an the most beautiful jewellery. But otherwise, her life wis fairly settled, so it wis quite something for her tae find in late middle age that she wis sae weel-kent, an that people were writin articles an sic like aboot her, an makin special trips tae Aiberdeenshire jist tae meet this shy aul woman.

I think during the time Kenny spent wi us he recorded aboot 450–500 items – stories, songs, riddles, rhymes an such like fae the family, an a fair

3.14. My dear uncle Ned who also featured in the earlier recordings made by Hamish Henderson. (*courtesy of the Kenneth and Rochelle Goldstein Collection*)

amount o that wis jist fae Lucy. Kenny said a full seventy per cent o his material wis fae her an he produced one record of her singin eleven Child ballads. Efter this, people cam fae aa ower the globe tae meet an record her. Lucy wis very fond o Kenny, an she said she'd nae gie ony o the other collectors songs or other material that she hadna gaed tae him aaready. She hid a bond o trust wi him which now I think Kenny mebbe didna appreciate. He wis wi us aathegither for aboot ten months before he an his family then hid tae return tae America. Although he did come back tae Scotland efter that, he niver cam back tae Fetterangus and so Lucy wisna tae see him again, which I ken she would hiv likit. In those years efter his visit I know Kenny wis very busy wi his work, an would nae doubt hiv liked to release more of Lucy's recordings, but time wis against him I guess. I know Kenny had planned that the first record o the Child Ballads would be followed by *Volume 2: Broadside and Other Ballads* and *Volume 3: Folksongs and Lyric Songs*. In the end, although Lucy hid quite a bit o recognition, I think it's a pity mair o her songs an stories hivna been made available, because she wis an amazin woman.

It's also sad that Kenny niver hid the opportunity tae publish or release mair o the recordins he made wi Ned, because he wis really a fine musician an a brilliant fiddler, wi a great understandin o the music. But he wis a quiet, shy man an he niver really pit hisel forward, otherwise I'm sure he could've been mair famous. If ye hear some o that recorded material, ye begin tae see jist how knowledgeable Ned wis. He wid often diddle tunes for Kenny, an for ithers tae. I hiv one recordin o him explainin tae Peter Kennedy aboot how important diddlin wis in learnin the timin o the music. Without this understandin o timin Ned said, ye couldna play properly. 'Tae play music is like tae read English (or ony language). . . . If ye hivna the grammer, then ye canna speik the language.' He hated the wye some o the young musicians hid ruined the music by playin too fast an cut it so much as tae 'mak it like matchwood.'

Ned telt Kenny stories an riddles too, as well as Lucy hid an this is typical o the stories Ned likit tae tell.

At one time, long, long ago, in the lands o Scotland, ye wid be hanged if ye were caught stealin a sheep. Now, ye wid think that wid be a deterrent, but times were very hard, an this drove folk tae desperate measures. There wis one poor family an they wir near tae starvation. It wis near Christmas time an the father decided that he must get some food for his family. Noo the minister hid a bit glebe land roon the manse. He didna get much o a salary, but he got the glebe land free fae the Laird, an there wis livestock kept there. The father determined tae steal one o the sheep that wis on that land. So he went an stole the sheep and it seemed he got awa wi it an the family noo hid plenty tae eat. Until one day the minister wis ridin by this poor family's hoose as one o the sons, who wis a bit feeble-minded wis playin in the garden. As he wis playin awa, the lad wis singin an the minister wis shocked tae hear the lad sing

> Oh my father stole the minister's sheep
> An we'll get puddins and pies tae eat
> An a merry Christmas we shall keep
> An I can't let out about it.

The minister thocht he'd get the thief now so he said tae the lad, 'I'll gie ye a sovereign if ye'll come an sing in the church wi me.' Well, the laddie clapped his hands when he heard this an said he would come an sing at the church. Come Sunday the minister preached his sermon an efter he pulled the wee fellow up tae the pulpit an said, 'Now, congregation, I've got a little boy here tae sing a song

which yed aa very much like tae hear.' Now the minister wis clappin his hands
thinkin, 'I've got the man now for stealin my sheep.' 'Now, listen carefully,' he told
the congregation. The wee fellow got up an this is what he sang

One fine day in May as I passed by
Who did I spy but minister Grey
He was rumpin his Molly amang the hay
An he turned her right upside and over.

This is quite a clever story. For the lad wisna quite as stupid as the minister thocht in the end.

The attention o the collectors did change Lucy, bit only in smaa ways. She enjoyed the attention an efter a while she got used tae it an it gave her a boost. She hid mair o a sense o herself an efter they cam she'd record hersel, an she'd come intae my hoose at nicht an I'd play the piano for her an she wid sing along. By this time Lucy hid moved oot o Duke Street an intae Gaval Street, that wid be the late 1960s, an by then I wis livin in the next door hoose.

From then on we were niver separated an she helped me look efter my three children, jist like she'd looked efter us for my ain mither. When she broke her hip chargin efter my son Michael she got pneumonia, an then she ended up in hospital. I prayed an prayed for her tae come back tae me bit it wisna tae be. Durin her last days, the nurse who wis looking efter her knew aboot Lucy an in fact had learned *The Laird o Drum* fae Lucy's LP record. Well this nurse sang this ballad tae Lucy as she wis leaving this world. That's a lovely thocht isn't it, an it comforts me tae know she wis so well looked efter in hospital.

Lucy wis still singin an passin on the tradition richt up til a very short while afore she died. I hiv a recordin o her singin *I'm a Good Lookin Widda* made aboot three weeks afore her death. Her voice isna sae good but I jist wanted a recordin o her singin that song. She wis a hardy bugger an a heavy smoker. She smoked packets an packets o Woodbines, but she wis still singin, right up tae the end o her days so they didna seem tae hiv done her any hairm.

3.15. Myself and Lucy, at home in the early 1970s.

3.16. One of the last pictures of Lucy, taken at her home, in her headscarf, as always.

On one o my visits tae see her in hospital she'd sung for me part of *There's a Rose in Yon Garden* and then jist shortly before she died, I remember holdin her hand while I sung *A Lady Was in Her Garden Walkin* an she sung back tae me the line 'When a bold young captain cam ridin by.' The family regarded Lucy as oor guardian, an everything she loved lives on in me.

Memories of Lucy

In 1963 I travelled with Carla, my wife, on our quest for old songs in
Scotland. On the 18th July of that year we arrived in Fetterangus to visit
Ned Stewart and his sister Lucy. Ned was renowned as a fiddler but
unfortunately had loaned his instrument to someone and wasn't able to
play for us. However, he did play several pieces for us on the tin whistle
and the chanter. Lucy arrived but wouldn't sing for us so we left there
and went to visit with Lucy and her niece, Liz. Lucy opened up then
and agreed to sing for us the following day. She has the most honest,
beautiful face with a mind and heart to match. Liz, her niece, was very
nice too and so we had a most pleasant visit and drove back to Aber-
deen very late. The following day Arthur [Argo] had the day off and
we returned to Fetterangus to tape Lucy and Liz. That was a great day!
After lunch at Mintlaw, we arrived at Lucy's house about 1pm. Liz played
some reels and hornpipes on the piano. She was extremely good and we
all enjoyed hearing her. Arthur, Liz and Lucy all sang together before
Lucy sang alone. It was a great thrill to hear Lucy in many ways. Carla
loved her singing and said of it, 'Lucy's simplicity, humility and honesty
poured out overwhelmingly in her singing.' She didn't perform publicly
like the other exceptionally fine singers in her family but she did have
a wonderful voice. I remember she sang a wonderful song *I'm a Good
Lookin Widow*. She had a strong memory and could bring to mind every
song that she had ever heard as she grew up. She could recall everything
from funny music hall songs through to the very long narrative ballads
that had been passed on through so many generations of her family. I
wish I had spent more time with Lucy in Fetterangus. She was one of
those people who had strong opinions about everything but if she liked
you she was very generous and was so much fun to be around. Fortu-
nately she liked me, and we shared a lot of laughter during my all too
short visit. My image of Lucy is of her standing in her petticoats and big
heavy shoes as she fed her chickens. She was tall and thin and strong.
She knew her mind and it was easy to admire her. I think that everyone
who met her fell in love with her. She never married and had devoted
herself to bringing up her sister's three children.

   During that visit with Arthur, Liz's sister and her husband stopped
in and the twa sisters sang their songs from the radio ballad *Singing the
Fishing*. After that I was able to return for two more days of recording.
Lucy sat at the table and sang one ballad after another. She said, 'I'll not
give you anything that I haven't given to Kenny' (Ken Goldstein).

I remember on our last day with Lucy and Liz we all had coffee and all at once Liz popped out and came back with an arm load of stuff to give us. We were flabbergasted: a pewter tea pot, six two-pronged steel forks with bone handles and two bone egg cups. We didn't know what to say. It was too overwhelming. We would have liked to stay in Fetterangus and I think Liz was very anxious for us to return. We felt sympathy for her because her husband does not like her music and this had stifled her natural urge to express herself musically.

Howard Glasser, graphic artist and calligrapher, journal entry

Aunt Lucy and The Battle o Harlaw

I wish Lucy wis here to know that I would sing her version o this great ballad for the *Harlaw* CD produced by John Purser in 2011, and it wis a great thrill for me tae be part o the concert to launch this CD during Celtic Connections International Festival in Glasgow.

After hearing so much fae Lucy about Harlaw it meant the world tae me tae be able to honour her, my family and Harlaw. We all shared a great respect for Harlaw and for Macdonald of the Isles who we believed wis buried there.

This musical experience brought tae mind yet another family story aboot Harlaw, which I include here in dedication to Lucy, tae show the pride I feel for her.

The horses that were changed over at Harla

Around about 1930, two young Traveller brothers, Jimmy and Wullie Hutchison, who lived in Aberdeen, decided that they would leave Aberdeen that day and go into the countryside with their horses and carts and see what they could sell and purchase in the vicinity of Oldmeldrum and Inverurie. They both had their own set-ups, carts, horses, and their own individual wares. So the men set off, and when reaching Oldmeldrum, deciding they would meet up at Inverurie, in the square, centre of the town, at the end of the day, about seven o'clock at night. Then they would call it a day and go out into the Inverurie countryside, set up tents, cook something and exchange their day's work. Well, the two men had a good day, and made plenty of money for that day, each one happy, and so, they did what they had arranged to do – out into the country, set up their tent and so on, but the two men had encamped on a wooded area beside Harla! Now, they were both tired out and after having something to eat, a good talk of the day's takings and after tying up their horses, each one to a tree – Wullie's on the right hand side of the path and Jimmy's on the left hand side of the path – the two men decided to call it a day, and go to bed.

Maybe a couple of hours or so into the night, they were wakened up by the unsettled-ness of the two horses; so Wullie got up and out of bed and just had a quick glance at the horses, they seemed to be alright so he just went back into his tent. Now, morning came, and the two men went over to the horses to get them set-up for leaving. To their astonishment the horses had been changed over. Wullie's horse, who had been tied to the right-hand tree, was now on the left-hand tree. Wullie's horse was a black horse, by the way, and Jimmy's horse was a brown coloured one, and Jimmy's horse had been tied up to the left hand side of the path. The horses had been changed over during the night. Not only that, but their harnesses had been exchanged too. Wullie's horse, being a black horse, he had had black harness on it to go with the colour of his horse, and Jimmy's horse was a a brown coloured horse, and now, it was wearing the black harness. They took every pride in dressing their horses. What happened thru the night, and what force had done this? The horses were very well tied up. It would have taken a human quite a while to untie the horses and then exchange the harnesses of them.

The men took off quite quickly, and never returned, but they believed it must have been something ghostly from the nearby battle-field of Harla, that had done this.

Elizabeth Stewart

Songs

60. Queen o the Dukker – piano composition
61. As I Went A-Walkin
62. Oh I Am a Miller tae Ma Trade
63. The Plooman Laddies
64. The Barrin o the Door
65. MacPherson's Rant
66. The Laird o Drum
67. Tifty's Annie
68. The Bonnie Hoose o Airlie
69. My Heilan Lassie, O
70. In Green Caledonia
71. Flora MacDonald's Lament
72. Oh Come Awa Charlie
73. The Pride o Glencoe
74. Mebbe I'll Be Mairriet
75. The Braes o Balquidder
76. The Waddin o McGinnis tae His Cross-eyed Pet
77. I'm Coortin Mary o Argyll
78. I'm a Good Lookin Widda
79. Oh Weel Dae I Mind the Day
80. Look at Rocky Donal
81. Cups and Saucers
82. Poor Gracie She's Dead
83. The Bells of Farewell
84. There Wis a Man Indeed
85. Kahoy
86. The Russian Jew
87. Jimmie Raeburn
88. The Bonnie Wee Irish Boy
89. Oh Down in London Fair
90. In the Year of Eighteen Hundred and Forty and Five
91. The Rocks o Gibraltar
92. There's a Rose in Yon Garden
93. A Lady Was in Her Garden Walking

60. Queen o the Dukker (Elizabeth Stewart, 2002)

Piano Composition

Slow Strathspey

61. As I Went A-Walkin

As I went a-walkin one fine day in Spring
I heard a young plooboy sae sweetly did he sing
And as he was a-singing these words I heard him say
Oh there's nae life like the plooboy in the merry month o May.

The laverock shall rise fae her bough and her nest
And shall follow the plooboy wi the dew upon her breast
And wi the young plooboy shall whistle and shall sing
And at nicht she will return tae her nest back again.

When his day's work is over what he has tae do
Perhaps to some counteree walk he shall go
And if he meets a pretty maiden he will dance and he will sing
And at nicht he will return with his lass back again.

When he rises next morning tae follow his team
The lovely young plooboy so sweet and so trim
If he kisses his pretty girl he will make her his wife
And she'll love her young plooboy for the rest of her life.

62. Oh I Am a Miller tae Ma Trade

Oh I am a miller tae ma trade
An that sae weel ye ken, o
Oh I am a Miller tae ma trade
An that sae weel ye ken, o
I am a Miller tae ma trade
An mony a sack o meal I've made
And I've coorted mony a fair young maid
At the back o the sacks o meal, o.

Oh as merrily as the wheel goes round
The rate sae weel ye ken, o
Oh as merrily as the wheel goes round
The rate sae weel ye ken, o
Oh as merrily as the wheel goes round
Wi grindin the peas and corn, o
And better a job wis niver found
Since iver I've been born, o.

Oh it happened ae nicht in June
When I wis in masel, o
Oh it happened ae nicht in June
When I wis in masel, o
The lassie cam skippin doon the lane
I hear your mill clatterin in

An I thocht that I would jist look in
Tae see if you're in yersel, o.

Oh you're welcome here my bonnie lass
You're welcome here for ae, o
Oh you're welcome here my bonnie lass
You're welcome here for ae, o
Oh you're welcome here my bonnie lass
An fit's the news that I maun hear
If ye'll consent and bide wi me
An bide wi me for ae, o.

The laughin lassie gied me a smile
She said she couldna tell, o
The laughin lassie gied me a smile
She said she couldna tell, o
The laughin lassie gied me a smile
She said, Young man ye'll wait a while
When ye hear yer mill clatterin in
Ye'll get me tae yersel, o.

Oh I kissed her lips as sweet as honey
As sweet as honey dew, o
Oh I kissed her lips as sweet as honey
As sweet as honey dew, o
Oh I kissed her lips as sweet as honey
Until a tear cam in her ee
Tae leave ma Mammie aal for thee
An bide wi ye for aye, o.

63. The Plooman Laddies

Doon yonder den there's a plooman lad
An some summer's day he'll be aa my ain.

cho. An sing laddie, o an sayin, laddie aye
    The plooman laddies are aa the go.

I love his teeth an I love his skin
I love the very cairt he hurls in.

cho.

Doon yonder den I could hae gotten a millert
Bit the smell o dust wid hae deen me ill.

cho.

Doon yonder den I could hae gotten a merchant
Bit aa his things werena worth a groat.

cho.

It's ilka time I gyang tae the stack
I hear his wheep gie the ither crack

cho.

I see him comin fae yonder toon
Wi aa his ribbons hingin roon and roon.

cho.

And noo she's gotten her plooman lad
As bare as iver he left the ploo.

cho.

64. The Barrin o the Door

It fell upon the Martinmas time
And a gey time it wis then o
When oor gweed wife had puddins tae mak
An she boilt them in the pan, o.

cho. Oh the barrin o oor door
Weel, weel, weel
The barrin o oor door weel.

Oh the wind blew cauld frae north tae south
And blew intae the floor, o
Saith oor gweed man tae oor gweed wife
Get up an bar the door, o.

cho.

My hand is in my housewife's skep
Gweed man as ee can see, o
And tho it shouldn't be barred this hundred years
It'll nae be barred by me, o.

cho.

They made a pact tween them twa
And made it firm and sure, o
That the ane wha spak the foremost word
Should rise an bar the door, o.

cho.

Then up there cam twa gentlemen
At twelve o'clock at nicht, o
They could neither see nor hoose nor haa
Nor coal nae candle licht, o.

cho.

Noo whether it is a rich man's hoose
Or whether it is a peer, o
But never a word wid een o them spak
For the barrin o the door, o.

cho.

It's first they ate the white puddin
And then they ate the black, o
And muckle, muckle thocht oor gweed wife
But niver a word she spak, o.

cho.

The een untae the ither did say
Here man get oot yere knife, o
An ye'll tak aff the aul man's baird
While I kiss the gweed wife, o.

cho.

There is nae water in the hoose
And fit'll we do then, o
Fit ails ye at the pudding bree
That's boilin in the pan, o?

cho.

It's up then spak the aul gudeman
And an angry man wis he, o
Wid ye kiss my wife before ma een
Scald me wi pudding bree, o.

cho.

Up then an got oor aul gweed wife
Gied three skips on the floor, o
Gweed man ye spak the foremost word
Get up and bar the door, o.

cho.

65. MacPherson's Rant

Untie those bands from off my hands
And bring tae me a sword
There's nae a man in aa Scotland
That I'll brave wi jist ae word.

cho. Sae waltonly, sae daltonly
    Sae waltonly gaed he
    MacPherson's death will nae be lang
    Below the gallas tree.

It wis by a lady's treacherous hand
That I am condemned tae dee

It was in below her windi sill
She threw a blanket ower me.

cho.

A gypsy's band I did command
Wi courage bent by far
Than any British soldier
That iver fought in war.

cho.

The laird o Grant the heilan sant
That first laid hands on me
He pled the cause for Peter Broon
But he let MacPherson dee.

cho.

Oh some come here for tae buy my fiddle
And others tae see me dee
Afore I iver gie my fiddle
I'll brak it ower my knee.

cho.

66. The Laird o Drum

The Laird o Drum a-walkin gaen
He wis walkin one mornin early
An fa did he spy bit a weel-faurt lass

She wis shearin her father's barley
She wis shearin her father's barley.

Oh wid ye nae be a gentleman's wife
And wid ye nae be his lady
And wid ye nae be o some higher degree
And leave yer shearin alane, o
And leave yer shearin alane, o

Oh I wid be a gentleman's wife
An I wid be his lady
An I wid be o some higher degree
But I'm nae a match for thee, o
But I'm nae a match for thee, o.

For my faither is but a peer shepherd man
That herds on yonder hill, o
And onything that he bids me dee
I'm always at his command, o
I'm always at his command, o.

The lassie can neither read nor write
She wis niver at a school, o
Bit ony ither thing aye weel can she dee
For I learnt the lassie mysel, o
For I learnt the lassie mysel, o.

She canna wash yer china cups
Nor mak a cup o tea, o
But weel can she milk coo or yowe
And a coggie on her knee, o
And a coggie on her knee, o.

Wha will bake yere bridal breid
And wha will brew yere ale, o
And wha will stand at the gates o the Drum
And welcome yere bonnie lassie in, o
And welcome yere bonnie lassie in, o?

Oh the baker'll bake my bridal breid
An the brewer will brew my ale, o

An I will stand at the gate o the Drum
An welcome my bonnie lassie hame, o
An welcome my bonnie lassie hame, o.

Up an speaks his brither John
A man o high degree, o
Ye're mairryin a lass aye this fine night
But she's nae a match for thee, o
But she's nae a match for thee, o.

For the last lady we had in this place
She wis far above oor degree, o
For we daurna enter intae a room
Till oor hats were below oor knees, o
Till oor hats were below oor knees, o.

If you were dead and I wis dead
An baith laid in one grave, o
Nine years doon and lifted up again
Fa's tae ken yer dust fae mine, o
Fa's tae ken yer dust fae mine, o.

67. Tifty's Annie

In the mill o Tif-ty lived a man, In the neigh-bour-hood o____
Fy-vie, He had a love-ly daugh-ter fair, Whose name wis bon-nie An - nie.____

A-text

In the Mill o Tifty lived a man
In the neighbourhood of Fyvie
He had a lovely daughter fair
Whose name wis bonnie Annie.

Lord Fyvie had a trumpeter
Whose name wis Andra Lammie

Who had the art to gain the heart
Of Mill o Tifty's Annie.

Her mother called her tae the door
Come here tae me my Annie
Did you ever see such a prettier man
Than the trumpeter of Fyvie.

Oh nothing she said but thinking sair
Alas for bonnie Annie
She durst not own her heart was won
By the trumpeter o Fyvie.

Her father came tae hear o this
And a letter wrote to Fyvie
To tell his daughter had been bewitched
By his servant Andra Lammie.

Her father locked the door at night
Laid by the keys full canny
And when he heard the trumpet sound
He said, Yere coo is lowin Annie.

O father dear I pray forbear
Reproach not your Annie
I would rather hear that coo it lows
Than aa yere kye in Fyvie.

But if ye strike me I will cry
An gentlemen will hear me
Lord Fyvie he'll come ridin by
An he'll come in an see me.

Her father struck her wondrous sore
And also did her mother
Her sisters also did her scorn
But woe to be her brother.

Her brother struck her wondrous sore
Wi cruel strokes aye and many

He broke her back on yon haa door
For lovin Andra Lammie.

At that same time the Lord comes in
He said, Fit ails thee Annie?
It's all for love that I must die
For the lovin o Andra Lammie.

Oh mother dear mak me ma bed
An lay my face tae Fyvie
It's there I'll lie till I will die
For the lovin o Andra Lammie.

Her mother then she made her bed
And turnt her face tae Fyvie
Her tender hairt then soon did break
And she ne'er saw Andra Lammie.

Now people here baith far and near
All pity Tifty's Annie
Who died for love of one poor lad
For bonnie Andra Lammie.

B-text (Elizabeth's handwritten version)

At the Mill o Tifty there lived a man
In the neighbourhood o Fyvie
He had a lovely daughter fair
Who's name twis Bonnie Annie.

Her een were like the ocean blue
Her cheeks were reid an rosy
And neen sae fair could compare
Wi Tifty's Bonnie Annie.

Lord Fyvie had a trumpeter
Whose name wis Andra Lammie
Who had the art to win the heart
O Tifty's Bonnie Annie.

He wis proper withall so young an tall
His likes wis nae in Fyvie
There wis neen twis there could compare
Wi this same Andra Lammie.

Lord Fyvie he rode by the door
Whaur lived Tifty's Annie
His trumpeter rose him before
Aye that same Andra Lammie.

Her mother called her tae the door
Come here tae me my Annie
Did ivver ye see sic a prettier man
Than the trumpeter o Fyvie?

Oh little she said but thinking sore
Alas! for Bonnie Annie
She durst not own her heart was won
By the trumpeter o Fyvie.

That nicht when aa went tae their beds
Aa slept fu soon but Annie
For love surpressed her tender breast
And love lay west her body.

Oh love comes in at my bedside
An love lies doon beside me
And love lies west my tender breast
And love shall waste my body.

The first time me and my love met
Wis in the wids o Fyvie
His bonnie face and speech sae sweet
Soon gained the heart o Annie.

He called me, Mistress I said, No
I'm Tifty's Bonnie Annie
With apples sweet he did me treat
And kisses saft and mony.

It's up an doon in Tifty's glen
Whaur the burnie rins sae cannie
I've often gaen tae meet my love
My bonnie Andra Lammie.

When Tifty came tae hear o this
A letter wrote tae Fyvie
To tell his daughter had been bewitched
By his servant Andra Lammie.

Her father locked the door at nicht
And hid the key fu cannie
And when he heard the trumpet sound
He said, Yer coo is lowin Annie.

Oh father dear do not forbear
And reproach not your Annie
For I'd rather hear that coo at low
Than aa yer kye in Fyvie

And if ye strike me I will cry
And gentlemen will hear me
Lord Fyvie he'll come ridin by
And he'll come in and see me.

I widna hae yer goons sae braw
And aa yer gifts sae mony
For if it is kint in Fyvie toon
Jist how cruel ye are tae yer Annie.

At that same time the lord came in
And said, What ails thee Annie
It's aa for love that I may die
For lovin Andra Lammie.

Oh Mill o Tifty pray gie consent
And let your dother mairry
It'll be tae een o some higher degree
Than the trumpeter o Fyvie

If she had been o some high degree
As she's bestowed wi beauty
I'd hae teen her for my ain true love
And made her my ain lady.

Oh wide the bounds o Fyvie lands
And oh! but they are bonnie
But I widna gie my ain true love
For aa yer lands in Fyvie.

Her father struck her wondrous oer
And likewise did her mother
Her sisters also did her scorn
But woe! to be her brother.

Her brother struck her wondrous oer
Wi cruel strokes aye and mony
He broke her back on yon haa door
For lovin Andra Lammie.

Then up the stair Fyvie's trumpeter
He called on Andra Lammie
Pray tell me what is this yeve done
Tae Tifty's Bonnie Annie.

Woe betide tae Tifty's pride
For it has ruined many
He'll nae hae it said that she should wed
Tae the trumpeter o Fyvie.

In wicked art I had no part
For in it I am cannie
True love alone my heart did win
O the Mill o Tifty's Annie.

Whaur will I find a boy sae kind
That'll cairry a letter cannie
That will rin on tae Tifty's glen
And gie this tae my Annie.

Noo Tifty has three dothers fair
And aa are wondrous bonnie
But ye'll ken her oot abeen them aa
She's Tifty's Bonnie Annie.

It's up and doon in Tifty's glen
Whaur the burnie rins sae bonnie
It's there I must meet you dear
For my love I hiv tae see you.

You must come tae the brig o Skeugh
For it's there that I'll meet you
And there we will renew our love
Before I gang and leave ye.

My love I gang tae Edinburgh toon
And for a time must leave ye
She sighed sair and said nae mair
Bit, I wish I wis gaen wi ye.

But I'll be true and constant too
To thee my Andra Lammie
But my bridal bed will soon be made
In the green churchyard o Fyvie.

I'll buy tae you a bridal goon
My love I'll buy it bonnie
Oh I will be deid afore ye come back
Tae me my Andra Lammie

Oh mither dear please mak my bed
And turn my face to Fyvie
And it's there I'll lie till I must die
For the love o Andra Lammie.

Her mother then she made her bed
And turned her face tae Fyvie
And there lie till she did die
For her true love Andra Lammie.

Nae kind o vice wis my life stained
Nor hurt my virgin honour
By love alone my love wis gained
But death will be my winner.

Her mither then she made her bed
And turned her face tae Fyvie
Her tender heart it soon did break
And she ne'er saa Andra Lammie.

Lord Fyvie he did wring his hands
Sayin, Alas for Bonnie Annie
The fairest flooer cut doon by aa
That ivver bloomed in Fyvie.

Oh woe! betide auld Tifty's pride
He should hae let them mairry
I wid hae gien a hoose tae bide
Within the lands o Fyvie.

Her father noo he does lament
For the loss o his dear Annie
He wishes he had gien consent
Tae mairry Andra Lammie.

Her mither grieves her day and nicht
And the sisters that had scorned her
Her brither sorely does regret
For the cruel wye that he treated her.

When Andra hame fae Edinburgh came
In muckle grief and sorrow
My true love died for me today
But I'll die for her tomorrow.

I'll gang nae mair tae Tifty's glen
Whaur the burnie rins sae bonnie
Wi tears I'll view the brig o Skeugh
When I parted fae my Annie.

Oh parents who have children all
In guiding them sae cannie
Just kindly think afore ye repent
Jist mind on Tifty's Annie.

All people here fee far and near
All pity Tifty's Annie
Who died for love of one true love
For the love o Tifty's Annie.

68. The Bonnie Hoose o Airlie

Oh it fell on a day on a bonnie summer day
When the clans were awa wi Chairlie
When there fell oot a great dispute
A-between Argyll aye and Airlie.

Argyll he's called a hundred o his men
For tae come in the mornin early
An they went doon tae the back o Dunkeld
For tae plunder the bonnie hoose o Airlie.

Lady Oglivie she lookit fae her windi high
And oh but she sighed sairly
For tae see Argyll and aa his men
Come tae plunder the bonnie hoose o Airlie.

Come doon, come doon Lady Oglivie he cried
Come doon and kiss me sairly

Or I sweir by the sword that hings doon by my side
That I winna leave a stannin steen o Airlie.

Oh I winna come doon false Argyll she cried
An I winna kiss ye sairly
I winna come doon false Argyll she cried
Though ye dinna leave a stannin steen o Airlie.

He has teen her by her middle sae sma
An oh but she grat sairly
And he's laid her doon by the bonnie burn side
Till he plundered the bonnie hoose o Airlie.

Oh I hae bore my lord sivin bonnie sons
An the eighth een has ne'er seen his daddy
Bit if I had as mony, mony mair
They'd aa be followers o Chairlie.

If oor gweed Lord he hid a-been at hame
As he's awa wi Chairlie
I sweir by the sword that hings doon by yere side
That ye durna touch a stannin steen o Airlie.

69. My Heilan Lassie, O

Nae gentle dames are e'er sae fair
Will ever be my muse and care
Their titles are an empty show
Gie me my Heilan lassie, o.

Abeen the plains o Bussie, o
Aa through the glens o rushie, o

To other lands I now must go
An leave my Heilan lassie, o.

Oh were yon hills and valley mine
Your palaces and gardens fine
The world alone thy love should know
I bear my Heilan lassie, o.

But fickle fortune frown on me
And I maun cross the raging sea
But while my crimson cornets flow
I love my Heilan lassie, o.

Although through foreign climes I range
I know her hairt will never change
Her bosom burns wi honour glow
My faithful Heilan lassie, o.

She has my heart she has my hand
My sacred trust and honours band
Till marshall struck should lay me low
I'm thine my Heilan lassie, o.

Farewell the glens o Bussie, o
Farewell the plains o Bussie, o
To other lands I now must go
An leave my Heilan lassie, o.

70. In Green Caledonia

In green Caledonia there ne'er were twa lovers
Sae fondly enraptured in each other's charms
It wis Burns oor dear bard an his dear Heilan Mary
Sae fondly his hairt ne'er lo'ed I again.

Oh farewell said Burns when he parted frae Mary
Oh farewell said Mary when she could say nae mair
But little did they think that night when they parted
They were parted forever on the banks o the Ayr.

The summer rides south but a few summer mornings
Till Mary's cut down in her beauty and pride
And laid in her grave like a bonnie young flower
In Greenock's churchyard on the banks o the Clyde.

71. Flora MacDonald's Lament

♩=63

Far o-wer yon hill, whaur the hea-ther is sae green, And doon by yon cor-rie, that

rins tae the sea, Whaur the bon-nie young Flo-ra sat sigh-in her lane, The dew on her

plaid and a tear in her ee She look-it at a boat wi the breez-es that swing, A-

wa on the wave, like a bird on the main, And aye as she lis-tened, she sighed an she

sobbed, Fare-weel tae the lad I will ne'er see a-gain, Fare-weel tae my

he-ro, so gal-lant and young, Fare-weel tae the lad I will ne'er see a-gain.

Far ower the hill whaur the heather is sae green
And doon by yon corrie that rins tae the sea
Whaur the bonnie young Flora sat sighin her lane
'The dew on her plaid and a tear in her ee
She lookit at a boat wi the breezes that swing
Awa on the wave like a bird on the main
And aye as she listened she sighed an she sobbed
Fareweel tae the lad I will ne'er see again
Fareweel tae my hero so gallant and young
Fareweel tae the lad I will ne'er see again.

The moorcock that craws on the brows o Ben Connal
He kens whaur his bed is in a sweet mossy hame
The eagle that soars o'er the hills o Clan Ronald
Unawed and undaunted his eerie can claim
The solan can sleep on the shelves o the shore
The cormorant can sleep on the rocks o the sea
But there's ane whose hard fate I do deplore
Nae hoose nor hame in this counteree has he

The conflict is ower and oor name is nae mair
There's nothin left but sorrow for Scotland and me.

The target is torn fae the arms o the just
The helmet is cleft on the brow o the brave
The claymore forever in darkness must rust
But red is the sword o the stranger and slave
The hoof o the horse and the foot o the proud
Have trod ower the plumes o the bonnets o blue
Why sleepit the red bolt on the breist o the cloud
When tyranny revelled in the blood o the true
Fareweel my young hero the gallant and good
The crown o your father is torn from your brow.

72. Oh Come Awa Charlie

The mornin dew fell on my plaidie
The laverock it liltit an sang
As I looked through the peaks o Ben Lomond
The tartans come wavin alang.

cho. Oh come awa Charlie, Charlie
        Come awa Charlie hame
        There's royal Stewarts an Mackenzies
        They're ready tae welcome ye hame.

I mendit the hole in John's trewsers
His aul breeks I made them like new
And what made him jine the Militia
When grandfather bocht us a coo.

cho.

73. The Pride o Glencoe

As I was a-wand'rin one evenin bein late
When the flooers of gay mantle the fields decorate
I scarcely did wander where I did not know
To the back of a fountain that lay in Glencoe.

It was there came a surprise in the mountain I'd won
There approached me a damsel as bright as the sun
Her ribbons and tartans around her did flow
That once graced young Donald the pride o Glencoe.

I said, My fair damsel your enchanting smile
Your gentle sweet features has my heart beguiled
If your kind affections on me would bestow
I will bless the very hour we met in Glencoe.

Young man she made answer, Your suit I disdain
I once had a sweetheart young Donald's his name
He went tae the wars about ten years ago
And a maid I will remain till he returns tae Glencoe.

Your Donald he's married and regards not your name
But placed his affections on some foreign dame
If my Donald he's married and regards not my name
I will ne'er court a young man for to slight me the same.

He put his hand in his pocket and he pulled out a glove
Which showed this poor damsel a token of love
Then she flew tae his bosom and the tears then did fall
Crying, You are my Donald returned tae Glencoe.

74. Mebbe I'll Be Mairriet

Mebbe I'll be mairriet yet an mebbe nae ava
An mebbe I'll be mairriet yet tae the Laird fae Turner Haa.

cho. Oh ricky doo, oh ricky daddy,
     Oh ricky doo, oh ricky day

Mebbe I'll be mairriet yet an mebbe I'll win hame
Mebbe I'll be mairriet yet tae the lad I daurna name.

cho.

He's comin here he'll soon be here he's comin here for aa that
An the bonnie lad that'll soon be mine he'll take me fae yese aa yet.

cho.

There's neen o yese been gweed tae me but I'll reward yese aa yet
Ye'll be glad tae sit at my coat tail fin I'm sittin in the haa yet.

cho.

There's neen o yese been gweed tae me but I'll reward yese aa yet
Ye'll be glad tae buy a peck o meal fin I can sell yese twa yet.

cho.

Mebbe I'll hae hose and sheen and maybe you'll hae neen yet
And mebbe I'll sell you yere sheen fin yere hose and sheen are deen yet.

cho.

It's comin here it'll soon be here the day that I'll be his yet
It's comin here and it's comin near and it's yese I winna miss yet.

cho.

75. The Braes o Balquidder

Will ye go lassie go tae the Braes o Balquidder?
Whaur the blaeberries growe amang the bonnie bloomin heather
Whaur the deer and the roe lightly boundin thegither
And we'll spend the lang simmer's day on the Braes o Balquidder.

I will twine thee a bower by the clear silver fountain
And I'll cover it aa ower wi the flooers o the mountain
I will range through the wilds and the purple glens sae weary
And return wi the spoils tae the bower o my dearie.

When the rude wintry wind idly roars aroon oor dwellin
And the roar o the linn on the night breeze is swelling

So merrily we'll sing as the storm rattles ower us
Till the sheiling ring wi the light lilting chorus.

Now the summer is in prime wi the flooers richly bloomin
And the wild mountain thyme aa the moorland are perfuming
To our dear native scenes let us journey thegither
Whaur the glad innocence reigns amangst the Braes o Balquidder.

76. The Waddin o McGinnis tae His Cross-Eyed Pet

Pay attention tae ma sang an I'll tell yese o a waddin
On the thirty-first o July at a place caaed Sleepy Steadin
Aa the countryside wis there tho they didna get a biddin
At the waddin o McGinnis tae his cross-eyed pet.

cho. Flootle oot went the flute fiddle diddle went the fiddle
    We danced roon an roon an in an thro the middle

We jing a-ringed it roon aboot like sheeligs in a riddle
At the mairriage o McGinnis tae his cross-eyed pet.

We had lots o fun and frolics tho we hidna a piana
But a fluter wi a nose for aa the world like a banana
A piper an his chanter an his bags blew up a Gwana
At the mairriage o McGinnis tae his cross-eyed pet.

cho.

We hid herrin heid and potted heid and jeelie on the table
A wreath o tattie bannocks near the heights o tower o Babel
And every een they sat doon an ate up aa they're able
At the mairriage o McGinnis tae his cross-eyed pet.

A fiddler chiel cam doon the hauf fae Mains o Butterscottie
His fiddle it got cloggit up wi butter, glue and putty
Tho his instrument was paralysed the fiddler he got dottie
At the waddin o McGinnis tae his cross-eyed pet.

cho.

Noo a tinker on a timmer leg he danced till it was ended
In the middle o a foursome reel they broke it aye intented
He got haud o a barra shaft and he gaed hame contented
Fae the waddin o McGinnis tae his cross-eyed pet.

cho.

Noo some run east an some run west an aye the door wis yarkit
For the din wis like the scalin o an Easter feein market
Bit I fell doon an open drain an baith my shins were barkit
Fae the waddin o McGinnis tae his cross-eyed pet.

cho.

77. I'm Coortin Mary o Argyll

I'm coortin Mary o Argyll a bonnie lass is she, o
She's got as bonnie, bonnie face as bonnie as can be, o
She likes tae hear a bonnie sang does my sweet Heilan Mary
I'll sing tae you the bonnie sang I'll sing tae bonnie Mary.

cho. Maxwellton braes are bonnie
    Bonnie Mary o Argyll
    By yon bonnie banks and by yon bonnie braes
    Lives the bonnie lass o Ballochmyle
    Bonnie Charlie's noo awa tae the bonnie banks o Craigielea
    When we're far awa fae bonnie Scotland
    We'll up wi the bonnets o bonnie Dundee.

I'm gan tae mairry Mary for she's such a bonnie wee thing
An very soon this bonnie lass will wear a bonnie wee ring
We'll hae a jolly spree that nicht and dance till we feel wearie
I'll put my airms aroon her neck and sing tae my wee dearie.

cho.

78. I'm a Good Looking Widda

I'm a good look-ing wid-da nae_ win-der ye'll stare, I've had fower men al-rea-dy, as_ sure as I'm there, And oh for a-ni-ther my_ hairt it is sair, For to get num-ber five in the mor - nin.

(Repeat melody for chorus.)

I'm a good looking widda nae winder ye'll stare
I've had fower men already as sure as I'm there
And oh for anither my hairt it is sair
For to get number five in the mornin.

cho. And ye ken I'm good lookin and handsome an braw
     Although I'm a widda that's naething ava
     If some bonnie laddie wid tak me awa
     Then I'd be his bride in the mornin.

The first man I hid wis a tailor caaed John
Noo he was a toff a swell and a don
An he hid a wart whaur his collar gaed on
That he used for a stud in the mornin.

cho.

The next man I hid was a baker tae trade
Noo he was a loafer and very low bred
I ne'er seen a man half so fond o his bed
For he widna rise in the mornin.

cho.

Number three whit was he? oh he wis a man
Tho some fond o me but mair fond o a dram

And oor mairriet life didna last very lang
For he wis ower fond o his mornins.

cho.

Noo the last man I had a night watchman wis he
Wha sleepit aa day but niver wi me
I wis jist as weel single I wish he wid dee
An niver come hame in the mornin.

cho.

79. Oh Weel Dae I Mind the Day

Oh weel dae I mind the day When I wis but a bairn, The lick-ins that I used tae get When
I did o-ny hairm, Ma mi-ther she wis ve-ry strict, Tho lo-vin, kind and
good, And she made me aye be-have ma-sel, As aa bair-nies should.

Oh weel dae I mind the day
When I was but a bairn
The lickens that I used tae get
When I did ony hairm
Ma mither she wis very strict
Tho lovin, kind and good
And she made me aye behave masel
As aa bairnies should.
Oh sometimes she wid tak her hand
Sometimes she took the cane
Sometimes she put me ben the hoose
Masel tae bide alane
Sometimes she took a rap in hand
An clasped me roon the jaws
But I'd raither hae the licken

Wi the auld pair o tawse.

80. Look at Rocky Donal

Look at Rocky Donal standin at the ploo
He's watchin May the milkmaid foo she milks the coo.

Oh said Rocky Donal, Happy wid I be
If little May the milkmaid wid only mairry me.

I dinna like liver or I dinna like ham
I dinna like the aul wife that taks a second man

Ye aa ken fit I like a lump o roast an veal
Ye aa ken fit I like a dumplin made o meal.

Oh said Rocky Donal, Happy I maun be
Since little May the milkmaid is said tae mairry me.

81–82 Children's songs

81. Cups and Saucers

Cups an Saucers china dishes
Little girlies hold up their dresses.

Here he cometh upon a donkey
Open the door and see the stonkie.

82. Poor Gracie She's Dead

(Upper line is harmony line)

Poor Gracie she's dead an she lies in her grave
Lies in her grave, lies in her grave
Poor Gracie she's dead an she lies in her grave
Lies in her grave.

We planted an apple tree over her head
Over her head, over her head
We planted an apple tree over her head
Over her head.

The apples, are ripe and beginning to fall
Beginning to fall, beginning to fall

The apples are ripe and beginning to fall
Beginning to fall.

There came an old woman and pickit them up
Pickit them up pickit them up
There came an old woman and pickit them up
Pickit them up.

Poor Gracie she rose an she give her a push
Give her a push, give her a push
Poor Gracie she rose an she give her a push
Give her a push.

The old woman rose and she hippity-hop
Hippity hop, hippity hop
The old woman rose an she hippity hop
Hippity hop.

83. The Bells of Farewell

(Upper notes are harmony)

I'm away to the mountains
The mountains, the mountains
I'm away to the mountains
Like the bells of farewell.

I had a wee baby
Wee baby, wee baby
I had a wee baby
Like the bells of farewell.

I washed it in the ladle
The ladle, the ladle
I washed it in the ladle
Like the bells of farewell.

I dried it wi the dishcloth
The dishcloth, the dishcloth
I dried it wi the dishcloth
Like the bells of farewell.

I killed it wi the poker
The poker, the poker
I killed it with the poker
Like the bells of farewell.

I buried it in a matchbox
In a matchbox, in a matchbox
I buried it in a matchbox
Like the bells of farewell.

I'm away back to the mountains
The mountains, the mountains
I'm away back to the mountains
Like the bells of farewell.

84. There Was a Man Indeed

There was a man a man indeed
Sowed his garden full of seed
When the seed began to grow
Like a garden full of snow.

And when the snow began to melt
Like a ship without a belt
And when the belt began to roar
Like a lion at my door.

And when my door began to crack
Like a stick across my back
And when my back began to bleed
Oh I'm deid, I'm deid, I'm deid.

85. Kahoy

Are ye comin tae play Kahoy sir?
No Sir, Why sir?
Because I've got a cold sir
Where sir, There sir. (indicating on the chest)
Where did you get your cold sir?
Up the North Pole
What were you doing there sir?
Catching Polar Bears sir.
How many did you catch sir?
One, two, three sir
Let me hear you cough sir
Ka-hoo! Ka-hoo! Ka-hoo! sir.

86. The Russian Jew

Oh ma freens kens weel I'm a ceevil chap
I belang tae the Aiberdeen force
An although I'm nae jist affa stoot
I'm as strong as ony horse.

cho. An I look sae weel fae heid tae heel
In ma bonnie coat o blue
An the kids aa cry fin I pass by
Oh here comes a Russian Jew.

Oh the queen she cam tae Aiberdeen
An she swore upon her soul
That I wisna like a man at aa
Bit a great lang telegraph pole.

cho.

If I see a man lyin beastly fu
I dinna say, Hoo dae ye do?
But I gie tae him a gey roch shack
An I says, Come a Russian Jew.

cho.

There wis a row got up ae nicht
An I wis there very quick
I took a man in ilka han
An I landed them in the nick

cho.

An each o them got forty days
An they lookit rather blue
Oh each o them got forty days
Says I, Come a Russian Jew.

cho.

87. Jimmie Raeburn

My name is Jimmie Raeburn in Glasgow I was born
My hame and habitation I'm forced to leave in scorn
My hame and habitation I'm forced tae gyang awa
For this nicht I leave the hills and dales o Caledonia.

It was on a Friday morning just by the break o day
We overheard the turnkey and unto us did say
Oh rise ye tremelin [trembling] convicts arise yese ane an aa
For this nicht ye leave the hills and dales o Caledonia.

Wi heavy chains they bound us, they bound us twa be twa
Wi heavy chains they bound us a-feared we'd run awa

Wi heavy chains they bound us they bound us twa be twa
And in that state they dragged us oot fae Caledonia.

Farewell my aged mother I'm vexed for what I've done
I hope none will upcast to you the race that I have run
I pray that God will protect us when I am far awa
Far frae the bonnie hills and dales o Caledonia.

Farewell my honest father ye are the best o men
Likewise to my sweetheart Catherine is her name
Nae mair we'll wander by Clyde's clear stream or by the Broomielaw
For I maun leave the hills and dales o Caledonia.

88. The Bonnie Wee Irish Boy

Once when I was coorted by a bonnie wee Irish boy
He called me a jewel his hairt's delight an joy
It was in Dublin's city a place of noted fame
When first my bonnie wee Irish boy a–coortin me he came.

His cheeks were like the roses and his hair a golden brown
His locks in golden ringlets owre his shoulders they hung down
His teeth were like the ivories his hair as black as sloes
And he breaks the hairts of all the young girls whaurever he goes.

The fields and meadows they were green and decked with flowers so gay
Where me an my dear Irish boy did often sport and play
The lambkins they were sporting amongst the new laid hay
Reminds me of the times I had wi my bonnie wee Irish boy.

Long time I kept his company expecting tae be his bride
And noo he's gone an left me tae roam the raging tides
I'm afraid some other fair young maid my sweethairt will enjoy
While I am left lamenting for my bonnie wee Irish boy.

But I'll put on my clothing and a-search for him I'll go
I'll wander for my true love thru hills and frost and snow
And when I'm footsore and weary I can sit down and cry
And mind about the times I had wi my bonnie wee Irish boy.

And then when I am dead and gone there's some request I crave
Will you tak my bones to Ireland and lay them in my grave
And write upon my tombstone tae tell the passers-by
That I died quite broken hairted for my bonnie wee Irish boy.

89. Oh Down in London Fair

Oh down in London fair
A young lady she lived there
She wis mixed up wi modesty an pride
She wis once my mother's maid
Oh when first my heart betrayed
But oh I wis bound for the sea.

When next morn we arose
We were locked in each other's arms
And the tears from her cheeks they flowed down
I'm afraid young man said she
That your bride I ne'er can be
Since my fair body you've enjoyed.

Oh no, oh no said he
For sic things could never be
As long as I'm a sailor on the sea
May the ship that I command
May she never reach dry land
As long as I prove false unto thee.

Her long yellow hair
It hung down in ringlets fair
She cut it off so that no-one would her know
And in men's attire
That very same night
It's straight to the captain she did go.

The crew began to guess
As they looked upon her face
And her beauty it was plain for to see
No cabin boy was she
And the captain to her says
Kind sir, were you ever at the sea?

Oh no, oh no said she
But if you and I'll agree
For I have got a mind for to go
As I have got a mind
Where the stormy winds doth blow
To purchase some money and fine clothes.

Now it fell upon a time
When the crew sat a-drinkin wine
And the captain to his cabin boy did say
You mind me on a love
I mind on mony's a day
As oftimes upon you I do gaze.

She was once my mother's maid
When first my heart betrayed
I left her on the shore for to mourn
I'm afraid she may be wed
And in another's bed be laid
Afore I return fae the sea.

Oh no, oh no said she
For sic things they could never be
As long as I'm a sailor on the sea
May the ship that I command
May it never reach dry land
As long as I prove false unto thee.

The captain knew his words
As he spake amongst the crew
And he into her arms he did fly
You are my dearest dear
And we'll get mairriet here
And no more will I roam away from you.

He called for his boy
His handsome cabin boy
He called for a minister besides
And now they are wed
And in one bed are laid
And live happily on the shore.

90. In the Year of Eighteen Hundred and Forty and Five

Oh the year of eighteen hundred an forty and five
And in March the twentieth day

When oor gallant tars an anchors weigh
To Greenland we bore away.

Speed it wis oor captain's name
Oor ship was the Lion bold
Oor gallant barque its anchor weighed
And tae Greenland we bore away.

Now there's naething tae be seen in aa that counteree
But plenty o frost and snaw
The frost and the snaw and the cold winds doth blaw
And the daylicht's nae far awa.

We've left ahin us on the shore
Aa that we love sae dear
We've left oor sweethairts and oor wives
A-weepin on the shore.

Oor wee bairnies aye sleepin they may be
Wi bosoms filled with pain
Dry up your tears for one half year
Till we return again.

We have not come here for tae fight oor foe
Upon yon raging main
We've only set sail tae catch the whale
And look forward tae hame again.

Noo there's harpooners and harpooners
And fine line coilers too
And six jolly sailors in every boat
To catch the whale they'll do.

Oor whale was struck and awa she went
Cast a flourish wi her tail
Upset oor boat and we lost five hands
Nor did we catch the whale.

Now the lossin o this fine, fine fish
Grieved oor maister sair

But the lossin o these five fine men
Grieved us aa much mair.

When oor ship got loaded and homeward bound
And past the Orkney Isles
Wi a flowing cup brimmed right tae the lips
And we'll soon be on dry ground.

And now that we've rolled hame again
And maist o us safe on shore
Wi plenty o brass and a bonnie lass
We'll mak the taverns roar.

Tae Greenland's frost we'll drink a toast
And tae them we hold maist dear
Across the main we'll aye return again
Tae dee the same next year.

91. The Rocks o Gibraltar

Last night when I was married
An lay in my marriage bed
There came a bold sea captain
An stood at my bed head
Oh arise, arise ye married men
And come alang wi me
For the bonnie rocks o Giberaltar
Has parted my love fae me.

The first night I was married
My sorrows they began
I being a widow's daughter
And loved a captain's son
But now he's gone and left me
And never to return
And the rocks o Gibraltar
Lie between my love and I.

For Holland is a bonnie place
And bonnie lads are there
The gates are all thrown open
To welcome strangers fair
Sugar canes there's plenty
And fruit grows on the trees
But the rocks o Gibraltar
Lie between my love and me.

My love he built a bonnie boat
And set her on the main
Wi four and twenty mariners
To bring her back again
The stormy winds began to beat
And the seas began tae roar
But we never saw that bonnie ship
Nor my true love anymore.

My bonnie lad was tossed overboard
His men were drowned in the deep
My bonnie boy was drowned in the sea
And will niver come back tae me
My mother says tae me, My dear
What makes you to complain?
For there's plenty good men to ease your pain
That you could love again

Oh yes says I, There's plenty
But neen o them for me
For the rocks o Gibraltar
Lie atween my love an me

There shall no coat shall clothe my back
Nor comb go through my hair
Another man I shall not wed until the day I dee
For the rocks o Gibraltar
Hae pairted my love fae me.

92. There's a Rose in Yon Garden

There's a rose in yon garden it is now in full bloom,
Atween spreadin an growin it'll soon be a tree,
There's a hoose and a bonnie lad he's providin for me.

cho. He's providin, he's providin he's providin for me
    There's a hoose and a bonnie lad he's providin for me.

Oh the roads I've often wanderin they are now growing green
And the arms I've often lain in they are now lyin teen
An the lips I've often kissin they are now lyin low
There's a hoose and a bonnie lad he's providin for me.

cho.

There's a ship in yon ocean that is far frae dry land
If I keep my mind easy he'll be constant an true
There's a hoose and a bonnie lad he's providin for me.

cho.

93. A Lady Was in Her Garden Walkin

A lady was in her garden walkin
When a bold sea captain cam riding by
Perhaps he knew her he went up to view her
And said, My young lady do you fancy I?

Oh kind sir I'm not to marry
For I'm but a lady o low degree
I once had a sweethairt an he wis a sailor
And he sails across yon deep blue sea.

Oh do you see yon high, high castle
Decorated wi lilies white
I'll give you gold an I'll give you silver
If you'll only be mine tonight.

Oh what care I for your high, high castle
Oh what care I for your lilies white
Oh what care I for your gold or your silver
If only my true love wis here tonight.

He put his hand intae his pocket
His fingers they were long an small
And he took frae his pocket the ring that wis broken
And when she saw it she down did fall.

He took her up intae his airms
And he gave her kisses sweet kisses three
He said, I am your Johnnie, yere ain dear Johnnie
Come back hame for tae mairry you.

4.1. Outside my home, which I've named *Binnorrie*. This picture was taken by Alison at the time of recording my double CD of the same name.

Chapter Four

Binnorrie

Even at an early, early stage there wis niver anythin but music for me. When I wis a bairn I wanted tae be a good musician or a music teacher, jist like my mother. She wis a proper workin musician, an she wis aye sae glamorous, an I wanted tae be jist like her.

I wis born in Fetterangus, in the family home at 14 Duke Street. I wis the eldest of the four children my mother wis tae hiv. I wis born on the 13th o May 1939. My mither told me aboot one time when I wis only six months aul I wis sleepin in my pram while she hid folk visitin at the house for a musical evening, this wid be in North Street. Apparently I wakened up in my pram an my fingers were goin jist like as if I wis playin an instrument. She said everyone wis amazed at this. Another time efter we'd moved up tae North Place my mum hid folk roon an I wis in the box bed when suddenly I started up whistlin. The visitors were shocked tae see sic a small bairn whistlin. But I loved whistlin an it wis anither way o makin music so it suited me. I hid quite a big space between my front teeth at the top an that made me whistle aa the better. My favourite tune to whistle was *Pedro the Fisherman Was Always Whistling*. As I got aulder, an still whistlin, I wis told that it wisna very lady-like for a young quinie tae dee that. It wis considered a man's thing. But I couldna care less, an I did it aa the more. Mind you, if I had an instrument that wis even better, an my love o the music drove me tae borrow when I wis jist a wee girl o three or four year aul. There wis an aulder lassie I kent who wis really a bit o a bully tae me an would batter me fae time tae time. I mind she hid a lovely red plastic piano an I loved it. I jist hid tae hiv a wee shottie o it an I took it fae her. I mind sittin in the long grass playin this toy piano, playin awa tae my hairt's content. Of course I couldna go near the hoose wi it for fear my mum would ask questions as to where it hid come fae an why I'd got it when she had a room in Duke Street full of every instrument you could think on, includin her Drannek piano. Playin instruments cam natural tae me an I loved bein in my mither's music room, but she wis a hard taskmaster an she didna like it that I wisna keen tae learn tae read music properly fae her. I wis jist mad tae get playin the piano an the accordion by ear but she wouldna let me. At one

4.2. Myself (top right hand corner) at Fetterangus Primary School.

time she even locked the piano tae stop me, an eventually she put me tae a woman in Mintlaw tae learn because I wouldna settle tae learn wi her. I only went tae three lessons an it wis some time before my mum discovered that the lessons had stopped. She wis so angry when she found this oot, she locked up the piano. Eventually I picked up the accordion in desperation!

My uncle Ned an his family stayed next door tae us in Duke Street an I thought o him as ma father. Ye see they were baith awa during the war, ma father in the army an Ned in the airforce an so I didna see them much for several years. I mind Ned comin hame in his uniform an he wis sae handsome. As a bairn, I'd gang roon tae see Ned, usually at a mealtime, even though I'd just hid something tae eat. An he'd say, 'Are ye hungry? Dae they nae feed ye at hame?' an I'd pit on a sad face an shake ma heid. He used tae feed me, gutted me wi a bowl o soup or whatever wis goin. Then we'd sit by the fire an he'd play me the most beautiful airs on the fiddle. He'd sing tae me as well, *My Nannie, O*, or *Bonnie Doon*. He loved his Burns an wid sometimes break doon in tears at the beauty o the songs. I'd often hear Lucy an Ned singin thegither. They loved the songs o Hogg an Tannahill an I'd be told, 'This is a Hogg song,' or, 'This is a Burns' and so on. If my mither wis there she'd harmonise wi them.

I went tae Fetterangus Primary School first an then later Peterheid Academy. I wis guid at school. As I said before, Lucy had taught me well an she had me quite educated afore I even started there. She'd taught me songs, an music, riddles an rhymes, an history too. I mind gettin intae trouble in the primary room, soon efter I started. There were three classes in the one room at this stage an the teacher wis askin Class 3 questions. Mind, I wis in Class 1 at that time. Well, I wid be listenin in an puttin up my hand an answerin the Class 3 questions! I got a row for that. Twa o the teachers said tae my mither that I should hiv been in Class 3 or 4, nae Class 1. I mind tellin them aboot the Battle o Harlaw, dates an aa! Then, as if that wisna enough, singin them bits o the ballad too. Bonnie Prince Charlie wis a favourite o Lucy's an she enjoyed tellin us stories aboot the Prince an his father, the Old Pretender. She aye finished by remindin us that he wis a Stewart an so one o oor ain kind, an I telt that tae the teachers. An I wis a performer even then. I mind one wee song Lucy taught me that I sang tae the teachers when I wis five years aul. This had been sung tae me from just a baby age:

Where Did You Come from Baby Dear

Where did you come from baby dear?
Out of everywhere into here
Where did you get those eyes so blue?
Out of the skies as I came through.

Lucy would sing this tae me an this other one as well tae get me tae sleep.

Oh Leepie-Peepie

Oh Leepie-peepie, I love you
Tell me, Leepie-peepie, if your heart is true
I'll die for you tomorrow, I'll die for you today
Tell me Leepie-peepie, then I'll go away.

There wis a few things I didna like aboot school an one wis the attitude
o some o the teachers, an the scholars. There wis a lot o prejudice against the
Travellers an I remember many occasions when I wis abused or ill-treated
because o my background. The scholars could be hell on earth for us. One boy
deliberately broke a bottle an squashed the glass intae my hand. Anither time
my sister Frances, who wis a beautiful singer an musician tae, wis performin
in a school concert an a neighbour's boy went up behind her an pushed her aff
the stage for coorseness, breakin her collar bone. Many times oor claes were
practically ripped aff oor backs by the other kids who wid often gang up on
us. The cruelty at school by the scaldies did something tae Frances' confidence
an she niver carried on with the music side o it in public, although she could
have done so.

One or two o the teachers could be just as bad in their ain ways. When I
wis there the headmistress o Fetterangus Primary School wis Mrs Crabb who
I've already mentioned. She wis there years even afore I went tae the school an
by the time I wis nine or ten years aul, I wis in the top room, her room. That
wid be Primary 5, 6 an 7. She wis strict an mebbe at times too strict an we used
tae sing this song aboot her, tae the tune o the hymn *There Is a Happy Land.*

There is a happy land
Up in Fishie Skweel
Far aul Crabbie stands
Teachin like a feel
Oh how happy we would be
If we caught her up a tree
We wid skelp her big bumbee
Three times a day.

Like many folk o that time, because o oor Traveller background, she wis
very predjudiced tae my sister Jane an myself. Now Mrs Crabb wisna a bad
singer, a bit scrachie, but wi quite a good voice really, an she wis often asked tae
sing at concert parties. On these occasions she aye got my mither playin the
piano for her, an quite often I went along tae. When we were aa thegither in
the car, travellin tae wherever we were gan, Mrs Crabb would be nice tae me in
front o my mither. But in the school it wis a very different kettle o fish an she

4.3. Happier days at Peterhead Academy. I am in the back row, second in from the right.

did everythin tae mak us feel different. We often got punished an strapped for someone else's behaviour or for very, very little. I remember once she accused me o stealing someone else's coloured pencils, which I hadna done of course. It wis jist efter the summer holidays an my mither hid equipped us all oot wi new jotters, pencils, rubbers an aa that we needed tae go back intae school wi an we were wantin for nothin. Well, Mrs Crabb hit me ower the heid wi a ruler an caaed me a thief. I'd had enough. I suddenly got up fae the desk, an shouted tae her that I wisna a thief, an I wis gan hame tae get my mither tae her. Well, my mum wis furious an she marched me right back tae school tae confront Mrs Crabb. She knocked at the classroom door for aul Crabbie tae come oot. Of course, there were words, an it ended up that my mither gave her a good smack, an one that she would remember. Aul Crabbie did nothin aboot it. It wis niver reported tae the police or anythin. I guess she kent she wis in the wrang an didna want tae draw attention tae herself in that way.

Oh aye, we were very much discriminated against. An of course at school we wanted tae be accepted so ye tried nae tae be a Traveller actually. Ye tried tae hide it in order tae fit in. But I niver wanted it tae be like that. Really I jist wanted tae be whit I wis, a Traveller, but the school kids could be sae cruel. They would gang up on us, shoutin abuse an callin us very offensive words. We were terrified to go home at the end of the school day because each night we'd

4.4. In my element, playing piano. This photo-
graph was taken when I was 16, just before I
left school.

be battered wi sticks, stones an anythin they could lay their hands on tae mark us. But then, I dinna care noo. I think since my family his been recognised for oor music, the ballads an everythin, this has made me feel more confident an noo I think, 'Whit should I care whit ither folk are thinkin aboot us'. But it wis different times then, an very difficult to cope wi, when I wis growin up.

When I stopped the music lessons in Mintlaw efter only three visits, I didna tell my mum because I knew she'd be angry. One o the reasons I didna go back to Mrs Shearer for piano lessons wis that she would insist on me sin-gin. The bus stop (a very busy one) wis right at her front window, an I hated the thought o people hearin me sing, as I really thocht I couldna sing. So I jist stopped. Efter a while my mum found out when one day an aul woman who stayed across the road, by the name o Bessie Bodie said, 'Jean, you should be proud o yer dother the day!' My mum asked why an the woman said, 'Tak a look at this', an she produced the local newspaper wi my name in it for comin first an winnin a school bursary when I should have been at a music lesson! This wis the John Smith Bursary at Auld Deer.

When I wis twelve years aul an went to Peterheid Academy things got better for me. I've aye had my music, an now this earned me some respect fae my fellow scholars an this made things a bit easier. At that time I played a lot o jazz, especially Winifred Atwell stuff, the boogie-woogie an the rags that she wis famous for. I actually wrote tae her an we were writing back an forth for a number o years. I wid send her cuttins fae the newspapers, mebbe when there wis a bit aboot my mither's band or if there wis an article aboot me. I used tae listen tae her on the radio an then learn the pieces. At that time my

4.5. This picture really captures the fun-loving personality of Robert.

favourite wis *The Black and White Rag* which I would play wi variations fae aboot the age o ten or eleven. *The Black and White Rag* wis the openin music for *Pot Black*, the snooker television programme, so it wis very popular. I also learned others like *The Coronation Rag* an *Jubilee Rag*. I'd learn them fae the sheet music or fae her recordins. My mither often played at the Christmas functions at Peterheid Academy an she'd get me tae accompany her. Because o this my school friends thought I wis jist great an I had a lot o friends there. An then I wis also playin in my mither's band at the weekends so this aa helped tae gie me confidence.

The band wis great an I wis playin in the proper band fae when I wis aboot nine years aul. I wis full o music an I loved performin, an especially I loved aa the attention. It wis against the law tae hae anyone under sixteen in a band but I always went. Although my mither wis reported several times by other jealous dance bands for this, she wis niver charged. The police would tell her, 'Mind Jean, I wis niver here. Ye niver saw me.' One time we were playin in Rora Hall an this policeman came in. He told us nae tae worry. He said he kent I wis very musical an needed tae be getting the experience an he widna spoil it for me. That happened a number o times. We played aa ower the place an I mind on one o those early times we wir tae perform in one o the small villages, Echt or Dunecht I think, an as we were gettin near the village I said tae my mum that I kent whaur we were gan an knew whaur the hall wis an everythin. 'That canna be,' she said, 'Ye've niver been here afore.' But I did ken it an I wis right. I think I must hiv been there in an earlier life. It's nae second sight, but it's connected. That kind o thing has happened tae me a number o times.

Jane an me often sang thegither as kids, an then as teenagers we sang wi the band. Often I wid play piano an sing harmony tae Jane's melody. She wis a guid singer, an oor voices blended well an we sang well thegither. We sang a mixture o the pop songs at the time, an of course, the aul songs Lucy had learned us, like, *Twa Recruitin Sairgeants* (this wis lang, lang afore the *Ian Campbell Folk Four* recorded it on vinyl). Other traditional songs we'd sing wid be *MacPherson's Rant*, *Hish-ee-ba*, *The Barnyards o Delgety* and *Bonnie Lass of Fyvie*. We likit tae sing the Bothy Ballads because we could alter the tempo for dancin, such as the Boston 2-Step or the Gay Gordons. We would sing these songs in my mither's dance band when we were teenagers. We sang sae guid thegither that we got the nick-name o the Brand Sisters, who were popular on the TV at that time.

I've already mentioned my brother Robert who wis the youngest o us four an he wis extremely musical. He hid won prizes as a seven an eight year aul singin songs like Guy Mitchell's *Singing the Blues* an others that he could shake his hips to. I wid accompany him on the piano, an he always took first prize. He wis even better at pretendin he wis playin the fiddle on a stringless violin, tae the tunes o Scott Skinner's *Dean Brig* an the *Banks Hornpipe*. Later on in life he played guitar an sung. He an myself would sing the ballads an I wid harmonise tae him an though I should say it myself, we sounded good. Robert an I wid often sing an harmonise thegither many of Jerry Lee Lewis's songs, such as *Fools Like Me*, and *It All Depends on Who's Filled You with Wine*. Robert also adored the traditional ballads an I learned a few ballads fae him like *The Dowie Dens o Yarrow* an *The Maid o Islington*. Later on in the 1970s and 1980s Robert would turn up tae where my group wis playin an we would sing thegither for a special treat to the dancers. What fun we had at that time. He wis so proud of me an always looked up tae me as a mentor for his musical ability. This wis jist before he wis killed tragically in a motor accident, only a few miles fae my hoose, on the Ellon road. We hidna been speakin tae one anither, an aboot two or three nichts beforehand, my dother Elizabeth told me that he hid come tae my door quite late an wis shoutin, 'Elizabeth, I love you. Elizabeth, I love you. Please let me in.' But I didna hear him, an I wis niver tae hear his voice again. Robert, what a great man! He had a sense of humour next to none. Wicked, mischievious, an very quick wi his answers. Even to his mother-in-law who sometimes would tell him she hated him (though she didna), an he gave her some great answers, like when she said, 'I'll dance on your grave,' he said, 'Just do that Dolly, for I wish you would. I'm getting buried at sea!' I'd like tae tell you one o the stories he made up.

A young man went tae the doctor, complainin that he wisna too weel. So the doctor said, 'Well, what do you think is wrong with you?' 'I dinna ken,' said the

young man. The doctor examined the lad thoroughly an efter a while he said,
'You're right. There's definitely something wrong with you. Seriously, I can only
give you three minutes to live!' Well, the lad wis in a panic, an quickly asked the
doctor, 'Oh, doctor, whit can ye do for me?' to which the doctor replied, 'I could
boil you an egg.'

The young man in the story wis actually meant tae be Robert himself. He
wid often mak up these kind o stories, an the person wis always meant tae
be him. The jokes in particular that he made up were absolutely ridiculously
funny, an often, even twenty five years deid, I hear people tellin these jokes o
my brother's invention. I've heard them ower the television as well, told by
comedians now, an Robert telt them forty five years ago.

I wis aye a performer an the Travellers wid come fae near an far tae hear
me play jist as they did wi my mither. I wis playin the heavy bagpipe marches
long before I wis even ten years aul. Some o them with 6–7 measures, that is
variations, goin from a simple melody an buildin up tae different variations. I
jist loved the music o Scott Skinner, the one an only. An his music hid always
been played in the family by both my grandfather who wis a great fiddler as
well as a medalled an champion piper, an by uncle Ned. Bein the great fiddler
that he wis, Ned, who I frequently accompanied on the piano, provided me wi
great trainin an so I knew aa the variations o the fiddle an bagpipe music. It
could niver have been anythin else for me. I wis born an bred intae this kind
o music. I couldna avoid it really!

My father thwarted one o the early opportunities I got tae mak my life
in music. When I wis fourteen years aul Bobby MacLeod, a great accordionist
an band leader, piper, an composer as well, heard me play at the Mintlaw Hall
an asked my mither an father if I could go tae Canada tae play wi him an his
accordion dance band. I wid hae loved tae hiv gone but my father said no, I
wis ower young tae go aff he said. My father wis very strict, very controllin,
an he didna want me oot o his sight. Even earlier than that I got a chance tae
go abroad tae play. During the dances the musicians would tak regular breaks
an I would often be asked to get up an play solos. One time my mum got me
tae play for Ian Rankin, another great dance band leader. She wanted him tae
hear me playin the heavy bagpipe tunes an he wis so impressed that he asked
my mum tae let me tour wi his band tae Australia an New Zealand. But that
time it wis her that said no, I wis too young. Mind you, I wis only twelve or
thirteen at the time! I first broadcast when I wis fourteen. I went tae the BBC
in Aiberdeen an I hid tae play the *Donald Cameron March* wi six an seven
variations, an *The Devil in the Kitchen*, again wi variations, an *The Duntroon*
Reel. Efter that I broadcast several times wi the BBC. I canna mind if I got

4.6. Outside the prefab. Left to right, Jane, Frances and myself with Robert in front. (*courtesy of the Kenneth and Rochelle Goldstein Collection*)

paid or no, I probably did although I wis under-age for gettin paid. The only trouble the BBC folk had wi me wis that I kept tappin my feet as I wis playin, an that wis picked up by the mic. Eventually they hid tae put cushions under my feet, but ye could still hear it sometimes. I jist couldna stop myself tappin oot the beat as I played, but that's accepted nowadays.

As I've aaready said, my father could be a cruel man an difficult tae live wi. He took ony money I earned an I wis aye at his beck an call. I mind when I wis twelve or thirteen years aul, there'd be times when comin in fae school at aboot five o'clock, he'd hush us awa up tae bed, sometimes withoot ony supper. Then he'd gang oot drinkin an that wid be him till he'd tak some o his drunken friends back hame tae the hoose, an in the early hoors o the morning, I'd be awakened oot o my bed by my father, demandin me tae get up an play the piano for his friends. I wis only a child but if I didna get up I wis belted, an belted sair, in my bedroom, oot o my mither's sicht. One time he took a belt tae my face an struck me on the eye. The pain wis horrific! I dinna ken how I wisna blinded. I got oot a windae in the prefab, an ran doon the street tae Lucy's. This wis aboot one o'clock in the morning. I wis scared tae death because that street, Duke Street, wis weel-kent tae be haunted, especially at the Square an at the well in Duke Street, which I had tae pass on the way. Noo, I kent Lucy wis scared o him as well, but I had tae get awa an could think o naewhaur else tae go. Soon he came knockin, or I should say punchin, at the door tae get me oot. Lucy wouldna gie in though an she telt him that she wis gan tae report him for whit he'd done, an that he'd get a long time in the jail for it. That wis very brave o her, an eventually he did go back up hame. I couldna go back tae school for nearly a month efter that, or he *wid* hiv been put away, an he should hiv been really. Efter that particular incident though I started tae challenge him, an tell him I wisna so scared o him, even though I wis.

I mentioned Duke Street bein haunted an there's quite a few stories about happenins in this area. About fifty years ago in Fetterangus, my aunt Lizzie liked to visit her sister-in-law, my aunt Lucy, who lived in 14 Duke Street. The strange thing aboot this was that it wasna during the day she went, but was mostly late at night, after all her duties in the house were done an she could relax. Lucy was a good few years older than her and Lizzie knew that Lucy would be lonely as she stayed on her own. So Lizzie, without any fear, would take off through the streets late at night, passin the square, an gae doon the side lane that led to Lucy's home. The two of them would speak an natter till all hours o the morning, until Lizzie thought it was time to go home, as day-light was coming in once again. Lizzie always took her dog with her so that she felt safe, an she had been doing this for a long time, many years in fact.

One night, as she had left the house in Duke street, an had got to the lane, on the left hand side of the square, the floating figure of a woman dressed in black an wearing a shawl appeared before her eyes. The dog started growlin an Lizzie knew that this figure was not earthly. She was petrified, which was unusual as she never was, nothing ever scared her usually. However, after that she never went down Duke street again at that time of night. Lizzie thought the figure she saw was the ghost of a woman who had reportedly murdered her child in a house in Fetterangus square, an mebbe she wis lookin for her bairn. This house is attached to the old bakery on the side nearest the church and it is reported that a baby has been heard cryin its heart oot, an sometimes a cradle had been heard rockin. I believe the ghostly woman seen by my aunt Lizzie was definitely connected to all this carry on in the ex-bakery's house.

Another story that was told to me by a dear friend of mine, the father of a young Peterhead lad, who had, on leaving school settled for a milk-boys round, as there were nae other decent jobs or apprenticeships goin at the time. After a few weeks at the job though, he began to like it and decided he would take his younger brother with him. As we all know milk is delivered in the early hours of the morning, just as dawn is breaking. Well, one mornin the boys were comin from Love Lane into Drummers Corner, which had recently been

4.7. With my band in Peterhead around 1968. Andy Wilson was on accordion and Cumming Summers on the drums.

altered intae the shopping centre it is now, when a very tall man appeared before them. He appeared where the summer seats are an made for where the old street would hiv been, where now there are telephones. He was very upright an was dressed in a long black coat an a tall bowler-like hat. Walkin at an even pace, he never looked at the boys an kept his eyes straight ahead of him. Stoppin beside the telephones, he began to knock on an invisible door beside them, an then turnin a handle, went through it vanishin. Just before the man disappeared through the door the lads noticed the man wis floatin. It must have been terrifying for the boys an they couldna get hame quick enough to tell their father, who heard their tale an knew that this was a ghost fae the past. The lads never went back there an the eldest boy quit his job in fear. I think that this ghostly figure was a funeral director who wis unable tae accept the change in the area an wis perhaps lookin for his old home.

I stayed at school until I wis nearly seventeen but then I had tae leave. An I regretit leavin cause I wid hiv likit tae go on an study. I mind one o the teachers tellin my mither tae pit me back tae school, but things were hard at hame, an I wis busy playin in my mither's band tae. My father an his ways wis part o the reason for me tae leave school for I thocht it wid be better if I wis makin my ain way in life. Efter leavin school I worked in an egg factory at nearby Maud, along wi Jane. I hid that job for aboot six months an that wis the only job I iver hid that wisna tae dee wi my music. I wis still playin in my mither's band durin this time but really I couldna cope wi gan oot playin till early in the mornin an then getting up for work three or four oors later. It wis

too much for me an sometimes I wid jist stay at hame tae look efter my mum
as she often wisna too well by then.

I played wi an supported the work o my mither until she died in 1962, an
efter that I carried on playin. I wis the pianist for the *Fetterangus Strathspey
and Reel Society*, as well as playin for parties like farmers balls, functions an
weddings wi my ain group.

Of course by then the collectors, led by Hamish Henderson, had been
visitin oor family for some time, an that had all sorts o repercussions for me.
When Kenny Goldstein wis here in 1959 I wis jist a young quine at the time, an
the attention he gave tae Lucy, Jean, Ned an me an Jane made us aa feel special.
We used tae have some fun wi Kenny. Travellers loved tae gie folk nicknames
an my mum had nicknames for everyone. She'd pick up on somethin par-
ticular or unusual aboot a person, jist like the Native Amercians would do
wi names like Eagle Eye or Big Foot. She gave Kenny the name Furry Lugs
because he was aye wearin this pilot's bonnet wi the sheepskin flaps ower
his lugs. He loved that name. My ain nickname wis Cloggie, an my sister wis
Boggie. I got this nickname when I wis a wee lassie, but it didna come fae my
mum. I didna like tae play wi dolls a lot, or onythin really in particular, but
I likit tae build things wi clogs o wood. There wis a man who used tae come
roon sellin these clogs of wood, cloggies, an I wid use these tae build hooses
an everythin. I jist loved tae dae this. One day Donald the Piper's son, Johnnie,
a cousin who was brought up by my granny, Aul Betty, wis watchin me play an
he said that he wid name me Cloggie cause I wis sae fond o these logs o wood.
An then he said he'd hiv tae gie my sister a rhyming name an so he caaed her
Boggie. An we get those names tae this day. I always likit my nickname. Jane
wis caaed efter Humphrey Bogart, an the village folk o Fetterangus always
poked fun at oor nicknames, not knowin how we got them or their meanin.
At lease we didna get these names thru anythin bad. Aboot ten years ago,
mebbe aroon the year 2000, I picked up the *Press and Journal*, an I noticed
that a man had died in Elgin, and guess what his nickname wis? It wis Clog-
gie! The same as mine. I felt, hey, that's my name. Niver mind the fools that
would caa me Cloggie in a derogative way, I wis prouder noo than ever o my
name, an I always will be.

By 1961, Kenny had produced an LP o Lucy singin eleven ballads, an
the family wis noo gettin mair recognition for their balladry, the rhymes an
riddles an aa, as well as the instrumental music for which my family were
aaready famous. And then Ewan MacColl, Peggy Seeger an Charles Parker
came tae see Lucy in Fetterangus. During that visit Lucy wis gettin a bit tired
an so she said tae them, 'Wid ye like tae hear my niece playin?' an so they wir
caaed in tae my hoose. I played *The Hill o Bennachie* (*Up Amon the Heather*)

SINGING THE FISHING

A Radio Ballad by

EWAN MACCOLL   CHARLES PARKER   PEGGY SEEGER

featuring

Sam Larner of Winterton   Ronnie Balls of Yarmouth

A tribute to the fishing communities of East Anglia and the MORAY FIRTH

Recorded in association with B.B.C. Radio Enterprises

4.8. The record cover for *Singing The Fishing* (TSCD 803). This Radio Ballad won the *Prix d'Italia* for radio documentary in 1960.

tae a sort o rock beat, jist as I wid play it in my mither's band, an they thought it wis fun. They recorded us at the hoose an then a wee while after they got back tae us an said that they wanted tae use that tune for *Singing the Fishing*, the Radio Ballad they were goin tae be doin later. Noo we didna ken who Ewan MacColl wis at the time an when they asked me an Jane tae gae doon tae Birmingham, tae the BBC there, we wir a bit scared. We'd niver been oot o Scotland afore, us being country quines. In fact we'd niver really been tae many places at aa. We were scared we'd be molested because we didna really ken that much aboot the world an we had some odd notions aboot things. Jane took her boyfriend wi her but I wis on ma ain. However, we went an we were in Birmingham for aboot two weeks an what fun we hid. We met an sung wi a lot o famous people, includin Ian an Lorna Campbell, the brother an sister fae the *Campbell Folk Four*. We stayed wi them one time an I mind

Lorna havin a young baby in a pram then. Maistly we stayed in digs though an we were in the studio every day, fae aboot nine o'clock in the morning until quite late at night, an we got aa oor food in the BBC's canteen. I mind there wis a Jamaican, Fitzroy Coleman playin guitar in the orchestra. He used tae play Calypsos which were very popular at the time, an he wid even play these as he followed Jane an me doon the streets in Birmingham. But in the canteen he wid sit by hisel an when I commented on this I wis told that wis jist how it was. Well, it wouldna dae for me an I asked him richt oot tae come an sit an eat wi the rest o us. When I asked him, his reply wis, 'I'd love to.' You see back then black people werena expected tae socialise wi white people. There wis quite a bit o segregation an that wis somethin I couldna tolerate. As I've said before, Travellers were often looked down on an this made us mair sensitive o other people bein treated unfairly.

We hid a great time in Birmingham. Charles Parker, Bert Lloyd an Peggy an Ewan, were aa really nice tae us but it wis hard work tae. We hid tae rehearse quite a bit because the recordins were made wi a live orchestra playin at the back o us. I'd been playin a lot o years by then an could improvise an harmonise wi ma sister's singin but Peggy, who wis the musical director, taught me that I didna need tae harmonise every word or every line, an that it could be more effective tae come in wi wee bits. An it wis. When we were singin *Aa the Week Yer Man's Awa* I did a harmony an Jane wid sing one verse an then I wid sing the ither verse, but it wis as we were rehearsin that Peggy taught me how tae use harmony mair effectively. She's really a wonderful professional musician, an her arrangements were always sae innovative an different. She could play aa sorts o instruments tae including the autoharp, guitar, banjo and the concertina. I mind Dave Swarbrick, the fiddler of *Fairport Convention* fame, wis there too. Peggy wid be tryin tae tell us whit tae dee an Dave wid listen for a wee minute an then he'd get restless an start playin awa an she wid hiv tae stop him. This jist kept happenin because he couldna keep fae playin.

We hid a good bit o fun wi Bert Lloyd. When he wis singin his backside wid be gan roon in circles an Jane an me wid be in fits o laughter. We were jist young quinies havin a giggle. We just loved Bert's singin tae. His voice was different, unusual, an when he sang he put everythin into it. Aa the musicians were excellent an really we couldna understand why we were there, but we were happy tae be wi these famous people an we knew we were deein somethin very important. An we certainly learned a lot! *Singing the Fishing* is as famous today an mebbe even more so, as it wis nearly fifty years ago. People aa ower the world sing the songs we sang for that Radio Ballad, songs like *Come Aa Ye Fisher Lassies, Aa the Week Yer Man's Awa* an *Tatties and Herrin*. What I likit best I think wis a bit whaur they were speakin aboot the depression years,

4.9. Here I am, aged about 20.

an the sax was playin. That wis jist beautiful. They hid taped people such as the Norfolk fisherman Sam Larner talkin aboot life an work, an then these tapes were used as part o the live recording that we did in the studio. They wid hae people playin the tapes (which were under a big black box) while Charles wis in the recording room, an he wid cue the tapes o talkin, an then cue us tae sing. If there wis any mistake we hid tae go right back to the start of course an dee it aa ower again. Any wee mistake, or if the sound wisna jist richt, we'd tae start the whole thing aa ower again, an that could go on for oors an oors till we got it right. But it was aa worth it. *Singing the Fishing* won the Italia Documentary Prize of the Year wi a prize o £1,000, which wis a lot o money then. So we were quite proud o ourselves for takin part in that. I have tae say it hurts when I hear folk singin *The Fisher Lassies*, or any o the songs we did on that record, withoot acknowledgin whaur it came fae an that we were the original singers. If I get the chance though, I put them richt an I've actually pointed oot on occasions that the tune of *The Fisher Lassies* cam fae Lucy's version o *Up Among the Heather*.

Efter *Singing the Fishing* we were asked tae tak part in other *Radio Ballad* programmes. My mither had died in 1962 an because I wis noo mairriet an pregnant by 1963 I couldna be in *The Travelling People* but Jane sang in that one, alang wi Belle Stewart. I wis interviewed for *On the Edge* which wis aboot teenagers an their experiences. When I look back on those years it's as if everythin seemed tae come aa thegither, what wi Lucy's record comin oot, an then the *Radio Ballad* programmes. During that time Jane an me were on TV an we also toured thegither. We went tae London tae perform at Ewan an Peggy's Singers' Club an other venues in London tae. Travelling doon we sang in various clubs on the way, an the same again on the way back hame. We had a very tight schedule. It was at one o oor ain gigs in London that Jane an I were billed alongside Sandy Shaw of *Puppet on a String* fame, an Long John Baldry of TV's *Hootenany* fame. We wid sing a lot o the ballads, including *The Jolly Beggar, The Plooman Laddies, The Russian Jew* or *MacPherson's Rant*, an many more. Ones we were used tae singin wi oor mither's band, bit we'd slow doon the tempo an sing them in ballad style again. But then when we got mairriet an started havin kids oor singin days thegither ended. I went on tae dae ma ain things, an Jane had her ain band for a good while, an then that ended years ago, but I always carried on.

My ain marriage wis a complete disaster an even now I hate mysel for ever marryin this man. Why did I choose him? I had seen my father batterin my mither for aa those years an then he wid hiv a go at me too. One time, this friend o his wis at the hoose when my father started, an this man defended me. Foolishly, this wis enough for me tae trust him enough tae start seein him, even though fae the start he wis very possessive an could be unexpectedly aggressive. He wis seven years aulder than me an a scaldie tae, so of course fae the beginnin my Traveller background wis up-castit tae me. We Travellers hiv a sayin, 'mairry a cat o yeer ain kind, an then ye'll ken yere kittens winna scratch.' It's a pity I didna heed tae that. Unbeknown tae me he aaready hid a long-term girlfriend before we got thegither an that relationship carried on for years efter we were mairriet. There wis aye three, or rather four in oor marriage, as his mother wis always interferin. I had two beautiful dothers I adored but he niver provided for me, nor the kids. He didna want tae, an Lucy would care for my two girls tae let me work an mak some money. It wisna that he'd nae money for he'd built an owned his ain garage, but he likit the drink. What an evil thing too much o the bottle is. When he drank, which wis nearly every night, he became a different man. He wis like Jekyll an Hyde, becomin violent an really abusive efter drinkin. Oh aye mony's the batterin I got when he'd come in at night fae drinkin. I wis petrified o him an it got sae bad that I wid hae tae call in the police tae protect me an my beautiful bairns. He became weel kent tae the police who were aye understandin o my situation, an he wis charged an jailed many times. We were apart mair than we were thegither an eventually I managed tae divorce him in 1971 by which time I had a new relationship an a lovely son, Michael, who was born in 1970. But that wisna the end o it. Even though I wis livin in my mither's prefab he still widna leave me alone. One night I wis playin at my folk club in Stuartfield. When I got hame Lucy met me cryin at the door an in a terrible state. He hid been at the door, broken the glass an forced his way in an stolen away my eldest dother Jeannette. He'd also gied Lucy a good hidin for tryin tae stop him. I immediately

4.10. With my children (left to right), Elizabeth, Michael and Jeannette.

ordered a taxi tae tak me tae his mither's hoose in New Leeds, which wis only 3 or 4 miles away. When I got there his mither opened the door an I asked if my child wis there. She said yes, an at that I went straight past her to where I thocht Jeannette wid be. I picked her up as quick as I could, runnin oot o the hoose an intae the waitin taxi. The passenger door wisna yet shut when who should come towards me but my husband. I wis tryin tae shut the door when he took it oot o my grasp an slammed it shut deliberately. My leg wis caught an this fractured my ankle. He wis convicted on several counts, breaking an entering my house, assaulting an old woman (Lucy wis 60 by then), kidnapping my child an injuring me. He only got six months in jail which didna deter him fae mair violations, carryin on for years like this wi violent behaviour tae ither folk. It wis aye the drink that wis the cause o it.

So my marriage came an went, an my music wis the means by which I raised my ain kids. Music wis my life an also my livelihood. I wis teachin, playin wi my ain band, *The Elizabeth Stewart Dance Band* an deein tours as well but I didna like tae be far fae the children even though I needed the money. An like it had been for my mither, Lucy wis there for me aa along, lookin efter my kids so I could work. An so Lucy wid also be passin on the tradition tae my kids as well. I enjoyed playin an performin, nae matter what, an tae be honest I wid hae played for nothin really. If I hadna been paid I wouldna hae cared. But of course ye need money tae live an for a long time I wis extremely poor. When I moved house, I had very little. Survival's a great motivator, an we've managed. I own the hoose now, an I own everythin in it. I have nae debts an I'm proud o masel for managin tae dae this. An that's how I've got through aa the struggles o my life. I can dee withoot, an I can dee wi very little. I've struggled aa my life, but I've survived. Music an my family traditions have always been at the

4.11. Playing at a lounge bar in the 1970s.

heart o everythin for me. I now realize that when bringin up my kids wi so much music, song an storytellin, that at times it couldna hiv been much fun for them, but I wanted them tae hiv the knowledge o aa the riches I had inherited, straight fae me. I hope now they forgive me for what I put them through then, for I couldna help myself. It wis my livelihood an what I knew best.

I ran clubs at different times at Stuartfield an Saplin Brae Hotel an I enjoyed doin that. I also played at many different venues an one o my favourite places wis the Beach House at New Aberdour, by Fraserburgh. I played in the lounge there for a lang time, several nights a week, an I hae many special memories o those times. It wis a country place so the folk wid sing the country songs, an some o the ballads wid be sung tae me as well. Some o the aulder people wid sing their versions o the Bothy Ballads. Last time I wis there the Beach House wis deserted an it made me sad tae think there wid be nae mair great nights any mair like we hid there. It seemed aabody wis happy tae be there then. My twa favourite places tae play at, at that time, wis the Beach House which wis owned by Nancy, an the Bruce Arms Hotel in Longside which wis owned by Robbie Buchan. Often I'd be playin in these places an closin time wid come an go an I would jist carry right on because folk wid be havin such fun an they didna want tae gang hame. Many times I've been

4.12. With the Goldsteins outside their home in Pennsylvania. Kenny and
Rochelle, and their daughter Rhoda.

playin efter oors when the police wid come in but they widna mak trouble.
They'd jist want tae enjoy the music tae. The police would mebbe come in
about two hours later than the places should be closed. The clientele wid hiv
put the clocks back anythin fae one hour tae mebbe two, an I niver kent ony
difference!

   We hid got used tae people wantin tae come tae oor hame tae meet Lucy.
Professors an doctors o music wid come wi their students, an Hamish Hen-
derson wid send people up an Arthur Argo wid bring folk roon too, like How-
ard Glasser, Geordie McIntyre an heaps o folk like that. Dr Charles Joyner cam
across fae America tae see Lucy an tae listen tae her singin the ballads an tae
mak some recordins. Lucy brocht me in tae play piano for him an he wis quite
impressed. Later he came back wi his wife an his wee girl Hannah. We didna
hiv much contact wi him until months efter, in 1972. By then Lucy an I hid
both moved an we were livin next door tae each other at 27 an 29 Gaval Street.
I remember her comin in wi this letter an she wis a bit flustered. She said she
wanted me tae read it an said she thocht the letter wis askin for her tae go tae

America tae sing. I read the letter an wis shocked because Charles wis writin tae ask me tae go an play piano at a music festival in Laurenburg, North Carolina. I wrote back sayin that I wid dae it, but also askin him if I could sing as well, because I wanted tae sing some o Lucy's ballads. He hadna heard me sing before an wis delighted tae learn that I would sing some of Lucy's an the family's songs. So it wis arranged, an Charles also organised a tour of schools, colleges an universities efter I'd done the music festival. In 1972 I wis the first of the Travellers tae tour in America an I think I went tae eighteen different states. I wis telt at the time that this wis mair states than many Amercians wid visit in their whole lifetime. I went on my ain an I managed fine, an I met up an sang wi folk along the way. Singers like Dave an Toni Arthur of children's TV fame. They were really keen for me to appear on their show back in the UK. At Albany, New York in 1972 while I was touring the States, I had the honour to play piano along wi the great Donovan. It wis great tae meet up again wi Kenny, an I stayed wi the Goldsteins in Pennsylvania and took part in a series o ballad workshops he'd arranged. It was durin this visit that Kenny asked me tae tell his students a story he'd told many times before.

This story wis aboot my mither's second sight an it wis tae prove tae them that the Travelling people and Gypsies do hiv that power. As Kenny put it tae his students 'to hear it from Elizabeth would be to hear it right from the horse's mouth.' When he an his wife Rochelle had stayed in Strichen during the ten months he'd been recording Lucy an the family, Rochelle wis told aboot my mither's gift of the second sight, an of her ability tae tell the future. She asked for her future to be told. For some reason my mother wis reluctant an told Rochelle she'd rather not. However Rochelle wis determined an persuaded my mither tae begin, but no sooner than Jean started, than she stopped. Rochelle asked her tae carry on because you see it wis jist a bit o fun tae her. My mither did so an said that soon the family would aa be gan back tae America. Rochelle agreed, for it wis the youngest child's first birthday an they were headin hame tae celebrate as the baby's birthday wis on the same day as his grandma's an they planned a family get-thegither. 'Well,' said my mither, 'Your wee boy will die before he reaches dry land. It won't be in British waters, or soil, nor it won't be in American soil or waters.' Now Rochelle wis quite disturbed at this news, but tried to jist take it wi a pinch o salt. In time the Goldsteins returned home tae America, which coincided wi my sister Jane an me being away to record the *Singing the Fishing* radio programme. When we got back from England my mither had tae tell us the sad news, that little Michael had died on the boat. What a blow that was. My mither wis the second seventh child in her family an it wis believed that every seventh child would hiv the gift o second sight. I'm still in touch wi Rochelle an I ken that

4.13. Playing Jerry Lee Lewis' piano at Sun Studios in Memphis. Carl Perkins, Johnny Cash and Elvis Presley all recorded on this very piano. (*courtesy of Tom McKean*)

this event still stings her hairt, but she's told me that she values the Stewarts kinship an carin, an that her time wi oor family is still as a positive memory for her. An I believe the son that wis born efter little Michael's death wis given the middle name o Stewart, efter oor family.

Kenny told me that he intended tae write a book aboot my family, the Stewarts of Fetterangus, efter he retired. Unfortunately, his library wis later destroyed by fire an I guess he lost many o the papers he wid hae needed, an so that book wis niver written. On another visit to America in 1988 I did a big thing at Harvard an was so pleased that Kenny an Rochelle were able tae come along tae see me. I sang *The Plooman Laddies* especially for them, which they loved.

During my last tour of America, in 1997 I even managed tae visit Graceland, Elvis Presley's home, and that was something else. Actually, although I was there in body, I really couldna believe I was there. It seemed like a dream. My music has taken me tae many o colleges an universities in the mid-west an east of America, even to the great Harvard University. I enjoyed all this but bein in Memphis, Tennessee, tae Elvis's Graceland, an tae the recordin studio of Elvis, Johnny Cash, Jerry Lee Lewis, an Carl Perkins, that wis jist amazin. The studio wis run by Sam Phillips when these four stars were recording there. It gave me such a thrill when it wis arranged for me tae play the piano

concerts

SEPT 16·8PM
Seth Austen
Tid Vielle que pourra
Ray & Cilla Fisher
Garnet Rodgers

SEPT 17·4PM
Norman Kennedy with
Elizabeth Stewart
and Sheila Stewart
The Psaltery
Melusine
Yank Rachel with
Paul Geremia

SEPT 17·8PM
Battle, Epstein & Cicone
Joe Cormier
John Jackson
Robbie O'Connell,
Jimmy Keane,
Eileen Ivers &
Seamus Egan

SEPT 18·4PM
Danny Carnahan &
Robin Petrie
Hedy West
Tony Cuffe
Swallowtail
Laurie Riley &
Michael MacBean

CONCERT HOSTS
Mike Zigmiroff· Martha Burns
Lorraine Lee· Chuck Wentworth

**Seventeenth
southeastern
massachusetts
university
Rain or shine
folk music
festival·1988**

FREE
WORKSHOPS
DANCING
CRAFTS FAIR
CHILDREN'S AREA
& PARKING

**smu
Eisteddfod**

telephone
(508) 999·8166
North Dartmouth
Massachusetts 02747

workshops

with all concert
performers plus
Neil Atkinson &
Doug Bliss
The Beans
Peter Bellamy
Saul Broudy
Bubblentic
Howie Bursen
Job Gonsalves
Louis Killen
Little City String Band
Linda Morley
Roaring Jelly
Gail Roberts
Sparky Rucker
Heather Wood
Royston Wood
Mike Zeeto

tickets

All event $30
Fri & Sat 8pm $10 each
Sun 4pm $10
Sat 4pm $4
Children under 12
half price
Discounts for smu
students, personnel
& senior citizens
at box office with ID
Mail Order All Event·
received before sept 10 · $26

7- Howard Glasser

4.14. Howard Glasser founded the Eisteddfod Folk Music Festival in 1971 after he had been inspired by the ceilidhs he'd enjoyed during his time in Scotland. Howard designed a new poster each year and this one is for the festival I attended during my 1988 tour. This was my second visit to Eisteddfod.

4.15. Traveller families gathered round the chitty where the latest news and stories would be swapped and passed on, 1930s. (*courtesy of the Laing Collection, Perth Museum & Library*)

that wis there, an that wis the one that I suppose aa four men had tinkled on at one time. I know for sure that Elvis had, an Jerry Lee Lewis too. I canna understand why I wis allowed tae play as there was a notice up on the wall saying, 'Don't Touch.' Anyway, I was thrilled to bits an wis told I played like the Marx brother that played the piano – I think it was Harpo.

When I wis in the States people wid aye ask me aboot my family an their music an songs, an this made me think a lot aboot the tradition I wis born intae. For me, these songs are firstly beautiful stories that are made even better by bein sung rather than recited. The stories are wonderful. Some o them are cruel, but they're always fascinatin. An I do believe that many o them wir composed within my ain family. Tae me, songs like *Bonnie Udny* could only hiv been written by a Traveller. Udny wis a favourite campin place for the Travellers tae gather at. Lucy used tae tell me aboot the campin there, hundreds o folk, aa thegither. An then when the Travellers were gan aboot the country travellin an tradin, they wid be gatherin gossip an mebbe this wid be aboot a suspicious death, or a doomed love affair, and then they'd be weavin these bits of gossip thegither intae stories an songs tae entertain each other when they came thegither an sat roon the fire at nicht. Some o the stories would be put intae rhyme an then made intae songs which were then passed on, an eventually written doon.

Noo when I sing these ballads, I'm singing fae my hairt an I'm feelin that I am a part o the story. When I sing *The Cruel Mother*, I am the cruel mother.

I dinna condemn her for murderin her bairns, I think on how she wis brocht tae that situation because o the times she lived in, an I feel the hurt that she's bearin because o what she did. These ballads hiv really the ability tae mak me physically ill, because I feel the stories an the characters tae be sae real an sae close tae me. An that's aa bound up wi my family tae, wi Aul Betty, wi Lucy an wi my mither, who aa cherished the ballads as much as I do, an like myself, got very emotional singin them.

There wis always the tradition o hearin the stories behind the ballad an my mither often told me stories, an sang songs, aboot the highlands an islands. Some o my great-grandfather's folk, the MacPhees were fae the highlands, an the Mackays tae. I think my grandfather Jimmsy's grandparents were highlanders. My mither told me this lovely Highland story which came doon fae the grandparents aboot a young couple who had got married an they lived in this little hoosie, nae far fae the sea.

This couple had been mairriet for years an there wis niver any sign o a bairn tae them. They were happy, very happy, but if only they had a child. This wis their wish, their dream. Onywye, in their happiness an since they got mairriet, an even before that, they wid often go doon tae the seashore an they'd swim in the sea an go intae the caves nearby, especially one cave in particular. They'd leave their claes there while they were swimmin an that wis an everyday occurrence. They aye hid their swim, every day for sure, sometimes even twice in the one day if it wis fine weather. One day the wife, Mhairi, sprang on her husband that she wis tae hiv a bairn. Well, this wis somethin else. They'd been mairriet for ten years. That wis a lang time. An she wis gettin quite aul so she thocht. They started preparin for the bairn comin. The man wis affa good wi his hands an he would mak a cradle, an little stools, a little chair an wooden toys for when the baby got aulder. He made lots o things oot o wood. An Mhairi wid knit an crochet, an sew tae. O God, this bairn hid everythin before it wis born. So time runs on, an Mhairi hid a wee lassie, who wis caaed Mhairidhu an she wis a georgeous little baby. She wis fair-haired, wi fair skin, an the bluest eyes an long black eye lashes. They jist worshipped the baby an as she started to grow they wid take her wi them when they went for their swim. They wid leave her in this cave while they were in the water. One day they were swimmin as usual when Mhairi saw a strange creature gan intae the cave where Mhairidhu was. This beast wis big, like a gorilla, an Mhairi screamed tae her husband tae get oot an get tae the bairn. But by then they saw the creature comin out o the cave, carryin somethin. The beast disappeared an the parents went intae the cave tae discover that their beautiful dother had been teen an in her place there wis a changeling. Instead o their beautiful blond girl here wis a dark-haired, dark, dark skinned

4.16. Singing at Keith Folk Festival in 1992. (*photograph by Ian MacKenzie, courtesy of the School of Scottish Studies Archives, University of Edinburgh*)

bairn who wis screamin her heid off. Mhairi an her husband couldna pacify this bairn, no matter whit. Well they thocht the only thing they could do wis take the bairn hame wi them. This wis the worst-tempered bairn ever, an the couple could dae nothin wi her. She screamed an grat aa the time an it jist aboot drove the couple crazy. As the years went past they pined for their Mhairidhu but there wis niver any sign o her. Noo this changelin child wis growin up an still they couldna handle her. She hid the nature o a beast an when she reached sixteen she wid often disappear withoot explanation. There wis a young lad who lived nae far fae this couple an he wis in love wi the changelin. His name wis Donald, an he started coortin the lass for she wis a real beauty. She niver hid much time for him, but she wis sae good-lookin an he widna be put off, an so he tried everythin tae please her. Donald noticed that Mhairidhu had started disappearin an wisna turnin up tae see him so he went tae see her parents. The three o them decided tae try an find oot where the girl wis gaen. So one nicht they followed her an watched her fae a distance. She went tae the cave where she had first been found an she stood there lookin out tae sea. Before long this big beast arose fae the sea an cam oot an wis fondlin an kissin her. Of course the mither shouted 'Oh Mhairidhu, Oh Mhairidhu, return thee tae me' but the girl paid no heed. She walked right intae the sea wi the beast an wis niver seen again. My mither would tell me this song an then she would sing me the song that's caaed, Oh Mhairidhu, Mhairidhu, Return Thee Tae Me.

For many years I wis invited intae schools tae sing an tae play music an pass on the tradition tae the children. I loved teachin the bairns, in the schools and in my ain hame tae, where I taught individual pupils piano and song for many, many years. Before beginning a song or ballad I wid often tell the story that wis linked tae it, just as I had heard it fae Jean and Lucy. This next story is of the jolly beggar, good King James, an this is how the story wis always told in my family, sometimes before or it might be efter we sang the ballad.

Noo, this story goes back a lang, lang while ago. In fact it goes back tae the time o Mary Queen of Scots' father, King James V of Scotland, otherwise known as 'Good King James'. Noo he got this name because o the kindnesses an help that he showed tae his subjects an especially tae the poorer folk. It's well kent that the lairds at that time had a strong hand in runnin the country, an they in turn had their ain rules which could be harsh and cruel on the peasants.

Now word got tae the King, somehow, of how the lairds were treatin everybody an he being the gweed king that he wis, was very disturbed aboot this and decided to find out for himself, just exactly what was going on. So he got himself dressed as a beggar an went an tramped throughout the country like this. At one point of his journey, efter he'd managed to get up as far as the North-East of Scotland he came to a place, a toon in fact cried Aiberdeen, and jist on the outskirts of the toon, by the riverside, he saw a young beautiful girl, crying as if her hairt would break. On going up to her, he inquired as to her sorrow bit she, thinking he was a beggar, refused to tell him. However his kind ways an manner soon got roond her tae tell him that she was in fact getting mairriet. 'Getting mairriet,' said he, 'well surely that's somethin to be rejoicin aboot – nae cryin aboot?' 'Oh, bit ye dinna ken it aa,' said the lassie. 'Well tell me' said the beggar. 'I canna tell you. You're just a beggar, an you widna understand whit it's aa aboot, an if I did tell ye, then ye might be taken tae the dungeons an beheaded.' 'Fa's gaun tae dee that?' he said. 'Come on noo, jist tell me. Ye dinna ken, I might jist be able to help you'. So the girl then telt him that the Laird, on whose land they lived, had his ain rules an one o them was that he slept wi every new bride on the first night efter the weddin ceremony. The King was furious an he asked her when an where the marriage wis gan tae be held. The girl wis a bit reluctant to tell him at first, but he soon persuaded her saying again, 'I jist might be able to help you'. At his request, the lass took the beggar hame then, tae gie him shelter until the time o the weddin. She managed tae get him intae the hoose at nicht, when aabody wis sleepin, an get him before the fire for a sleep. Then he'd be oot early in the morning, afore onybody else wis up.

So, for two or three days this happened until the day o the weddin arrived. Noo the weddin ceremony wis goin on an as ye ken, the minister says 'If there's ony objection tae this marriage, then let them draw nigh.' So jist at that bit, this beggar appears, apparently fae nowhere an says, 'I object tae this wedding an I

4.17. A distinguished group of musicians at the Gavin Greig Memorial Concert, held in New Deer Hall in the early 1990s. In the front Jack Webster (the great grandson of Gavin Greig) is standing to the right of Aly Bain, with Robbie Shepherd at his other side. Robert Lovie is standing next to me on the extreme left, and Joe Aitken is at the far right.

believe there's a rule that the Laird sleeps wi the bride on the first nicht o her weddin.' The Laird spoke up then, an said, yes, that's quite true, an he asks who this man is. He then orders that the beggar be taken tae the dungeons. At this two o the Laird's men made forward tae grab at the beggar jist as the beggar took a knife frae his side and cut aff his beggar's clothin. Underneath was the handsome king in aa his fine clothes an he says, 'I am the King. Now, you take this man, the Laird, to the dungeons and let him be beheaded. Noo the King had a wee horn that hung doon by his side an he took it, and blew it really loud. His men, that were hidden nae far awa cam rinnin tae his side an thereafter the weddin went on an everyone, especially the lassie, wis happy with this endin, an delighted that their King had saved them fae this Laird.

It wis always my dream tae make a recordin o my family's songs an ballads to be passed on sae that they wouldna be forgotten. Some time ago, in 1992, Greg Allan fae beside Fyvie arranged for me tae dae some recordins at Steve Ransome's studios at Backmill, Turriff, that wid then go ontae a cassette o my family songs an ballads. The cassette, released in 1992 was caaed *Atween You an' Me*. Noo there's one recordin that wis made then that niver made it tae the final cassette, an that wis the first take o *The Plooman Laddies*. The story behind that recordin is very strange. This Sunday in December Greg cam tae the house tae collect me. I'd been wantin tae go tae Lucy's grave on the way, but we were runnin late, so we jist heided straight for the studio an got tae work. I sang a couple o songs, an I decided I'd dae *The Plooman Laddies*. When Lucy sang it, I used tae come in on the chorus, deein the harmonies ye see. So I sang the song an then we had a break. Steve wis listening tae the recordin jist made, an he said, 'Listen tae this. There's a female voice comin in on the choruses.' In aa his years, he said he'd niver heard such a thing, an he couldna account for it. Noo, this lad didna ken me, nor my family, but Greg jist looked at me an said, 'Ask her. She'll tell ye fa it is.' An I knew it wis Lucy. But this time, she wis singin harmony tae me. Noo that recordin wis sent tae the universities in Edinburgh an Glasgow an they could find nae explanation. Steve got a letter back sayin that this wis a genuine recordin, that it wisna a fraud. Of course we kent that aaready. Robert Morris of Edinburgh University said, 'there may well have been something very special about those particular circumstances that enabled something to happen that otherwise could not have taken place.' *The Plooman Laddies* wis Lucy's song an she niver stopped singin it for lang, an I think that's why ye can hear her singin on that recordin. She's lettin me ken that she was wi me on that day, as she always wis, and always will be.

When it comes tae ma ain compositions they jist come tae me so naturally. Tunes hiv been whirlin aroon in the air an in ma heid an hairt since I wis a bairn, an I wis composin tunes an songs even then. At hame I'd hear my mother's beautiful piano an accordion pieces. I'd sit by my Uncle Ned's fireside an listen tae his sweet fiddle airs, an I'd hear my ither uncles playin the pipes in the open air o the campin ground doon the Dukker. These are aa my earliest sounds o music an tunes an they had a tremendous effect on me. I get excited when a tune jist comes tae me. I can hear it inside o me an I start whistlin tae get it oot intae the air an then I'll start tae play it on the piano. I dinna write it oot or anything, right there an then, I jist can hear it in ma heid an then I store it there. I play an play at it until it becomes fixed.

Some tunes hiv been like second nature tae me an I've composed dozens that I've niver named or done anything wi. Of course there are those that jist come tae me cause somethin that's happent that hurt or affected me deeply. My brother Robert hid been livin in Holland for many years an hadna long returned tae Britain when he wis killed tragically in a car accident in 1984. It wis a terrible blow tae me especially, an tae us aa really. The music jist cam fae my hairt in the composition I named *Robert Stewart's Farewell tae Holland* that wis written then.

4.18. A lasting memory of my dear
brother Robert.

I've composed tunes for aa my dear family, in fact since 2000 I composed
Aul Betty's Cairtie, a hornpipe in memory o Aul Betty my devoted Grandma,
as well as *Jean Stewart's Tune*, my special tribute tae my mother who was
my inspiration, teacher an, well, she wis jist everythin tae me. *The Queen o
the Dukker* is for Lucy who wis the Queen o Song as far as I am concerned.
On the eve o Hamish Henderson's funeral in March 2002 I composed *Big
Hamish*. It wis dedicated tae Hamish an ye can hear the rhythm o his rollin
walk, the wey he had aboot him. I'd kent him a lang time, gaen back tae when
he first visited oor family in the nineteen fifties. Alison an I visited him in his
last year o life when he wis in the Nursin Home. 'O Elizabeth, dear Elizabeth,
you are getting so like your family' he'd said when he realized it wis me an he
stretched oot his hands tae greet me. That wis his very words.

In 2009 I received a letter from Pino Mereu of Rome requesting that
Big Hamish an the recording of it on the *Binnorrie* CD could be used on the
sound track of a documentary film being made about Hamish Henderson
and the important time he spent in Rome. What an honour that is, especially
because of the long, long friendship we had, an he had wi oor family.

We'd had some laughs over the years me an Hamish. One time I visited
the School of Scottish Studies tae dee a lecture on my family's songs. Hamish
wis there wi a bottle o the best in his hands, sittin up beside me, when I started
tae sing *An Aul Man Came Coortin Me*. When it came tae the verse, 'When
we went tae bed, he lay like he wis dead,' I turned roon tae Hamish in front
o everyone an said, 'Hamish, dae ye mind on that?' Everyone really laughed,
because the answer from Hamish wis, 'Fine that, lassie!' He was jist great, an
jist went along wi what I said, knowin well it wisna true. Hamish cherished

4.19. A last visit to pay a fond farewell to my old and dear friend Hamish.

4.20. Singing *The Plooman Laddies* at Cullerlie Traditional Singing Weekend, July 2011. (*courtesy Geordie McIntyre*)

an valued my family an he wis aye very supportive, an oors wis a lifelong friendship. Unfortunately some folk who came tae see my family ower the years wir less genuine an often as soon as they hid recorded Lucy or any one o us, they wid disappear niver tae be heard o again. We were sae generous wi oor knowledge an time, oor heritage in fact, an it meant a lot tae us. But for some o oor visitors we wir just a means tae an end. They wid come an take oor songs, an then go. At worst, we hiv even on occasions been recorded withoot oor knowledge and that has left me with a sense that we hiv been stolen fae an hiv not been respected. These instances have made me sad, and angry.

I've quite recently composed *Alison's Waltz* for Alison, an I think this waltz really suits her. It's jist simple an sweet, wi nae carry on wi it. I dinna mean simple in a bad way, bit we've now spent such a long time thegither on this book an this tune is like her, there's nae put-ons. It's got this Norwegian touch tae it too. When I wis a young quine I wis absolutely crazy on Norwegian music, waltzes especially. My father bought me a wireless, a great big old thing, a Bush Bakelite. I'd sit right by it, wi my lug richt close tae it cause ye couldna jist hae it blarin oot in them days, an I'd tune in tae Radio Oslo. The music wis new tae me, bit I hid only tae hear a waltz once an I could follow it. As soon as I had the first four lines, I could follow the rest o the tune, an then I'd go on tae compose my ain waltzes. That wis easy.

As a child, my mither wid give myself, Jane an Frances this awful stuff tae tak as medicine. It wis caaed Cod Liver Oil, an my God! the stories we were told aboot how good this stuff wis, an what it would dae for us. It wis a laxative that wid strengthen our bones an gie us curly hair. Best of all, it would give us brains, an we would aa be very clever. What a great advert for this Cod Liver Oil. However, as if this wasn't enough encouragement tae tak it, we would get the song as well tae finish wi!

Aboot two years ago, an lookin back an laughin aboot it all, I wrote this little parody, an used, of course, the *Cod Liver Oil* tune of long ago. The first verse is meant to be my mum speakin tae us. I hated takin the oil as a lassie until the manufacturers added molasses an from then on I wis hooked, an couldna get enough o it.

Elizabeth, Jane, Frances my bonnie wee girls
I wish you'd start likin yere cod liver oil
For if ye dinna tak it an yiv tae gang tae the loo
You'll find it hard tae dee number two.

O mither we're fed up o takin this stuff
I really do think that we've teen jist enough
Bit lately we're thinkin you're lookin quite pale
Fit wye dee ye nae try and tak it yersel?

We've teen this stuff noo for manys a day
Bit shortly a new thing wis comin oor way
It wis cod liver oil, wi malt extract
In big two-pun jars, jist tae be exact.

We niver were telt tae help oorselves
Bit on chairs we would stan and sneak aff the shelves
Like little Jack Horner and Bunter too
We'd hide in a corner and fill wirselves foo.

Wi a big servin spoon we soon knocked it doon
Oor poor little stomachs we're gaen roon an roon
It gave us some sickness it gave us some pain
Bit it niver did stop us fae takin't again.

Like two butter baas we soon looked alike
Nae able tae walk nor go on oor trykes
Like two roly-polys it wis quite plain
For the cod liver oil it sure wis tae blame.

Yere cod liver oil it is sae good
We'd tak it forever if only we could
Bit tae gang tae the lavvy ivery oor o the day
For being sae greedy we sure hid tae pay.

Alongside my love of music is my love o Cant, an dealin. Cant, the language o the Travellin people means sae much tae me, an I love tae speak it. I think really I couldna live withoot speakin it. Tae me, it's a warnin language that keeps me an my family safe, an lets me communicate only wi my family an my kin. Say I wis amang non-Travellers (scaldie hantel), an some o my family were there, an I wanted tae warn them tae keep quiet. I might say, 'stall ye mangin,' or even jist, 'stall.' Or I might even sing what I'm sayin, an my folks wid ken then tae keep quiet. The Cant is also a good way tae pass information among the Travellers if ye're in company wi scaldies. Here's a wee example for ye, sung tae the same tune as *Love It Is Teasin*.

Whit did she bring ye? A lousy curdie
The shaun aul manishy should hae bung ye twa
Oh stall yere mangin here fakes a feekie
Bing the lowdee and fake avree.

Whit did she gie ye, a lousy curdie
The shaun aul manishy should hae gien ye twa
Watch whit ye're mangin here comes a hornie
Bing the lowdee an fake avree.

4.21. My handwritten manuscript for the beginning of *Jimmy Drummond*.

Sometimes one word can have two different meanings, like *fake* could mean take or bring. *Bing* can also mean the same as *fake*, a *lousy curdie* is a greedy penny, *feekie* or *hornie* is a policeman, *lowdee* is money, an *shaun* is horrible. Oor family, especially my mither Jean, would aye sing *Big Jimmy Drummond*, that's another wi oor language in it and she'd sing it wi great feelin. When I sing any o her songs it's as if she's speakin tae me an tellin me things. This one so reminds me of her an also that I'm a Traveller, that I come fae very special people an that we have oor ain traditions tae be proud o.

Oh my name it is Big Jimmy Drummond
And my name I will niver deny
I hiv moolied the ghannies in dizens
And there wis naebody there for tae tell
Till a scaldie gadgie did shop me
Pretended tae be my friend
It wis him that telt the hornies aboot me
And from then on my freedom did end.

Aye my name it is Jimmy Drummond
I'm a man yese aa ken sae well
I wis quickly handcuffed and shackled
And led tae poor auld Danl's jail
Last nicht I lay in a cauld granzie
Last nicht I lay in a cauld jail
Wi my mort and my kinshins aa scattered
And I dinna ken whaur they may be.

For I quickly did change my colours
When I had one round o twelve months in jail
Aye, I quickly did alter my colours
When I wis led tae poor auld Danl's jail
An if ever I do go a-chorin
I'll be sure tae be gaen by mysel
For I'll moolie the ghannies in dizens
And there'll be naebody there for tae tell.

But it's nae mair I'll gang a-chorin
For I swear tae my God that's above
And whenever the hornies they bing on me
There'll be naebody tae snatch but mysel
Oh my name it is Big Jimmy Drummond
And my name I will niver deny
I hiv moolied the ghannies in dizens
And there wis niver onyone there for tae tell.

Here's a wonderful family story that I find sae funny an witty, an it's jist typical o my mum an Ned. One day when my Grandma was oot in the country wi her wares, this aul woman wanted something, but my Grandma didna have it on the cart, so she said she'd send her son an dother ower wi it, the son

an dother bein my mam an Ned. Well, when the two o them got there, prob-
ably the next day or so, the woman had jist cooked her dinner. On seein my
mam an Ned comin wi the goods on such a cold day, she took them in tae
pay them, an being quite a good-hearted aul woman, insisted that they should
sit doon an hiv some dinner. Oh, but they didna want any dinner, although
right enough they were quite hungry as they'd travelled quite a few miles tae
her place. Ye see, they saw that the woman wasna very clean, an the sight o
the food made them feel sick. Anyway, the woman locked the door so they
wouldna leave withoot eatin. So they had nae way of gettin oot o it, but before
they ate it, Ned said *The Grace* an this is what I've been told he said:

Oh dear Father. How can we ha this manishy's shan habbin. Shannas!
Shannas! Will you please give us strength to ha this auld culloch's clatty
habbin get oor lowdy and bing avree? Amen.

The Grace means: Oh dear Father in Heaven. How can we eat (ha) this
woman's (manishy's) horrible (shan) food (habbin). Will you please give
us the strength to eat this aul woman's (culloch's) dirty food, get our
money, an take off. Amen.

I hiv only said a few words here in my book, but I would niver teach the
scaldies *oor* language. It's wrong tae dee that. The language should be kept
very secretive.

Dealin, the buzz o gettin a bargain, the buzz o sellin tae get a profit is
aa part o the Travelling tradition, an I love it. The dealin is in my blood an I
canna wipe it awa. Nae matter whaur I am, if I see somethin I want I must try
for it. I went tae a birthday party several years ago an afore I cam oot I offered
tae buy aa the tables an chairs in the place, an even an antique clock this one
woman had. Honestly, I wis gan tae hiv aa the tables an chairs in the place.
They were beautiful heavy oak chairs. My family were saying that I wis tae
stop that, but I couldna. If I think that something's there an I can mak a few
pounds oot o it, then I canna see that there's onythin wrong wi that, can you?
There wis a time when aa my deals wir successful, I could dae nothin wrong.
An remember, I hidna a penny tae my name back then.

Ower the years, there have been many highlights for me, some o them
really quite unusual. Aboot ten years ago now a bus load o weel-kent musi-
cians, an singers, along wi several Japanese TV directors, came tae visit me. I
hid very little warnin, maybe jist a day or so. They wanted tae ken aa aboot my
family's music, an the song an stories, rhymes an riddles. One o the crowd wis
Gavin Sutherland, o the weel-kent *Sutherland Brothers* who wrote the famous

4.22. At home in the kitchen working with Alison on the book.

Sailin, Sailin sung by Rod Stewart. I wis thrilled tae bits tae have them aa here in my hoose. We had a great experience, especially when we all ended up in the kitchen wi them filmin while I made soup, brose an porridge. This was aa transmitted some time later on Tokyo TV. Me bein a TV cook, that is a laugh! Only three or four months ago, I wis at a car boot sale in Inverurie when I met a woman who told me she had seen me cookin on the TV just a couple of weeks afore. I wis shocked an knew nothin aboot this, but it must have been the film fae way back.

I'm a very ordinary woman really an I enjoy the simple things in this life more than anythin. The music, the songs, the Cant an the dealin, an aa the Traveller ways, this is the legacy that has been passed on through Aul Betty, tae Lucy an my mither Jean, an then doon tae me. An I hope in time, through my children an then their children. I'm teachin them aaready, an hiv been since they were bairns. I've done my best. My ain kids are aa fine singers, but for the moment they have little interest in performin the aul songs. I hope in

4.23. At home and still in my element, fifty years after the
photo of me playing the piano at the age of 16.

time that will change though. I wid hiv loved for them tae come along wi me
an be the next generation o the family tae tak the singin forward. For me, the
music is in my blood an when I've been sad, it's made me happy, an when I've
been happy, it's made me happier! It's niver a burden, an it's teen me fae one
side o the world tae the other. As my mither used tae say tae me, 'It's easy car-
ried aboot wi ye. It's niver a burden', an that's sae true. However, I've carried on,
an kept the family name an the family traditions aa my life. I've niver given
up, although sometimes I've almaist done so, through domestic pressures and
other happenins in my life.

   For several years now, my health has been bad an I havna been as able.
I canna deal at all an I miss that dearly. I still manage tae sing a bit and I can
still play a bit in the hoose. But I miss the teachin, an I miss being sae much a
part o it all. Mind you, I've found ye canna wipe the music aside. It's aye there
an it has been the love o my life, an has seen me through the happy and the
sad times.

   Through my music I've enjoyed many years of teaching, jist like my
mither Jean. And through my music I've also made some wonderful friends

who've been so loyal to me. Some might have been famous, some not, but all of them genuine people who have really cared for me. Also through my music I've been all over the globe, fae tiny festivals in Scotland and Ireland tae international gatherings such as the Edinburgh International Festival. From gatherings near at home like Cullerlie, tae Eisteddfod in America. As well as the USA, I've been tae Canada, Holland an Germany and others besides. To places that most people would niver get to, an if they did go, it wid be only for a holiday. I did aa this through the music I wis gifted wi. Thank you, God! And thanks to my family, dead and alive. My mither's come tae me in spirit, Lucy's come tae me, an my brither's come tae me. An I believe they're nae deein that for nothin. They're guardin me, takin care o me, makin sure I'm okay, an guidin me so that I can look efter the legacy o my family, an it has always been my priviledge tae dee this.

Memories of Elizabeth

In Elizabeth's company at festivals, on a bus or wherever, her warmth and bubbly personality never fails to impress and indeed inspire others like myself. Of course our musical affinity stems from the desire to maintain the heritage of our vanished predecessors from that treasured piece of land of Buchan. The music, story and song from that wonderful dynasty of Stewart clan she was bred from, charms and captivates when she takes centre stage, and long may she continue. We all love you Elizabeth!!

Jock Duncan, North-East traditional singer

When Elizabeth Stewart sings, she's not alone. You hear her mother's timing and musicality, Lucy's gentle way with phrasing. She learned her songs, and much about singing, from them and yet you know in a second it's Elizabeth. Her singing is all heart, the emotion right on the surface, but beautifully directed. In fact, Elizabeth Stewart can't help singing. When I first met her, after her turn at the Edinburgh International Folk Festival of 1988, I said I liked the way she sung 'In London town there lived a maid, she was handsome young and fair', delicately phrased and painfully sad. She took my hand and sung the song again, though she had just performed it for a hall full of people. I had heard Lucy on tape, of course, and met Kenny, Rochelle and Diane Goldstein a few times, and talked with them about their time here in the North-East, so I knew who I was dealing with – traditional royalty. Elizabeth Stewart, 'e-w-a-r-t, the Royal wey tae spell't', as she's fond of saying. Everywhere she goes in Aberdeenshire, her playing, both in her mother's band and her own, is remembered with great affection, their village hall dances the highlight of many a calendar.

Music and song are oxygen to Elizabeth and, as it is with her remarkable knitting, skilful dealing and predilection for jokes, she can hardly keep herself away from singing or from playing the piano. If she could not sing or play, I really do not think she would feel alive. Back in 1997, she visited my family in New Hampshire, a long way from home. She wasn't feeling that well, but my cousins came around with a few instruments, among them a portable keyboard, and she was out of bed like a shot, playing into the night, still in her nightdress, with the same unstoppable spirit that lifts the stories, songs and tunes in this book and on her double CD.

From Elizabeth, you learn about living with songs. Lucy and Jean, Ned and Auld Betty live on through Elizabeth's complete conviction in the value of her family, her people and her culture. A big heart is timeless.

Thomas McKean, folklorist

I have seen Elizabeth perform in different situations both public and private and always she would be in her element playing grand marches, strathspeys and reels, boogie woogie (to every one's delight) and singing her 'dear' family's ballads and songs. In private ceilidhs stories would be told and sometimes songs sung that could be peppered with a 'a wee threid o blue' if 'egged on' by those in the know. Like her mother Jean and her brother Robert, Elizabeth's quick wit and love of jokes and having a good laugh, in acting daft in company she likes to be with, is 'just harmless fun'.

However, throughout my many visits to Mintlaw, I came to know the Elizabeth who hid her ill health behind a public face over the years. Illness that steadily increased preventing her from doing many of the things she loved passionately. Dealing and trading is, as with her forefathers – in her blood and part of her livelihood – which she regarded as 'an enjoyable way of life, just lovin the buzz of it all'. That ceased some years ago. No more the Sunday mornings put aside for car boot sales when curtains and especially 'good quality ones' would be purchased, washed and hung out to dry immediately. The job of ironing the

4.24. At Strichen Festival with Jock Duncan, a longstanding Stewart family friend.

4.25. With my distant relative Stanley Robertson. Stanley's aunt, Jeannie Robertson, was my mother's first cousin and the Robertsons are also related on my father's side. This was taken at a singing occasion in Aden Park Theatre near Mintlaw in 1989.

weighty material, taxing in itself, would be followed by stacking them in neat piles for viewing and selling on. Often her hall, kitchen and living room would hold boxes of china and assorted crockery amidst assortments of small furniture pieces for selling. In between visits I saw her own collection of blue and white china grow to adorn the walls or be displayed behind glass cupboard doors where a series of white Wally dogs held pride of place. On another visit these could have been swapped for displaying Lusterware or other impressive sized ornaments;

4.26. Playing *The Aul Tin Road*, a tune I composed and performed for *The Yellow's on the Broom* gathering in Alness in 2005. (*from the Alness Times*)

4.27. Sitting with Essie Stewart and Alison at the *Travelling Music* event, part of the Irish World Academy's Sionna 2005 Festival in Limerick. Timothy Neat, Len Graham and Tom Munnelly were some of the people who gathered to look at the movement, activities and influences of the Scottish Travellers in Ireland. (*courtesy of Maurice Gunning*)

the three-piece chintz suite changed for leather furniture, only to be sold on again.

I came to know the Elizabeth that is resourceful and creative in other parts of her life. A skilfully knitted Arran jacket or coloured Fair Isle gloves fashioned by her in the winter months displayed a love of traditional patterns. Come spring and summer her creative feelings spilled out into her modest garden. On walking up the pathway of her home named 'Binnorrie' I would see its number set in a black wrought-iron music stave on the right hand side of her front door flanked by two white swan planting-pots over hung with flowers. At the back of the house there would be pots everywhere, big and small filled with lilies, petunias, pansies or whatever was in season. Other pots would jostle for space, full of seedlings and cuttings that thrived to grow into hydrangeas and rambling roses. 'Green fingers' I'd say. The hands that loved to play music also loved to create through nature. 'God Bless' she would invariably say at our parting.

Alison McMorland, singer and author

Songs

94. Robert Stewart's Farewell tae Holland – piano composition
95. Binnorrie
96. The College Boy
97. Two Pretty Boys
98. When the Kye Comes Hame
99. The Maid from Glenshee
100. The Jolly Beggar
101. The Cruel Mother
102. The Dowie Dens o Yarrow
103. Bunch of Watercresses
104. The Bailiff's Daughter
105. The Banks o Allan Water
106. The Nicht o the Weddin o Lauchy McGraw
107. I'm a Big Strong Strappin Young Hizzy
108. Hey Donal, Ho Donal
109. Doctor Pritchard
110. I Eence Hid a Lass
111. Whit Can a Young Lassie?
112. The Collier Laddie
113. The Foreign Sailor
114. Oh Whit Needs I Go Busk an Braw
115. Turn Ye tae Me
116. The Little Ball of Yarn

94. Robert Stewart's Farewell tae Holland (Elizabeth Stewart, 1984)

Piano Composition

95. Binnorrie

There wis twa sisters lived in this place
Oh hey-o an Binnorrie, o
Oh one wis fair an the ither wis deen.
An the swan sweems sae bonnie, o.

Dear sister, dear sister will you tak a walk?
Oh hey-o an Binnorrie, o
Will you tak a walk doon by the miller's dam?
An the swan sweems sae bonnie, o.

Dear sister, dear sister pit yere fit on marble steen
An sae slyly, sae slyly she gently pushed her in.

O sister, O sister will ye gie tae me yere hand?
And I'll gie tae you aa my hooses and my land.

Dear sister, dear sister I winna gie you my hand
For I've come here tae mak sure that you droon.

Noo the miller had a dother and her bein a maid
She went doon for some water for to bake.

Dear father, dear father there sweems in your dam
It's either a maid or a white milk swan.

Noo the miller took a cleek, and he cleekit her oot
And he put her on the dyke for tae dreep and for tae dry.

Noo the King's three archers they came riding by
And they took three locks o her bonnie yallow hair.

One day when their arrows they were aiming high
My sister Jean murderd me they seemed tae cry.

She droonded me doon in the miller's dam
It wis because she wanted my ain true love John.

Her father, her father noo him bein the king
Had her hanged fae a tree and left her there tae hing.

96. The College Boy

O ____ fa - ther, o ____ fa-ther pray what is this ____ ye've done? You have
wed me tae a col-lege boy and he is ____ far too young, For he is on - ly
fif - teen years, and ____ I ____ am twen - ty ____ one, ____ He's my
bon - nie, bon - nie boy, ____ bit he's gro - win. ____

O ____ daugh - ter, o daugh - ter

* Verse 2 and subsequent verses begin thus

O father, o father pray what is this ye've done?
You have wed me tae a college boy and he is far too young
For he is only fifteen years and I am twenty one
He's my bonnie, bonnie boy bit he's growin.

O dother, o dother I'll tell ye whit I've done
I have wed ye tae a college boy he is a noble's son
Wi maids tae tend and money tae spend ye'll be the envy o them aa
So bide yere time while yere bonnie laddie's growin.

O father, dear father I know what I'll do
I'll send him back to college just for a year or two
I will tie up his yallow hair richt up tae his broo
For tae let the ither lassies ken tae me he'll aye be true.

When I was going thru college two boys were playin at the baa
It wis there I saw my ain true love he wis the prettiest o them aa
It wis there I saw my ain true love he wis the prettiest o them aa
Bit my bonnie, bonnie boy's a lang in growin.

When he wis only fifteen years he wis a mairrit man
And at the age o sixteen years he wis the father o oor son
Then at the age o siventeen years the grass aroon him grew
For cruel fate put an end tae his growin.

I'll buy my love some linen and I'll mak my love a shroud
And wi every stitch I put in it the tears they will flow down
And wi every stitch I put in it the tears they will flow down
For my bonnie boy who took too lang in growin.

The winter months are comin and the trees are turnin bare
Cauld, cauld is my bed without my love tae share
No loving arms to hold me no tender heart to care
For my bonnie laddie's deen wi his growin.

97. Two Pretty Boys

Oh two pretty boys they were gan tae the school
And in the evenin comin home
Said the biggest boy to the littlest boy
Oh can you throw a stone
Oh can you throw a stone?

Oh I can neither throw a stone
An it's little can I play at the ball
But if you go down to the merry green wood
I will try you a wrestlin for
I will try you a wrestlin for.

So they went down to this merry green wood
Tae try a wrestlin for
Big brother John took oot his little penknife
And stabbed William to the ground
And stabbed William to the ground.

Oh you'll tak aff your white linen shirt
An you'll tear it fae gore tae gore
And you'll awrap it roon the wound
And the blood will come no more
And the blood will come no more.

So he took off his white linen shirt
An he tore it fae gore tae gore
An he awrap it aroon the wound

But the blood came ten times more
But the blood came ten times more.

Oh what will your dear father think
This night when you don't go home?
Tell him I go to a London school
And like a good boy I'll come home
And like a good boy I'll come home.

Oh what will your dear stepmither say
This night when you don't go home?
Tell her the last prayer she prayed for me
That I would ne'er come home
That I would ne'er come home.

98. When the Kye Comes Hame

Come aa ye jolly shepherd lads that whistles through the glen
I'll tell ye aa a secret that coortiers dinna ken
What is the greatest joy that the tongue o man can name?
It's tae woo a bonnie lassie when the kye comes hame.

cho. When the kye comes hame when the kye comes hame
    Between the gloamin an the mirk when the kye comes hame.

When the eyes shine so brightly the hale so to beguile
There's love in every whisper and there's joy in every smile
Oh wha would choose a crown wi its perils and its fame
And can miss their bonnie lassie when the kye comes hame.

cho.

It's nae beneath a burgonet or nae beneath a crown
Or in a cooch o velvet or yet a bed of down
But it's beneath the spreading birk and a dell withoot a name
Wi a bonnie, bonnie lassie when the kye comes hame.

cho.

Dae ye see yon pawky shepherd lad that lingers in the hill
His sheep are in the fauld and his lambs they're lyin still
Yet he durna gang tae rest for his hairt is in a-flame
For tae see his bonnie lassie when the kye comes hame.

cho.

99. The Maid from Glenshee

As I rode away
One fine summer's morning
Just at the dawnin
It happened tae be
It wis there by surprise

That I met a fair maiden
She wis herdin her flock
On the hills o Glenshee.

Said I, My fair maid
You must understand me
For I'll take you wi me
My bride for tae be
I will clad you all in
Fine silks and fine satins
And you will have footmen
To wait upon thee.

I don't want your silks
And I don't want your satins
And I don't want your footmen
To wait upon me
I'd rather stay here
In my own homespun clothing
And keep tending my flock
On the hills o Glenshee.

At last she consented
And gave me her promise
As she stood by my side
A fair colleen was she
With the moon in her hair
And her eyes so beguiling
I soon lost my hairt
To the maid from Glenshee.

Seven long years
We two have been wedded
Seasons have changed
But there's no change in me
And if God gives me strength
Tae be in my right senses
I'll never prove false
To the maid from Glenshee.

100. The Jolly Beggar

There wis eence a jolly beggar and a-beggin he wis bound
And he's teen up his quarters in some langward toon.

cho. An we'll gang nae mair a-rovin sae late intae the nicht
    An we'll gang nae mair a-rovin let the meen shine e'er sae bricht.

He widna lie in barns nor he widna lie in byres
Bit in ahint the haa door or jist afore the fire.

cho.

The beggar's bed wis made at een wi gweed clean strae and hay
And it's in ahint the haa door it's there the beggar lay.

cho.

Up arose the gweed man's dochter for tae bar the door
And it's there she saa the beggar man wis standin on the floor.

cho.

He's teen the lassie in his airms intae a neuk he ran
Oh holy, holy wi me sir ye'll wauken oor gweed man.

cho.

He's teen a horn fae his side and blawed baith loud and shrill
An four and twenty belted knights cam skippin ower the hill.

cho.

He's teen oot his little knife let aa his duddies faa
And he stood the brawest gentleman that wis amongst them aa.

cho.

101. The Cruel Mother

It's Logan's wids an Logan's braes
Whaur I helped ma bonnie lassie on wi her claes
First her hose an then her sheen
She's gaen me the slip fin aa wis deen.

She's taen her cloak aboot her heid
An she's gaun tae dae a gruesome deed
She's gaun tae dae a gruesome deed
Doon by the greenwood sidie, o.

She's leaned her back against a thorn
An twa bonnie bairnies she has born
Twa bonnie bairnies she has born
Doon by the greenwood-sidie, o.

She's taen her ribbon fae aff her hair
An she's chokit them tho they grat sair
She's chokit them tho they grat sair
Doon by the greenwood-sidie, o.

She's dug a hole beside a tree
An she's beeriet them whaur there's nane can see
She's beerit them whaur there's nane can see
Doon by the greenwood-sidie, o.

For days and nichts she grew wan and pale
An what ailed her noo there's neen could tell
What ailed her oh there's neen could tell
Doon by the greenwood-sidie, o.

She's lookit ower the castle waa
An she's seen twa bonnie bairnies playin at the baa
She's seen twa bonnie bairnies playin at the baa
Doon by the greenwood-sidie, o.

Oh bonnie bairnies if you were mine
A wid hae fed you the white coo milk and wine
A wid hae fed you on the white coo milk and wine
Doon by the greenwood-sidie, o.

Oh cruel mother when we were thine
You didna feed us on the white coo milk an wine
You didna feed us on the white coo milk an wine
Doon by the greenwood-sidie, o.

But ye took a ribbon fae aff yer hair
An you chokit us tho we grat sair
You chokit us tho we grat sair
Doon by the greenwood-sidie, o.

While we two now in heaven do dwell
You've got tae face the fierce fires o hell
You've got tae face the fierce fires o hell
Doon by the greenwood-sidie, o.

102. The Dowie Dens o Yarrow

♩=72

Nine no-ble-men___ sat a-drin-kin wine,

In the do-wie dens o___ Yar - row

When a quar - rel rose be - tween the nine

An the___ ploo - boy John o Yar - row.

Alternative melody for line 1, verses 3 & 4.

Nine noble men sat a-drinkin wine
In the dowie dens o Yarrow
When a quarrel rose between the nine
An the plooboy John o Yarrow.

There was a lady in the north
You'd scarcely find her marrow
She was coorted by nine noble men
And the plooboy John o Yarrow.

There's nine o you tae one of me
That makes no even quarrel
But I'll challenge you three to one
Said the plooboy John o Yarrow.

So three he drew and three he slew
And three lay badly wounded
When one of them behind him came
And pierced him wi an arrow.

O mither dear I've dreamt a dream
I hope it won't prove sorrow
That my true love John lies deid an gaun
And a bloody corpse in Yarrow.

O dother dear I can read your dream
But I fear it does prove sorrow
For your true love John lies deid an gaun
On the dowie dens o Yarrow.

She wrang her hands an she tore her hair
Wi muckle grief an sorrow
For her true love John lay deid an gaun
On the dowie dens o Yarrow.

As she went ower yon high, high hill
And doon the glen tae Yarrow
Twas there she spied her true love John
A bloody corpse on Yarrow.

This maiden's hair was three-quarters long
And the colour of it was yalla
She tied it roon her lover's waist
And she carried him hame fae Yarrow.

O dother dear dry up your tears
What needs you be in sorrow
For I'll wed you tae some higher match
Than the plooboy John o Yarrow.

O father dear you've siven sons
That can be mairrit aff the morrow
But there's neen o them can compare
Wi ma plooboy John o Yarrow.

O mither dear please mak my bed
And turn ma face tae Yarrow
For my true love John has died for me
And I'll die for him tomorrow.

This maiden fair, wi hairt sae sair
For the one she lost in Yarrow
She sank intae her father's airms
And she died of grief and sorrow.

103. Bunch of Watercresses

I am a jolly farmer from Bedfordshire I came
To visit friends in Camberwell an Morgan is ma name
And if you will pay attention I'll tell you without delay
How a neatly dressed young damsel well she led me quite astray
For she promised that she'd marry me upon the month o May
But she left me with a bunch o watercresses.

It was in the month of April when I arrived in town
In being quite a stranger I wandered up and down
When a neatly dressed young damsel she came trippin down that way
As long as I remember I'll not forget that day
She'd a bunch o early onions an half a pint o beer
Some pickles and a bunch o watercresses.

So politely I addressed her and to her I this did say
I wish to go to Camberwell could you direct the way?
Oh yes sir, oh yes sir she speedily replied
Take the turning to the left and go down the other side
Her voice it was the sweetest I ever yet did hear
And in her hands she held a bunch of watercresses.

104. The Bailiff's Daughter

There was a youth and a well beloved youth
And he was a squire's son
He loved the bailiff's daughter dear
That lived at Islington.

And when his parents came to know
His fond and foolish mind
They sent him doon tae London toon
An apprenticeship for to bind.

When seven long years they had passed and gone
She put on mean attire
And it's straight to London she did go
About him to enquire.

And as she went along the road
The weather hot and dry
She rested on a grassy bank
And her love came riding by.

Give me a penny thy goodly youth
Pray help a maid forlorn
Before I give you a penny sweet maid
Please tell me whaur ye were born?

Oh I was born at Islington
Then tell me if you know
The bailiff's daughter of that place?
She died sir long ago.

If that be so then take from me
My bridle and saddle also
For I must go to some distant land
Where no-one shall me know.

Oh stay, oh stay thy goodly youth
She standeth by thy side
The bailiff's daughter is not dead
But ready to be thy bride.

Oh farewell grief and welcome joy
Ten thousand times and more
For now I've found my own true love
I thought I should ne'er see no more.

105. The Banks o Allan Water

NB: Verses after v1 begin with 2nd half of melody, bar 8 onwards.

On the banks o Allan water
When the sweet spring did flow
Was the miller's lovely daughter
The fairest o them aa
For his bride a soldier sought her
And a winning tongue had he
On the banks o Allan water
There is none so gay as she.

On the banks o Allan water
When the brown autumn spread its store
There was still the miller's daughter
But she smiled no more
For the summer now had brought her
And a soldier false was he
On the banks o Allan water
There is none so sad as she.

On the banks o the Allan water
When the winter snow fell fast
There was still the miller's daughter
But chilled in blew the blast
But the miller's lovely daughter
Both from care and cold is free
On the banks o the Allan water
A frozen corpse was she.

106. The Nicht o the Weddin o Lauchy McGraw

It's o a weddin that I'm gan tae sprattle
The nicht I met in wi some terrible cattle
Tae tell ye the truth it wis mair like a battle
The nicht o the weddin o Lauchy McGraw.

cho. An it's oh me whit a terrible tair
      For me an masel an ma mither wis there
      An although I should get mixed up wi the wheels o a train
      Will iver I gang tae a weddin again
      Tae dee humtiddy haddentee haughenty – ha.

The first thing tae come wis a great load o peelins
A big Irish stew that wis made in the Heilans
And the sicht o the meat wid hae hurtit yer feelins
The nicht o the weddin o Lauchy McGraw.

cho.

We'd plenty tae eat we'd frostbitten liver
As sure as I'm there and as sure as I'm niver
And the sicht o the beef wid hae gien ye the shiver
The nicht o the weddin o Lauchy McGraw.

cho.

The first een tae sing wis Mrs O'Russell
She couldna sing but she started tae whustle
Till somebody gied her a kick in the bustle
The nicht o the weddin o Lauchy McGraw.

cho.

The next een tae sing wis Rory O'Hara
He started tae gie us a verse o Ta-ra-ra
And Hughie's remains they gaed hame in a barra
The nicht o the weddin o Lauchy McGraw.

cho.

The next een tae come wis Donald McGinty
Wi several tailors he kicked up a shinty
He lifted a poker an killed aboot twinty
The nicht o the weddin o Lauchy McGraw.

cho.

The next tae be seen wis big Wullie McPhail
He'd been 'inside' an wis jist oot on bail
An near aabody there hid aa been in jail,
The nicht o the weddin o Lauchy McGraw.

cho.

Noo the bearded aul hairies we're gettin gey frisky
For the suppin o the brandy and the doonin o the whusky
An tae bide ony langer wis getting gey risky
The nicht o the weddin o Lauchy McGraw.

cho.

Noo me an myself an my mither an I
We thought it wis time that we said oor goodbyes
For the bride an the groom they had escaped tae Skye
The nicht o the weddin o Lauchy McGraw.

Cho.

107. I'm a Big Strong Strappin Young Hizzy

I'm a big strong strappin young hizzy on the verge o twenty three
I'm modest neat and tidy as ony country lass can be
My hame has many pleasures an I'm very seldom sad
Bit the cause o aa my troubles is I canna get a haud o a lad.

I can wash bake and darn, mend claes and scrub a fleer
Mak a dizzen different dishes tae a gentleman and mair

I'm the best enfigured dother that ony Scottish mither had
But the dreary garret waits me if I dinna get a lad.

There's big Peggy roon the neuk black Fanny up the stairs
Soor faced Sally Sulkins wi the ginger coloured hair
She's ugly and untidy and very peerly clad
Bit she's hid a dizzen offers and I canna get a lad.

There's lang leggit Tibbie fa everybody kens
Her father was jiled some time ago and jiled for stealing hens
She'll soon be wed tae Johnnie peer man he must be mad
For tae looe the aul deen limmer fin I canna get a lad.

If only crookit Charlie or country Jock McGee
Wid mak a sweet proposal tae a nice young girl like me
I'd brichten up his hoosie and I'd niver mak him sad
Bit the dreary garret waits me if I dinna get a lad.

108. Hey Donal, Ho Donal

It wis in the merry month o Mey
When a nice wee lass she cam my wey
And aa the words that she could say wis

Donal dinna miss me
Hug me tug me if you please
Mind noo Donal dinna squeeze
And if ye think that naebody sees
O Donald come and get me.

cho. Hey Donal, ho Donal
          Think upon your vows Donal
          Donal man ye're big and braw
          Kiss me quick an rin awa.

I popped the question tae Miss McKay
She is a beauty sae am I
But let me tell ye on the sly
She is a great provoker
She'll often say tae me, Donal dear
Hurry up man and disappear
For if ma mither kens you're here
O Donal you're a croaker.

cho.

We stood that nicht upon the stair
Bletherin there like ony pair
I kissed her till her gums were sair
Till she says, Ye're misbehaving
I tickled her till she said, That's rash
Then she hit me sic a bash
She says, Yere whiskers need a wash
Or else they're needin shavin.

cho.

109. Doctor Pritchard

Oh come aa you people o great and sma o low or high degree
I hope you'll pey attention noo an listen here tae me
It's concernin Doctor Pritchard an his unhappy wife
Through the poisonous curse o jealousy they baith hae lost their lives.

For many's a year in Glesca toon Doctor Pritchard he did dwell
He was brought up in high respect there's many here can tell
Till he poisoned Mistress Taylor a lady of reknown
A happy healthy merchant's wife fae Edinburgh toon.

When Pritchard was arrested and the body analysed
The deadly dose of poison the jury aa surprised
The jury found him guilty and the judge made this reply
On the twenty fifth of July Doctor Pritchard you must die.

He made no reply but shook his head his hairt wis full of woe
He wis thinking on the scaffold eternity did show
His guilty conscience then gave way he said, I am undone
Oh how can I meet an angry God whose wrath I cannot shun.

When Pritchard's son and dother cam tae see him in the cell
It would hae made your very hairt grieve tae see their last farewell
They said, Oh you cruel father your fate we do implore
For you've poisoned oor dear mither and we'll never see her more.

He made no reply but shook his head his hairt wis full of woe
He was thinking on the scaffold eternity did show
His guilty conscience then gave way he said, I am undone
Oh how can I meet an angry God whose wrath I cannot shun.

110. I Eence Hid a Lass

I eence hid a lass I likit her weel
I hate aa the people that spak o her ill
Bit whit hiv I gotten for aa my great love
She's awa tae be wed tae anither.

The next time I saw my love wis tae the church go
Wi bride and bridesmaidens she made a fine show
While I followt on wi a hairt full o woe
She's awa tae be wed tae anither.

The next time I saw my love wis in the church stan
Wi gold rings on her fingers and gloves in her hans
Wi gold rings on her fingers and gloves in her hans
She's gaen tae be wed tae anither.

The minister that mairrit them he gave a loud vow
If there's ony objection then let them speak now
I thought in my ain hairt objections hid I
For tae see my love wed tae anither.

When mairriage wis ower and sat doon tae dine
I filled up their glaisses wi brandy and wine

I leaned ower the table tae kiss the sweet bride
Sayin, Here's health tae the lassie that ought tae be mine.

When dinner wis ower and gaen hame tae bed
I put on my coat and I bade them goodnight
The bridegroom said, Stop ere we speak jist a wee
Ye whistled too lang for tae get her.

Ye can keep her and keep her and keep yer great prize
For the bed that she lies in she canna deny
She has lain by my side nae eence twice nor thrice
She's only my aul shoes tho ye've got her.

The folk in the forest they aa laugh at me
Sayin, How many blueberries growes in the salt sea?
I turned richt roon wi grief in ma ee
Sayin, How many ships sail in the forest?

Ye can dig me a grave and dig it sae deep
And I'll turn in for tae tak a lang sleep
And I'll turn in for tae tak a lang sleep
And maybe thru time I'll forget her.

So they dug him a grave and dug it sae deep
And he's turned in for tae tak a lang sleep
And he's turned in for tae tak a lang sleep
And mebbe by noo he's forgot her.

111. Whit Can a Young Lassie

[To same tune as 110]

Whit can a young lassie, whit shall a young lassie
Whit can a young lassie dee wi an aul man?
He's peevish an jealous o aa the young fellows
Oh doom on the day I met wi an aul man.

Whit can a young lassie, whit shall a young lassie
Whit can a young lassie dee wi an aul man?
Bad luck on the penny that tempted my minnie
For tae sell her peer Jenny for hooses an land.

Oh he hums an he hankers, he frets an he cankers
I niver can please him, dee aa I can
He's dowie an he's dozin an his blood it is frozen
Oh dreary's my life wi a crazy aul man.

But my aul auntie Katie on me she taks pity
I'll dae my endeavour for tae follow her plan
I'll cross him, I'll crack him until I hairt brak him
An wi his aul brass I will buy me a new pan.

112. The Collier Laddie

Oh I've traivelled east and I've traivelled west
And I've traivelled through Kirkcaldy
An the bonniest lassie that ever I saw
She wis followin her peer collier laddie.

She had stockings neat and clean upon her feet
She had silver buckles glintin

She had sky blue ribbons tied upon her hair
She wis followin her peer collier laddie.

Oh it's could ye nae be a gentleman's wife
And it's could ye nae be his lady
Or could ye nae be o some higher degree
Than tae follow a peer collier laddie?

Oh it's I hae houses an I hae land
And I hae riches plenty
I'll give them aa tae you my young maid
If ye'll be a gentleman's lady?

Oh it's I could be a gentleman's wife,
And it's I could be your lady
And I could be of some higher degree
But I'll follow my peer collier laddie.

Oh seven lang years noo they had past and gone
And anither seven comin
When this young man he come beggin his lane
Tae poor Mary an her collier laddie.

Oh where are all your houses an lands
And where are your riches plenty?
My riches and my lands they are now spent and gone
And ye're better wi your collier laddie.

113. The Foreign Sailor

There was eence a young foreign sailor came to these British Isles
He met a pretty fair young maid she was walkin on the sand
He gently walked up to her an he took her by the hand
And he said, My pretty fair young maid will ye go tae a foreign land?

It's angry oh angry my parents they would be
For you a tarry sailor and me a maid so high
For you a tarry sailor and me a maid so high
And the answer that she gave tae him wis, Oh no not I.

Six lang months hae past an gone this maid grew pale an wan
Nine lang months hae past an gone and she got a handsome son
She wrote a letter to her love to tell him to come home
And the answer that he gave to her wis, Oh no not I.

Ye can tak yer bairnie on yere back an a-begging ye shall go
And when you're tired an weary you can sit doon and cry
And when you're tired an weary you can sit doon and cry
And think aboot yere answer to me wis, Oh no not I.

Come aa ye pretty fair maids a-warning take fae me
And never build yere nest up on the tap o ony tree
For the branches they will wither and the leaves will decay
And the beauties of a fair maid will soon fade away.

114. Oh Whit Needs I Go Busk an Braw

Oh whit needs I go busk an braw
Whit needs I gae kaim ma hair
When my false lover has me forsaken
And he said he'll never love me mair
And he said he'll never love me mair.

I leaned my heid into an aik
I thought it was a trusty tree
But first it stoopt while its branches droopt
And sae did my false love tae me
And sae did my false love tae me.

Oh love it is teasin and love it is freezin
A little while oh it is new
But as it grows older it gets the colder
And it fades awa like the mornin dew
And it fades awa like the mornin dew.

Oh when my apron it hung down
My love he keepit my company
But noo my apron it's tae my shin
And he passes me by and he never looks in
He passes me by an he never looks in.

I wish my baby it wis born
An sits upon the nurse's knee
An me in my grave now is laid

And the green, green grass wavin over me
And the green, green grass wavin over me.

I wish, I wish, I wish in vain
I wish I was a maid again
But a maid again I ne'er can be
Till the orange grows on the apple tree
Till the orange grows on the apple tree.

115. Turn Ye tae Me

Cold be the storm that may ruffle his breast
And sweet is the downy plumes lining his nest
Cold be the storm there soft falls the snaw there
Ho-ro my Mhairidhu turn ye tae me.

The stars are shining cheerily, cheerily
Ho-ro my Mhairidhu turn ye to me
The sea mew is moaning drearily, drearily
Ho-ro my Mhairidhu turn ye to me.

The waves are dancing merrily, merrily
Ho-ro my Mhairidhu turn ye to me
The sea-birds are wailing wearily, wearily
Ho-ro my Mhairidhu turn ye to me.

Hushed be thy moaning lone bird of the sea
Thy home on the rocks is a shelter to thee
Thy home is an angry wave mine but the lonely grave
Ho-ro my Mhairidhu turn ye to me
Ho-ro my Mhairidhu return to me.

116. The Little Ball of Yarn

One fine day in May I took a walk one day
Doon by ma grandfather's farm
I met a pretty maid an this is what I said
May I wind up your little ball of yarn?

I took this pretty maid underneath the shade
Not intending for to do her any harm
I took her by surprise and I laid between her thighs
And I winded up her little ball of yarn.

This pretty maid she rase and she pulled doon her claes
And it's straight tae her grandma she did rin
And for me I wis niver seen as I skipped across the green
After winding up her little ball of yarn.

Come aa you young men niver stop oot after ten
Not intendin for to do any harm
For as soon as they lie doon ye'll hae tae pey yere sweet half-croon
For the winding o their little ball of yarn.

Come aa you young maids tak a warnin to what I've said
Niver rise up too early in the morn
For like the blackbird and the thrush there'll be someone behind the bush
That will wind up your little ball of yarn.

117. My Husband's Got Nae Courage in Him

♩=132

Come aa ye young maids that do get wed, Jist try yeer luck a-fore ye tak im, For fear that ye've got tae sing wi me, That my hus-band's got nae cou-rage in him. *cho.* Come a - rid-dle come a-rye, Come a - rid-dle come a - dan-dy, Come a rid-dle - i - ay,__ Come a rid-dle - i - o.

Come aa ye young maids that do get wed
Jist try yeer luck afore ye tak im
For fear that ye've got tae sing wi me
That my husband's got nae courage in him.

cho. Come a-riddle come a-rye
      Come a-riddle come a-dandy
      Come a-riddle-i-ay come a-riddle-i-o.

Siven lang years I've made his bed
An six of them I've lain beside him
Bit afore I lie sae lang again
I'd burn the bed fae oot aneth him.

cho.

Aa kinds o food it's he has gotten
And aa kinds o meal I hiv provided him
Fae the oyster pie tae the ile o rue
Bit naethin wid pit courage in him.

cho.

Wi my ain twa een I winkit at him
Wi my ain twa knees I patit at him

Wi my ain twa taes I scratchit at his shins
Bit naethin wid pit courage in him.

cho.

Wi my ain hairt I wished him dead
An in his coffin I'd quickly lay him
An then I'd try anither instead
That the neist een may hae mair courage in him.

cho.

118. Come Aa Ye Fisher Lassies

Come aa ye fisher lassies
Aye it's come awa wi me
Fae Cairnbulg an Gamrie
An fae Inverallochy
Fae Buckie an fae Aiberdeen
An aa the country roon
We're awa tae gut the herrin
We're awa tae Yarmouth toon.

Rise up in the morning
Wi yer bundles in yer han
Be at the station early
Or ye'll maybe hae tae stan
Tak plenty tae eat

And a kettle for yere tea
Or ye'll maybe die o hunger
On the wey tae Yarmouth Quay.

The journey is a lang een
And it taks a day or twa
An fin ye reach yer lodgings
Sure it's soond asleep ye'll faa
Bit ye rise at five
Wi the sleep still in yer ee
Ye're awa tae gut the herrin
Ye're awa tae Yarmouth quay.

It's early in the morning
And it's late intae the nicht
You're hands are cut and chappit
And they look an unco sicht
And you'll wish the fish
Hid been aa left in the sea
By the time you finish guttin herrin
On the Yarmouth quay.

There's coopers there, there's curers there
And buyers cannie chiels
And lassies at the pick-a-lin
And ithers at the creels
And ye'll wish the fish
Had been aa left in the sea
By the time ye've finished guttin herrin,
On the Yarmouth quay.

We've gutted fish in Lerwick
And in Stornoway and Shields
Worked alang the Humber
Mongst the barrels and the creels
Grimbsy, Whitby
They've all been seen by me
Bit the place tae see the herrin
Is the quay at Yarmouth toon.

119. Big Jimmy Drummond

Oh my name it is Big Jimmy Drummond
My name I will niver deny
I hiv moolied the ghannies in dizens
And there wis naebody there for tae tell
Till a scaldie gadgie did shop me
Pretended tae be my friend
It wis him that telt the hornies aboot me
And from then on my freedom did end.

Aye my name it is Jimmy Drummond
I'm a man yese aa ken sae well
I wis quickly handcuffed and shackled
And led tae poor auld Danl's jail
Last nicht I lay in a cauld granzie
Last nicht I lay in a cauld jail
Wi my my mort and my kinshins aa scattered
And I dinna ken whaur they may be.

For I quickly did change my colours
When I had one round o twelve months in jail
Aye, I quickly did alter my colours
When I wis led tae poor auld Danl's jail
An if ever I do go a-chorin
I'll be sure tae be gaen by mysel

For I'll moolie the ghannies in dizens
And there'll be naebody there for tae tell.

But it's nae mair I'll gang a-chorin
For I swear tae my God that's above
And whenever the hornies they bing on me
There'll be naebody tae snatch but mysel
Oh my name it is Big Jimmy Drummond
And my name I will niver deny
I hiv moolied the ghannies in dizens
And there wis niver onyone there for tae tell.

120. The Jolly Tinker (Elizabeth Stewart, 2002)

I am a jolly tinker
An I've come fae the toon
An I'm lookin for a job o work
An I'm searchin aa aroon.

cho. Wi ma langful tooral ooral
        Ooral, ooral, ooral-ey.

Oh hiv ye got a job o work
That a tinker can attend
An hiv ye ony pots or pans
Or candlesticks tae mend?

cho.

She lookit the tinker up and doon
For a handsome man wis he

Thocht she I've got a job o work
If he'd ging tae bed wi me.

cho.

She said, I've got a job o work
That a tinker can attend
Bit it's naethin tae dee wi pots and pans
Nor candlesticks tae mend.

cho.

He deekit the manishy up an doon
For a barry culloch wis she
Take fake her intae kip tae ma naggins
Bing the lowie and fake avree.*

cho.

He took his hemmer in his hand
And he began tae knock
Tae let the hantle roon aboot
Think he hid started work.

cho.

She got this young man intae bed
An the real work it began
An aa nicht lang they heed an hoed
Till the early oors o morn.

cho.

When time hid come tae tak his leave
She held on fast and true
Sayin, Could ye nae bide anither nicht
For I hiv mair work for you?

cho.

Oh no, no, no that canna be
For fit ye dinna ken
I hiv a wife an bairnies three
They're waitin for me tae come hame.

cho.

Bit if a child it should be born
As there could easily be
It'll mind ye on the nicht we hid
When ye took the wills o me.

cho.

And if this child it should be born
And it should be a son
Jist tell him this an tell him that
He is a tinkler's son.

cho.

And if for me he wants tae see
Fin aa is said an deen
Jist tak his hand an look for me
In a place caaed Aiberdeen.

cho.

*Cant verse meaning
He lookit the woman up and doon
For a good-lookin woman wis she
Tae get her intae bed tae masel
Get the money and gang awa.

121. The Coast o Spain (Elizabeth Stewart, 2003)

It wis early, early by the break o day
Doon by yon green fields I chanced for to stray
I heard a young maid to sigh and to say
Oh my ain true love he's gone far away.

He's gone and he's left me here in misery
And it's where to find him I do not know
I'll search those green fields and valley's low
Tho the hills be covered aye in frost and snow.

The lammel-lea shall be my bed
And the highest angel shall guard my head
And it's aa aroond me the smaa birds play
And it's there I will lie till the break o day.

Whose voice, whose voice is that now I hear
Is that the voice o my Wullie dear?
If I had wings oh to him I'd fly
It shows what the power of true love can do.

It is I, it is I my Nancy dear
It is the voice o your Willie dear
And it is for me you shall not fear
For I am where there is no fear.

Oh the sun went doon and the moon it did rise
There appeared a convict fae the coast o Spain
His legs were tied up wi a ball and a chain
And his counteree wis o the shamrock green.

O Nancy, O Nancy weep no more for me
For I am in heaven where my soul is free
And it's all your crying it is in vain
For my body lies cold on the coast of Spain.

122. Cruel Edwin (Elizabeth Stewart, 2008)

A stranger came intae this place
An a handsome man wis he
I couldna keep ma een aff o him
Nor him his een aff me
Nor him his een aff me.

It's tae the wids we seen did gyang
Tae frolic sport an play
We wandered in the evenin sun
An fondled in the new made hay
An fondled in the new made hay.

Wi promises that we'd be wed
I wis barely syventeen
It wisna lang before that he
My innocence he'd teen
My innocence he'd teen.

My parents niver likit him
They telt me at the stairt

O Rosie dear we greatly fear
This man he'll brak yer hairt
This man he'll brak yer hairt.

O parents dear do not forbear
If you think that I've done wrong
Jist love me as you've aye ways deen
An try and mak me strong
An try and mak me strong.

For he wis my first and only love
I couldna help myself
Wi his rovin een an his speech sae keen
Soon had my hairt beguiled
Soon had my hairt beguiled.

For the red has left my rosied cheeks
My waist's no longer trim
And the news I hiv tae tell tae you
A child I bear within
A child I bear within.

We'll tak the bairnie for oor ain
O it we'll tak good care
But a promise you must mak tae us
Ye'll see this man nae mair
Ye'll see this man nae mair.

Young Edwin he wis born in May
An aa een loved him well
Bit Rosie's love she langed tae see
Her parents durst she tell
Her parents durst she tell.

It's oot the hoose she'd sneak at nicht
Fin aa wis soon asleep
An doon the lanes she'd rin tae him
Intae his bed she'd creep
Intae his bed she'd creep.

O Edwin fan will we be wed
And gie tae me yeer name?
For sin I've brocht upon my bairn
Tae my parents I've brocht shame
Tae my parents I've brocht shame.

For my belly it doth swell again
My parents they don't know
And when they do I know that I
Will have no place to go
Will have no place to go.

In the aul kirkyard we'll meet the morn
Boot thirty past the oor o echt
Tell nae een that we are tae meet
And mind and nae be late
And mind and nae be late.

That nicht when tae the kirkyard went
Her hairt wis full o glee
For thinking that his bride she'd be
So she went richt ear-ily
So she went richt ear-ily.

And as she opened up the gates
A-diggin she did hear
And when she went a-further in
For her life she began tae fear
For her life she began tae fear.

For by a yew tree in a neuk
Her love wis diggin deep
And mutterin tae himsel she heard
She'll soon be deid asleep
She'll soon be deid asleep.

It's oot the gate she did gang
An doon the road she ran
In haste her parents she did tell
It's, Didn't we warn ye well?
It's, Didn't we warn ye well?

Go back, go back her father said
Her brother said the same
An dinna fear for we'll be richt near
And it's you he'll niver hairm
And it's you he'll niver hairm.

He greeted her wi kisses three
Sae false, sae false wis he
An up an doon and roon till soon
A sudden turn took he
A sudden turn took he.

And as they neared unto the pit
A mighty shove gaed he
And in the grave poor Rosie went
A-screamin loud wis she
A-screamin loud wis she.

Dae ye think that I wid mairry you
Fin I'd nae intentions tae?
For I hae a sweethairt o my ain
And I'd ne'er trade her for thee
And I'd ne'er trade her for thee.

Her father struck him michty sair
Till he landed on the grun
Her brother wi some lengths o tow
His airms an feet he bun
His airms an feet he bun.

The judge said, Oh you cruel young man
Two lives you meant to end
In jail you'll be till death becomes thee
And Rosie ye'll nae hairm again
And Rosie ye'll nae hairm again.

Noo Rosie sadly rues the day
This man her een fell on
Wi her parents twa she still bides
Wi noo a dother and her son
Wi noo a dother and her son.

123. Jimmie Fleeman (Elizabeth Stewart, 2009)

Jimmie Fleeman it is my name
Near Langside it is my hame
I've traivelled aroon the countereeside
Jist tae work for the genteree.

A hump upon my back hae I
Wi gingered-coloured hair
A great big nose and shuffled teeth
Nae winder that they stare.

They caa me gype they caa me feel
They mock me the wey that I am
Tae anger me, that's whit they'd like tae dee
But I keep as calm as a lamb.

My skweel days were few and far between
They little saa muckle o me
Bit I wisna sae feel tho little I gied tae skweel
For they niver could catch up wi me

The Lairds they liked tae hae me aroon
They ca'd me the Orra Loon
The Laird o Udny's feel am I
Bit fa's feel are ee.

At the castle o Knockhall
Noo the Laird he wis richt gweed tae me
Bit the wife o him a coorse wretch wis she
And often wished that I wid dee.

Bit fin the castle it went on fire
Fae the reeftops she screamed doon at me
Oh Jimmie will ye please save me
I said, The nicht ye'll be whaur ye've aften wished o me.

So I let her burn in Hell
For the coorse wye she aye treated me
Bit the castle's treasures I did save
For the een that wis aye gweed tae me.

For years I've gaen roon them aa
In sunshine an in snaa
Hard times hiv left their mark on me
I want hame afore I dee.

I've worked aroon the Buchanside
The North, South, West an East
An fin I dee, when ye lower me
Dinna bury me like a beast.

124. Lord Gordon's Bonnie Boys (Elizabeth Stewart, 2004)

Lord Gordon he hid siven bonnie sons
And they were big and braid, o
And it's ony thing Lord Gordon bid them dee
The sons they wid obey, o.

It's ye'll gang doon tae yonder moss
My sons, my sons sae tall, o
And it's ye'll get peat oor hoosie for tae heat
And tae keep us fae the cal, o.

So they set aff that fateful morn
The peaties for tae cut doon
Bit it's little did Lord Gordon think
They were gaen tae their doom, o.

And as they went alang their wye
Their spirits they were high, o
Bit fae a window Lord Forbes watched
And he watched them in the sly, o.

They hidna been an oor awa
An oor bit scarcely twa, o
As Forbes thought aye it's he did plot
For tae wipe them aa awa, o.

Noo Forbes an aa he hid siven sons sae braa
Bit they were mightyful cruel
And it's onything Lord Forbes bid them dee
They bided by his rules, o.

Oh it's ye'll gang doon tae yonder moss
My sons, my sons sae braa, o
Gyang hack them doon spare ee nae een
For tae tell whit ee hae deen, o.

Sae slyly they did creep upon
The Gordons for tae hack doon
And they hae slain Lord Gordon's bonnie boys
And hae brocht them tae their doom, o.

Oh maid ye'll gyang doon tae yonder moss
My laddies for tae feed, o
Bit little did Lord Gordon ken
That his laddies they were deid, o.

Oh whit a sicht my een for tae see
Oh wha has deen this trick, o
For siven heids lay side by side
Each een upon their stick, o.

Oh it's will I mak it tae the haa
Tae tell them o this fate, o
Or will I be the very neist een
Or will I be too late, o?

Well but she did mak it tae the haa
Her maister for tae tell, o
Bit it's fae the stairheid he did stand
An it's fae there that he fell, o

Noo the maister's awa, his siven sons an aa
His lady she hid them laid doon
This life to bear wi hairt sae sair
Dear God wid ye tak me soon, o.

It's twa lang years hae passed and gaun
This lady she grew ill, o
And what ailed her noo there's neen could tell
And seen she deit herself, o.

125. Geordie's Jig (Elizabeth Stewart, 2005)

Piano Composition

Jig Time: with a swagger

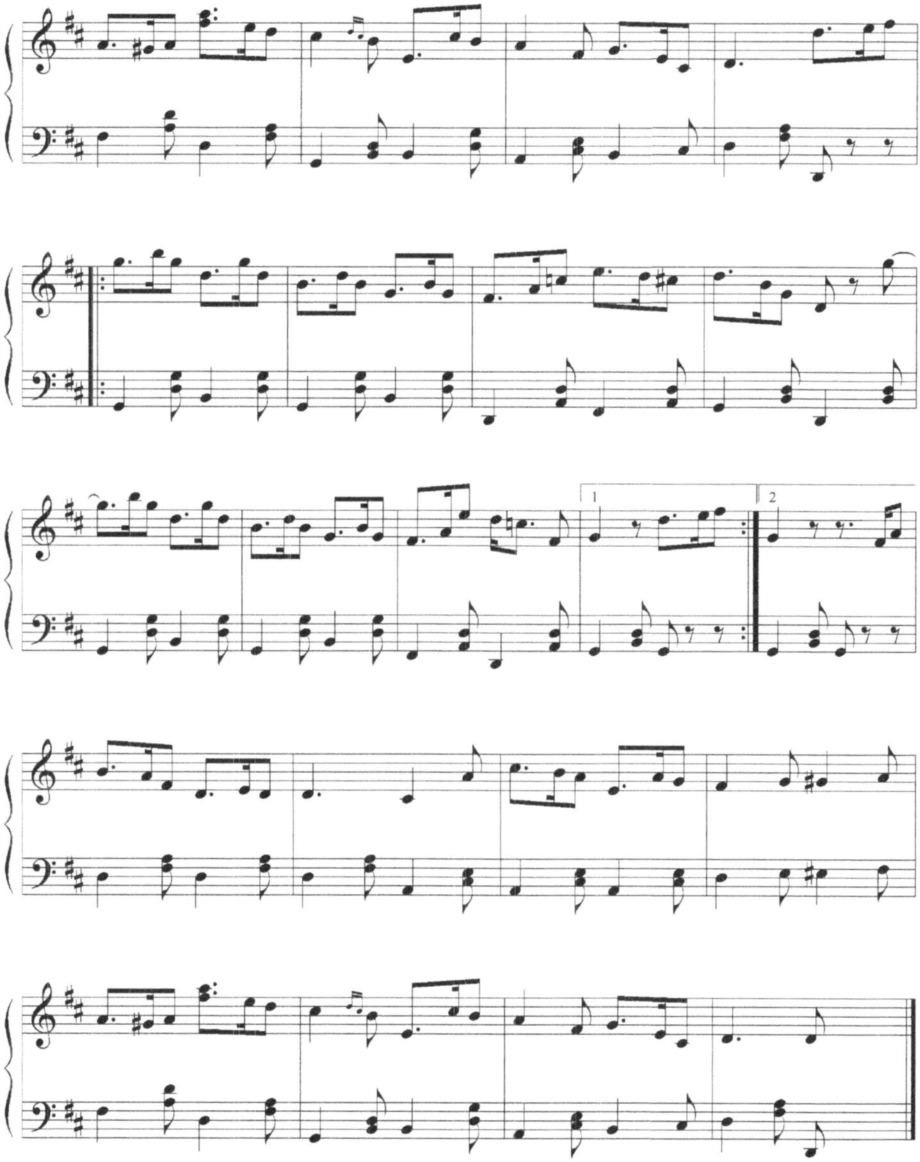

126. Alison's Waltz (Elizabeth Stewart, 2007)

Piano Composition

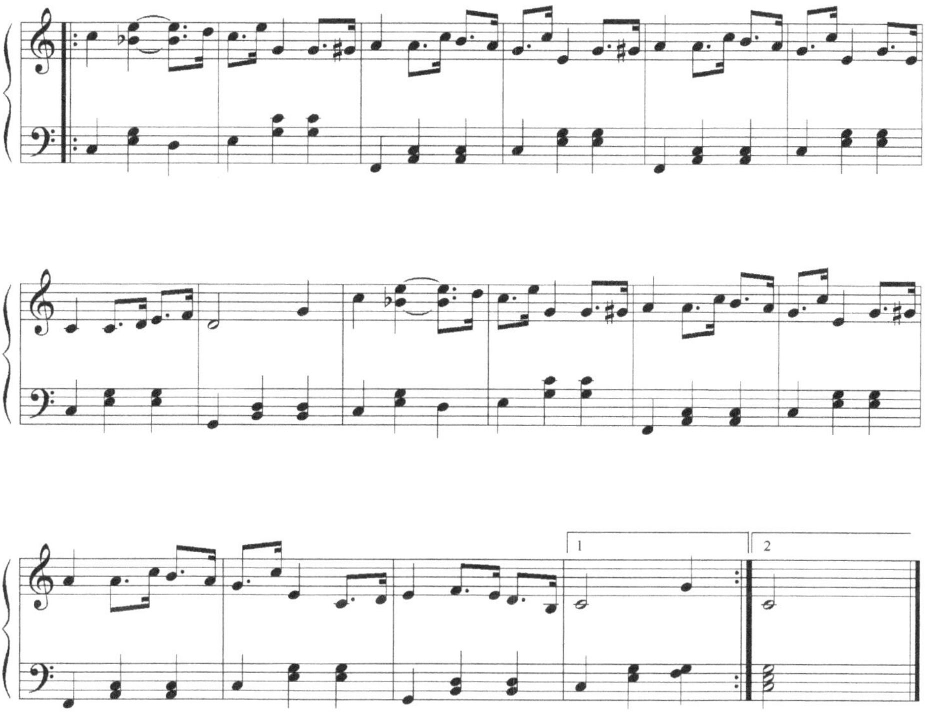
1
2

Song Notes

—Geordie McIntyre

FSNE: Gavin Greig, *Folk-Songs of the North-East*.

GD: Gavin Greig and James Bruce Duncan, *The Greig-Duncan Folk Song Collection*.

ES 2002–10: Elizabeth Stewart (2002–2010), field recordings made with Alison McMorland (held privately).

ES 2004: Elizabeth Stewart (2004), *Binnorrie*, CD issued by Elphinstone Institute, University of Aberdeen, EICD002.

ES 1992: Elizabeth Stewart (1992), *Atween You an' Me*, issued by Hightop Imagery, HTI001.

LS 1989: Lucy Stewart (1989), *Lucy Stewart: Traditional Singer from Aberdeenshire, Scotland, volume 1—Child Ballads*, issued by Greentrax, CTRAX031 (re-issue of Folkways 1961 recording FG3519).

LS 1978: Lucy Stewart (1978) *Lucy Stewart: Scottish Songs & Ballads* cassette compiled from field recordings made by Hamish Henderson and Peter Kennedy in 1955, Folktrax365. This material is also held as part of the School of Scottish Studies Sound Archive.

LS 1963: Lucy Stewart (1963), field recordings made by Howard Glasser, held in the Howard T Glasser Archives of Folk Music Archives and Special Collections, University of Massachusetts Dartmouth, MA, USA.

ES 1963: Elizabeth Stewart (1963), field recordings made by Howard Glasser, held in the Howard T Glasser Archives of Folk Music Archives and Special Collections, University of Massachusetts Dartmouth, MA, USA.

SA tapes in the range SA1959–60 refer to field recordings made by Kenneth Goldstein and held in the Sound Archive of the School of Scottish Studies, University of Edinburgh.

SA tapes in the range SA1955 refer to field recordings made by Hamish Henderson and Peter Kennedy in 1955 which are part of the Sound Archive of the School of Scottish Studies, University of Edinburgh.

Chapter One

2. Up Yon Wide an Lonely Glen

Yet another handsome variant both musically and textually of this type of song, where a high born individual, out walking or hunting, attempts to woo a country lass. Other examples are: *Skippin Barfit Through the Heather, Queen Amang the Heather* and *O'er the Moor Amang the Heather* collected by Robert Burns. In Ireland, particularly the north, we have *Doon the Moor* and the spirited *O'er the Moor Amang the Heather*, entirely different in character but not content from that collected by Burns. ES 2004, GD, no. 962V; Henry, H177, p. 271; Ord, p. 433; Roud 375.

3. The Gypsy Laddies (Child 200)

A fine version that is very close to the 'A' texts in both Child and Greig-Duncan. Child printed eleven versions from Scotland, England, Ireland and North America and his 'A' text, i.e., of the highest merit, came from Alan Ramsay's *Tea-Table Miscellany*, Edinburgh, 1763. Many versions cite the lady in question (usually spellbound by the Gypsies where 'they cast the glamour o'er her' glamour being glamourie, i.e. enchantment) as the wife of the Earl of Cassilis, a noble Ayrshire family. This places the narrative to the early seventeenth century. Also, in most versions, irrespective of the number of Gypsies involved, they meet with some form of execution. ES 2004; Child, IV, 61; GD, no. 278; Porter and Gower, p. 131; Roud 1.

4. The Battle o Harlaw (Child 163)

This battle was fought at Harlaw, north west of Aberdeen in 1411. A Highland/Island force, under Donald of the Isles engaged with a Lowland force under the Earl of Mar. The lowlanders, evidently, won. However, this ballad, as chronicled here, is historically inaccurate on a number of counts. Child believed it to be of relatively recent origin, given the omission of the Earl of Mar, the intrusion of Sir John the Graham and Sir James the Rose, and the undue prominence given to the Forbeses. More important than its inaccuracies is its paced, lengthy narrative to a superb tune. For very full notes on this ballad, plus a number of variants see Greig-Duncan and Child. LS 1989; Child, III, 316; GD, no. 112, I; Roud 2861.

5. The Baron o Brackley (Child 203)

Scotland's North-East has a number of quite superb family feud/revenge ballads, e.g., *The Burnin o Auchendoun, Edom o Gordon* and *The Bonnie Hoose o Airlie. The Baron o Brackley* is no exception and it appears in much more complete form in Greig-Duncan. Brackley is located in Deeside. Child gives the most complete versions both in quantity and quality. Lucy's melody is a particularly handsome one. LS 1963; Child, IV, 84; GD, no. 234; Roud 407.

6. Bonnie Udny

Udny is a village to the north west of Aberdeen. Gavin Greig states that this song 'is not as local or specific as the title suggests' and indeed it circulated widely in chapbooks and broadsheets where it became localised. We have a *Bonny Portrush* and a *Portmore, Kilkenny* and *Yarmouth*, all 'fine towns that shine as they stand'. An outstanding version *Bonny Paisley* (with explicable weaving-trade references) is in W. Logan's *Pedlars Pack of Ballads and Songs*, Edinburgh, 1869, taken in turn from the Maidment Broadside Collection, circa 1795. While its geographical origin may be in question its one time popularity is not. Nor are the qualities of the text(s) and the various handsome tunes it is sung to. Udny was a favourite meeting place for Travellers and, for Elizabeth, this song especially evokes recollections and links. ES 2002–10; GD, no. 1089; Henry, H171; Roud 3450.

7. Twa Recruitin Sairgeants

This version is virtually identical in text and tune (but with timing variations) to others recorded in Aberdeenshire in the middle decades of the twentieth century. Recruitment methods have changed today, but not in basic essence and purpose. Likewise is the close correlation between poor economic and social circumstances, and successful recruiting. It is no surprise that this fine example should be in the Stewart family repertoire given their long military associations. LS 1978 (SA1955); Buchan, p. 76; Roud 3356.

8. The Gallant Rangers

An American song, localized and internalized by the Stewart family. In the USA it is *The Texas Rangers* and, indeed, Lucy occasionally sang 'bound for the Rio Grande' in verse 3, as in the Texan versions. See Lomax and MacEdward Leach for fine examples. MacEdward Leach informs us that 'The Texas Rangers' were 'a vigilante organisation set up before the Civil War to protect settlers of the southwest against the Indians', and adds that 'the ballad is still sung in the United States, Canada and Scotland'. Lucy learned this from her mother Betty who, not unreasonably, believed the 'Indians' referred to a mutiny of Bengali Sepoys in 1858. ES 2004; Laws A8; Lomax, p. 235; Leach, p. 138; Roud 480.

9. Jimmie Foyers

This song of a Perthshire Militiaman, is based on historical fact and dates from the Peninsular War of the Napoleonic War period. Ford described the song – which is very close to the Stewart family text – as 'a prime favourite at Harvest Homes and Handsel-Monday gatherings in rural Perthshire' in the mid-nineteenth century. In the Ford text Foyers' place of birth is stated as Campsie, a hamlet and Parish in South Stirlingshire. The dying militiaman yearns for a drink from Baker's Brown Well whereas in the Stewart version the well becomes ale. There are a number of common tunes for this narrative but none better than that of the Stewarts. Ewan MacColl used the first verse and one of these tunes as the basis for a fine new song, *Young Jamie Foyers* who now perishes in the Spanish Civil War (1936–39). ES 2004; Ford, p. 20; GD, no. 106; MacColl, *Songbook*, p. 76; Ord, p. 294; Roud 3449.

10. The Gallant Forty Twa

Not to be confused with the song of the same title in Greig-Duncan which celebrates the deeds of the 42nd Highland Regiment and also known as The Black Watch, which was founded in 1739 to keep dissident Highlanders in order. This broken-token gem of a song is also known as *Broken Hearted I Wander* and appears in Greig-Duncan under this title. Henry has a fine version known as *The Bonny Light Horseman* collected in Coleraine (1926) where the 'war' is specifically Napoleonic. ES 2004; Henry, no. H122a, p. 88; GD, no. 1584; Roud 1877.

11. Oh Cursed Be the Wars

This is the concluding verse of *High Germany* also known as *The Rout Has Now Begun*. Some indication of its one time currency in Aberdeenshire is indicated by the fourteen versions, complete and fragmentary, in Greig-Duncan. The tune is closely related to the K version in Greig-Duncan contributed by Miss Annie Shirer. LS SA1960.141; GD, no. 96; Ord, p. 360; Sharp, p. 131; Roud 904.

12. Peer Wee Jockie Clark

Clearly from the nineteenth century this song is comparatively rare. A four verse version close to Elizabeth's text was collected in Northumberland in 1954 by Peter Kennedy, titled *Father's*

Old Coat. It is most likely Glasgow in origin given the specific newspaper references. Verse two's temperance tone is obvious and the criticism of the drunken and tyrannical father is implicit. Such scenarios in the context of urban poverty were not, of course, unusual. It gives the main thrust of this wee story an added poignancy and Elizabeth tells us it was one of Lucy's favourites. ES 2004; Kennedy, p. 522; Roud 2135.

13. Yowie wi the Crookit Horn

A spirited wee song which is not, as it may appear about the theft of a sheep. Rather it is the theft of an illicit whisky pot-still – a serious matter! Elizabeth's singing of 'laird' in the last stanza, in place of Lucy's 'Devil', brings responsibility for the raid much closer to home. The text clearly pre-dates the much lengthier, literary re-write, based on the older form of the same title, by the Rev John Skinner of Longside Parish, Aberdeenshire (1721–1807). Skinner's adaptation is, unequivocally, an ode to the theft of a sheep. ES 2004; Porter and Gower, p. 143; Kennedy, no. 271, p. 603 (Lucy Stewart's version); Roud 2140.

14. The Derby Ram

Known variously as: *The Ram Song, The Ram o Bervie/Dirham/Durham*. Versions exist as far afield as Australia and North America, with predictable localisations. Ford informs us that its origin is obscure and relates that he heard a story that 'a prisoner had been condemned to death at the time of the feudal laws and was promised a pardon should he succeed in composing a song without a gram of truth . . .' Kennedy gives a more credible (but less colourful) explanation and that its origin probably links to 'The Old Tup' begging custom to which in some areas it is still attached. ES 2002–10; Ford, p. 124; GD, no. 645; Kennedy, p. 304; Roud 126.

15. Up Among the Heather

A 'wee thread o blue' gives a hint of the rich vein of bawdy which runs through much Scots folk song. This one seems to be confined to Traveller communities. It has echoes of another equally concise and jaunty variant, to a quite different tune namely *The Braes o Killiecrankie*. I recorded this from Belle Stewart of Blairgowrie in the early 1960s. It also has a distinctly 'high kilted' flavour as shown in the first verse from Belle:

> When I was young and in my prime,
> I used tae have a helluva time,
> I used tae have a helluva time,
> On the Braes o Killiecrankie.

ES 2004; Roud 1506.

16. Oh It's I Am Gaun tae Be Mairrit

A well-worked theme in folk song is of the lass celebrating the prospect of marriage, or conversely lamenting the prospect of being left 'on the shelf'. This clearly represents the former. It is evidently a Traveller variant of *I Am Gaun tae the Garret* printed in Ord and whose last lines go:

> But down in yon howe there's miller, a miller? Aye a miller
> But down in the howe there's a miller, and he sometimes comes and sees me.

So noo I'm gaun tae be mairrit, mairrit? Aye mairrit
So noo I'm gaun tae be mairrit, before that my beauty decay.

LS SA1960.138; GD, no. 1381; Ord, p. 58; Roud 818.

17. The Laird o Windy Waas

This bawdy night visiting song is also known as *Let Me in This ae Nicht* – a chorus which
persists in many versions. Burns submitted a purified version for Johnson's *Musical Museum*.
Hecht prints a very full, and explicit, version and links it to Blackletter ballads such as *Oh Who
Is It at My Window, Who Who?* Versions vary in their degree of politeness. This good example
is of the higher kilted variety. LS SA1960.147; GD, no. 778, IV, 120–23; Hecht, pp. 149–52; John-
son, no. 311, II, 320; MacColl and Seeger, *Travellers' Songs*, pp. 160–62; MacColl, *Folk Songs*, p. 56;
Porter and Gower, no. 46, pp. 197–98; Roud 135.

18. Fit Ails Thee?

A wee gem of a story set to a tune very reminiscent of *The Miller's Wedding* which underpins
Burns' *Comin Through the Rye*. It is rare and Elizabeth assures me she never heard anyone sing-
ing it except her aunt Lucy. LS SA1960.147; Roud 23558.

19. Hish-ee-ba

This family favourite is a classic example of the well-worked theme of the girl left on her own
to 'rock the cradle'. Folk song collector Gavin Greig stated, as part of a Presidential address to
the Buchan Field Club in 1905, that 'the roving life which the farm servant class leads colours
their love affairs and gives them a complexion of their own. Thrown together for six months or
a year the ploughman and the servant lass adopt each other short-term and without prejudice'.
Greig was focussing, at this point, on what he termed 'ploughman songs', whereas this is firmly
from a female perspective. *Hish-ee-ba* shares stanzas 2–4 with versions of *Hap and Row* in the
Greig-Duncan collection (no. 1398, and addendum, VIII, p. 371). Elizabeth's *Hap and Row* (no.
53 in this edition) does not include these stanzas. ES 2004; Buchan and Hall, p. 81; Cameron, pp.
135–36; Porter and Gower, p. 233; Roud 3449.

20. Oh God Will Judge You Willie Darlin

Elizabeth informs me that it is also known as *Willie Darlin*. It is another rare song from Lucy's
singing. I have not traced any print references to this short poignant piece. The enduring theme
is familiar as noted later in *The Foreign Sailor*. LS SA1960.138; Roud 23556.

21. The Swan Sweems Sae Bonnie (Child 10)

Lucy's version of this classic ballad is incomplete. However it contains the 'swan sweems ...'
refrain found in other Traveller versions and is supported by a handsome tune. Elizabeth sings
a fuller text and gives it the more familiar title of *Binnorrie* set to a different tune. See chapter 4
song notes for a fuller account of this 'muckle sang', also even better known as *The Twa Sisters*.
LS 1989; GD, no. 213; Roud 8.

22. Barbary Allen (Child 84)

Lucy's honed down text retains the core of the tale. The basis for Barbara's resentment and
heartlessness may be disputed; however, what is not in contention is the varying degrees of

remorse shown in most versions and the tragic outcome. This famed ballad has been in print circulation since the early seventeenth century. The diarist Samuel Pepys was enchanted when he heard an actress singing 'her little Scotch song of Barbara Allan' in 1666. It has survived and flourished both in print and oral tradition throughout Scotland, England, Ireland and North America. McEdward Leach informs us that 'in America it has the widest geographical distribution of any ballad and it has thrown off more text and tunes than any other'. This fact is evident from Bronson where there are no less than 198 versions of varying length and detail, usually depending on the degree of somewhat literary accretions. A particularly fine Ulster text of this 'favourite old ballad' can be found in the Henry collection. LS 1989; Bronson, II, 321; Child, II, 276; GD, no. 1193, VI, 565; Henry H236, p. 375; Leach, p. 198; Roud 54.

23. John Riley
Colm O'Lochlainn collected a fine version in 1938 from 'a little serving girl from the Roscrea district' where it was titled *Reilly the Fisherman* and states the song was known all over Ireland. Indeed the consensus is that it is Irish in origin and owes much of its wide distribution to the ballad sheet along with concomitant textual and tune variations. This distinctive version with its handsome tune compares very favourably with any. LS SA1960.145; ES 2002–10; GD, no. 22; Henry, H468, p. 441; O'Lochlainn 7, II, p. 14; Roud 270.

24. It Wis of a Brisk Young Sailor Boy
This is closely related to *O the Rose* which is the A text in Greig-Duncan. Other versions of this courtship song exist within the Stewart extended family. LS SA1960.145; ES 2002–10; GD, no. 1218, notes, VI, p. 574; Roud 6312.

25. Sailin, Sailin
Some measure of this song's popularity is indicated by the twelve versions from the North-East in Greig-Duncan. There are also fine English versions, e.g., *A Sailor's Life,* collected from Henry Hills of Sussex. What is distinctive here is the first person narrative and the decidedly bleak ending. ES 2004; GD, no. 1245; Vaughan Williams and Lloyd, p. 94; Roud 273.

26. Three Bunches o Black Ribbons
This appears to be Irish in origin. A closely related text was collected from a Mrs Cathy Sheeran of Co. Fermanagh, by Sean Corcoran. Mrs Sheeran's title is identical and her penultimate verse runs,

> Three bunches of black ribbon
> Three bunches I'll put on
> Three bunches of black ribbon
> To mourn, for he is gone.

In addition, unlike Lucy's version, Mrs Sheeran's has a number of 'floating' verses which appear in other songs of this nature. LS 1963; Roud 22580.

Chapter Two

29. The Butcher's Boy
Many versions of this tragic narrative are found in the tradition. Greig refers to its likely origin 'as a broadside as far as North-East minstrelsy is concerned'. Greig-Duncan published

five versions. The motive for murder in some instances is to enable the butcher boy to marry a woman of a higher station, as in the fine example, from the late Almeda 'Granny' Riddle of Arkansas. (Incidentally Granny Riddle also sang *The Texas Rangers*). *The Butcher's Boy* was a favourite of Jean Stewart from whom Elizabeth learnt it. ES 2004; Laws P24; *FSNE*, CXXXIX; GD, no. 200; Riddle, p. 14; Roud 409.

30. The Cruel Grave (Child 248)
Again, Elizabeth learned this superb version of *The Lover's Ghost* from her mother Jean. It compares most favourably with the outstanding *The Grey Cock* collected, in 1951, by Pat Shuldham-Shaw and Marie Slocumbe from Mrs Cecilia Costello of Birmingham. Another variant was collected in Newfoundland by Maud Karpeles, in 1929. The family version, unlike, e.g., Mrs Costello's way of it, implies that the night-visitor is a revenant. Nevertheless its power and supernatural sense remains undiminished. It has the important 'cock-crow' motif which relates to the ancient folkloric belief that the dawn bird-cry is a signal to the revenant that it must return from the land of the living to that of the dead – 'to the world without pity'. ES 2002–10; Bronson, IV, 17; Vaughan Williams and Lloyd, p. 52; Roud 21234.

31. Sir Patrick Spens (Child 58)
This celebrated ballad is of high dramatic and poetic merit. Professor Child describes his A text, drawn from Thomas Percy's *Reliques of Ancient English Poetry* (London, 1765) in the following terms: 'It may be a fragment but the imagination supplies all that may be wanted.' Nevertheless his much anthologised 'fragment' of eleven verses contains all the key elements of this classic tale: the captain caught in a no-win situation sign-posted by two portents of the disaster to come; the 'blude red wine', and the dire weather warning. Fuller versions usually include details of the actual voyage and its specific purpose, either to take a princess to Norway, or vice versa. Elizabeth sings a fuller version. Her comments illustrate how a ballad becomes, or can become, internalised and partly localised. 'Norway was called Nor-a-way in these olden days, and this is how it was sung to me. Actually, I like it this way, and no matter what, I believe it was Aiberdour, near Fraserbugh that the tragedy struck, as this would be the nearest point to and from Norway rather than the other Aberdour, in Fife'. ES 2002–10; Child, II, 17; GD, no. 17; Bronson, II, 29; Roud 41.

32. The Laird o the Dainty Doonby
A large and less colloquial version of this lively song appears in Herd. It presents a familiar theme where the lass or maid of 'low degree' is seduced, then later, honoured by the protagonist who is of higher status and wealth. The outcome is a happy one; however, given the realities of the social class distinctions of the time it has, perhaps something of a fantasy element. Elizabeth sings this spirited version to a tune closely related to *Johnny Cope*. We know of its popularity within the Travelling community since it was in the repertoire of both Jeannie Robertson and Maggie McPhee. ES 2002–10; Buchan and Hall, p. 88; GD, no. 1488; Herd, II, 232; Porter and Gower, no. 39, p. 182; Kennedy, no. 179, p. 407 (Lucy Stewart's version); MacColl and Seeger, *Travellers' Songs*, no. 21, p. 110; Roud 864.

33. My Nannie, O
A firm favourite of Lucy's from Scotland's national bard Robert Burns. Its title in Dick is *Behind yon Hills where Lugar Flows* to the tune of *My Nannie, O*. Lucy's oral version is slightly shorter than the original and her tune, a simple, four line strain is most effective. LS SA1960.147; Dick, no. 13, p. 12; Roud 22579.

34. Roy's Wife o Ardivalloch

This would appear to be a much expanded version of the original written by a Mrs Grant of Carron who, according to Chambers 'purified an old vulgar song'. The tune, a delightful strathspey, evidently pre-dates the song. The gist of the song is as follows. John Roy of Aldivalloch married Isobel Stewart in February 1727. Roy was at least three times older than young Isobel, who presumably married him for money. David Jordan, a rejected suitor "ran away with the bride" but was promptly brought back after a chase over the Braes o Balloch. This provided the raw material for the song. Johnnie Gordon was yet another rejected suitor. The song closes with a wee bit of black humour since, given Roy's age, he might not last long and Johnnie might, just might, fill the gap! LS SA1960.138; ES 2002–10; Chambers, p. 433–36; Douglas, no. 33, p. 62; GD, no. 748; MacColl, *Folk Songs*, p. 68; Roud 5137.

35. The Wee Toon Clerk (Child 281)

Professor Child commented that 'No one looks for decorum in pieces of this description but a passage in this ballad which need not be particularised is brutal and shameless beyond example'. This richly comic, as well as ancient tale, occurs in many versions both here and in North America and Bronson lists 38 variants. Here it celebrates, by modern standards and in a mildly bawdy manner, the joys and risks of clandestine lovemaking in defiance of a watchful and jealous mother. The text is very close to the one collected by Hamish Henderson in 1952 from Jimmy MacBeath of Portsoy, Banffshire, under another common title *The Keach* [commotion] *in the Creel*. ES 2004; Bronson, IV, 257; Child, V, 122; GD, no. 317; Henry, H201, p. 265; Roud 120.

36. Robin Tamson's Smiddy

From the pen of the Glasgow vernacular poet Alexander 'Sandy' Roger (1784–1846). One of many poet-songwriters of the period, Roger published locally and acquired a popular following. This excellent song appears to have had a wide circulation in broadsheet format which, typically, had no authorship acknowledgement. A number of tunes have been utilised, again, an entirely normal pattern since the penny-sheet had no written music. It appears credited as a 'Northumberland' song in *English County Songs*, edited by Lucy Broadwood and J. A. Maitland (London 1893). However its Scottish origin and authorship is not in doubt. LS SA1960.143; GD, no. 1009; Laws O12; Roud 939.

37. In London Town

In London Town probably owes its distribution to being a broadsheet ballad where the location of this tragic tale has changed, probably as a selling point. It has been titled as: *In Coleraine* or *Kilmarnock* or *Camden Town*. Cecil Sharp collected two versions in 1905 and 1908 titled *Floating Down the Tide*. ES 1992; GD, no. 1188; Laws P18; Roud 601.

38. The Gypsy's Warning

J. H. Cox informs us that 'Parlour songs of this nature enjoyed considerable popularity, both here and in the USA. It first appeared in sheet music form in Brooklyn, New York in 1864' and adds that 'it is common in songsters and broadsides'. Laws believed it to be of American origin. It clearly entered the oral tradition and was in the repertoire of Fred Jordan of Shropshire (1922–2006) and Bob Hart (1892–1978) of Suffolk. It has been kept alive by country/bluegrass singers as well as such notables as Jean Ritchie of Viper, Kentucky. Jean Stewart's text and tune is nearly identical to the Virginian version in J. H. Cox. ES 2002–10; Brewster, no. 55, p. 271; J. H. Cox, p. 439; Laws, appendix 3, p. 277; Roud 3760.

39. When I Wis Single

Of early origin, this is well known and widely sung in Scotland, England, Ireland and beyond in numerous versions. This is one such, short and to a most lyrical tune. Children in Glasgow still sing, with innocent feeling, and much less lyrically:

> When I was single I bought a powder puff
> Noo that I'm mairriet I cannae afford the stuff.
>
> *cho.* It's a life, a life, a weary, weary life
>   It's better to be single than to be a mairriet wife.

LS SA1955; GD, no. 1292, VII; Kennedy, no. 204, p. 46; Ritchie, p. 33; Roud 437.

40. Johnnie My Man

The collector Robert Ford, writing in the late 1890s stated, 'Forty and more years ago [this] was a common street song in various parts of Scotland and found ready sale, always in penny sheet form, chiefly among those who required most its pointed moral lesson'. The degree of moderating influence of a temperance song of this nature may be questioned but certainly not its popularity and wide distribution, particularly in Scotland and Ireland where it is in evidence in both the printed and oral tradition. ES 2002–10; Ford, p. 328; GD, no. 587, III; Henry, H807, p. 514; Kennedy, no. 272, p. 604 (Lucy Stewart's very different version); Ord, p. 367; Roud 845.

41. Cod Liver Oil

Colm O'Lochlainn was a printer to trade as well as an avid song hunter-gatherer. In his childhood he learned a very complete version of this witty song, placing it in the 1920s, from his father's cousin Alice Deeag of Waterford. O'Lochlainn informs us that while the author is unknown he remembers well seeing adverts in old magazines for Dr De Jonge's Cod Liver Oil and there seems no doubt that the origin is Irish. (See Elizabeth's parody, chapter 4.) ES 2002–10; O'Lochlainn, p. 60; Roud 4221.

42. The Dying Plooboy

This song was composed by Rev. R. H. Calder who became the Parish Church minister at Glenlivet. He was a classmate of Gavin Greig's, who thought highly of this composition. John Ord described it as 'one of the most popular bothy songs of the present day'. Ord believed a 'bothy' song was in essence a generic name for folk-song. Others thought it a more specific term, exclusive to the North-East of Scotland. Be that as it may, a 'bothy' was the name given to unmarried male farm servants' living-quarters. These bothies were basic in terms of accommodation while, evidently, rich in singing and song-making! The version here is virtually identical to the Rev Calder's composition. ES 2002–10; GD, no. 700, III; MacColl and Seeger, *Travellers' Songs*, p. 318; Ord, p. 235; Roud 2514.

43. A Wee Drappie o't

Ord's ten stanza version of this fine convivial song calls for moderation and the six stanzas in Ford's collection conclude with:

> So ilka chiel that wants to wear an honest man's coat
> Maun never once tak mair than just a wee drappie o't.

which, on balance, makes it more temperance than Bacchanalian in character, as Ford asserts. In Elizabeth's shorter version it certainly is not the case. LS SA1960.138; Ford, p. 181; GD, no. 560, III; Laing, p. 187; Ord, p. 370; Roud 5610.

44. Donal Blue

'Drunken wife' songs are generally less common, although the classic *Hooly and Fairly*, i.e., *The Drunken Wife o Galloway* does come to mind. This then is a comparatively rare song. Collector Robert Ford described it as having been 'a common favourite at merry meetings throughout the shires of Perth, Stirling, Forfar and Fife' and although 'rough in texture' containing a palpable moral. Here Ford is referring to the more complete, nine stanza version which he believed was printed by him for the first time. It concludes with the wife mending her ways:

> Noo frae this day to that Jeanie never buys a gill
> Nor will she wet her mou in the morning.

This family version, although closely related, has no such moral conclusion and has the added distinction of an extraordinary tongue-twister and comic chorus. LS SA1960.143; Ford, p. 48; GD, no. 1456, VII; Ord, p. 52; Roud 3799.

45. The Heilan Men's Ball

Many folk have vivid personal memories of 'wee' Jimmy MacBeath (1894–1972) giving hilarious performances of this richly comic song with its catalogue of fantastic characters. Jimmy was a Stewart family friend and at one point as a younger man, was employed by Elizabeth's uncle, Big Geordie Stewart of Huntly, who taught Jimmy many songs. However it was Elizabeth's great-uncle, Davie Stewart (1901–72) known as 'The Galoot' who taught Jimmy this song and as Elizabeth says 'everybody sings it different'. Jimmy and Davie – song-carriers extra-ordinary – came to justified, wider fame via the mushrooming Scottish Folk Song revival from the mid 1950s. LS 1963; ES 2002–10; Roud 3389.

50. There Were an Auld Man He Cam ower the Lea

This a fragment of the much longer and popular ballad known as *The Beggar Man* or *The Gaberlunzie Man* (a gaberlunzie being a beggar's wallet). Its distribution is widespread in the North-East of Scotland certainly, as well as further afield and not least among the Traveller community. It made its first appearance in print in 1724 in Allan Ramsay's *Tea Table Miscellany*. It is said to have been composed by no less than King James V of Scotland who was in disguise as a beggar – an activity he evidently enjoyed. LS SA1960.145; ES 2002–10; Bronson, IV, 227–49; Child (appendix 279), V, 115; GD, no. 275, II; Ord, p. 375; Roud 119.

51. When I Wis a Wee Laddie

Gavin Greig states that 'this humorous ditty is well known and often sung'. It was written by James Nicolson, an Edinburgh tailor, who was also a poet. LS 1963; ES 1963, *FSNE*, CLXX; John Greig, VI, 302–04; Roud 2858.

52. Three Bonnie Lassies fee Bunion

This was popularised by 'the first Irish folk singer of note' Delia Murphy (1902–71). Delia was born into a wealthy family. 'As a young girl she befriended the Travellers who camped near her home. One of them, Tom Maughan, around Delia's age introduced her to ballad singing'. Elizabeth relates that her mother Jean and Aunt Lucy sang it regularly, learned from a Delia Murphy vinyl recording. The song has since been recorded by numerous singers including Burl Ives and Calum Kennedy. However what is of particular interest is Delia's informant link with, and inspiration from, Irish Travellers. The precise Irish locale of the *Three Bonnie Lassies fee Bunion* was Bannion. LS 1963; Roud 818.

53. Hip an Row

A full, and excellent version of this bawdy song is in Greig-Duncan. The unmarried girl left to 'rock the cradle' is a common theme. It is also known as *The Reel of Stumpie*, a thinly disguised, metaphor for sexual intercourse. A fragment called *Wap and Row* was collected by Robert Burns and is printed in *The Merry Muses of Caledonia* (Panther Publishing, 1965, ed. by James Barke and Sydney Goodsir-Smith), p. 79. The family tune is the ancient *Reel o Stumpie* and virtually the same as that in Greig-Duncan. LS SA1955; GD, no. 1398, VII; Johnson, no. 457; Roud 7252.

55–56. Ten O'Clock Is Ringing/ My Lad's a Bonnie Lad

Eight O'Clock or *Ten O'Clock Is Ringing*, as noted by the Opies, has been part of children's 'street play' as a skipping or clapping game since the nineteenth century. In the early 1960s Ritchie gave us a nearly identical first three verses ending with

> At last I took his apples
> At last I took his pears
> At last I took his sixpence
> And kissed him on the stairs.

Stanley Robertson's version, as with Elizabeth's singing of *Twelve O'Clock Is Ringing*, ends with a change of tune in the last verse:

> My lad's a bonnie lad
> My lad's a dandy
> My lad's a bonnie lad
> Sweet as sugar candy.

ES 2002–10; Ewan McVicar notes that it was printed by A. Cheviot in 1896 (p. 165). Opie, *Children's Games with Things*, p. 288; Ritchie, *The Singing Street*, pp. 97–98; Robertson, *Rum, Scum Scoosh*, p. 23; Roud 12986.

57. Three Jews Lived in Jericho

A song (and game) that offers children the opportunity to say 'naughty' words by misconstruing the end of a featured word in the various verses. *Three Jews Lived in Jericho* was a ring game played by Elizabeth as a child and it has also been found as a ball bouncing game. A closely related version, collected from Freda Palmer in Oxfordshire in the early 1970s is called *Three Men Lived in Jerusalem* (McMorland, *The Funny Family*, no. 80). In Canada, it is found as *Three Jolly Fishermen* and gives an additional country as Amsterdam thus allowing an emphatic 'damn! damn! damn!' to be shouted out (Fowke, p. 98). It has also been sung in Newfoundland since at least 1933 (Greenleaf and Mansfield, p. 357). ES 2002–10; Roud 3708.

58. Miss-is Brown

The Opies state that 'the fashion for hand-clapping seemed to reach a peak during the late nineteenth century and up to the First World War. Various verses were strung together'. This may be the case here. The Stewart version seems to have verses from the family as well as a change of tune on the line 'oh dear me what a cold you've got' to make it a distinctive handclapping song.

> Mrs Brown went to town
> With her knickers hanging down

is also associated with the rhyme. LS SA1960.141; McMorland, *The Funny Family*, no. 19; Opie, *Singing Games*, p. 441; Roud 12982.

Chapter Three

61. As I Went A-Walkin
A delightful family version of a song that is almost certainly English in origin and perhaps better known as *The Pretty* or *Jolly Ploughboy* or *The Lark in the Morn*. It may well owe its wide distribution, in part at least, to the print, i.e., the broadside tradition, given the relatively similar texts. The Copper Family of Rottingdean, Sussex have a fine version and Kidson collected a valuable fragment from a ploughman in North Yorkshire. ES 2002–10; Kennedy, p. 317 (Lucy Stewart's very different version); Roud 151.

62. Oh I Am a Miller tae Ma Trade
A gem from Lucy's repertoire which was introduced to the folk song revival by her near neighbour and great-grandson of Gavin Greig, the late Arthur Argo. The song was taken up with enthusiasm by a number of singers, notably Ray Fisher. Lucy sang it in her inimitable style and enhanced it with a hand-percussive accompaniment which echoed the rhythm and clattering of the mill wheel. LS 1963; Buchan, p. 86; Roud 888.

63. The Plooman Laddies
Again originally from the singing of Lucy this praise song is one which was taken up by the folk revivalist singers in the early 1960s and which is now widely known and sung. Arthur Argo exposed this song, via his own singing and the platform of the Aberdeen Folk Song Club which he co-founded in 1962. In 1963 Arthur took me to visit Lucy in her home in Fetterangus. On the car drive north from Aberdeen, he sang me a number of Lucy's songs, including this one. At about the same time he wrote in *Chapbook* (an excellent and somewhat rare Scottish Folk Life magazine) 'when I first taped Lucy singing this haunting love song, I considered it one of the musical highlights of my life'. *Chapbook* was published out of Aberdeen from 1963 to 1969, in roughly 23 issues with Arthur as principal editor. This splendid series was peppered with such Traveller songs. ES 2004; Buchan and Hall, p. 129 (Lucy Stewart's version, which contains some variants in the tune); Chapbook, II, 3; GD, no. 445, III; Ord, p. 223; Roud 3448.

64. The Barrin o the Door (Child 275)
This rollicking comic tale of matrimonial life or strife is in fact a modernised, i.e., bowdlerised, version of 'an older ribald ditty', *John* or *Johnie Blunt* whose last verse is:

> Ye've eaten my bread, ye hae drunkin my ale
> An ye'll mak my auld wife a whore O

Aha! Johnie Blunt! Ye hae spoke the first word
Get up and bar the door, O.

This sanitised version was first published in Herd and has now become pretty much the stan-
dardised way of it. It is enhanced by a lively chorus. SA1960.143; ES 2002–10; Child, no. 275, IV;
Lyric Gems 1st Series, p. 128; Herd, II, p. 159; GD, no. 321, II; Dick, no. 335, p. 318; Johnson, no. 365;
Chambers, p. 190; Roud 115.

65. MacPherson's Rant
Fact and legend amalgamate here. James MacPherson was, as the story goes, the son of a gen-
tleman and a Gypsy woman. He was a notorious cattle thief operating circa the 1690s. Finally,
MacPherson and two others, Gordon and Brown, were brought to trial in Banff, Morayshire.
Brown was reprieved; the others were sentenced to be hanged the following day, on 8 Novem-
ber 1700. Legend has it that MacPherson, also a fiddler, spent his final hours composing his
famous and defiant rant. A reprieve was on its way; however the townsfolk of Banff set the
town clock a few minutes before the appointed time and the fate of the prisoners was sealed.
Scots Travellers closely identify with this song given its geographic location, the link with Rob-
ert Burns who wrote an 'improved' version which has entered the oral stream and, not least,
MacPherson's lineage. Indeed Maggie McPhee (a Morayshire Traveller) placed him firmly as a
'Robin Hood' figure. Her fine version opens with 'I stole frae the rich and I gied tae the poor'. LS
1963; GD, no. 697, III; MacColl and Seeger, *Travellers' Songs*, p. 276; Ord, p. 444; Roud 2160.

66. The Laird o Drum (Child 236)
A superb ballad evidently founded on historical fact. Alexander Irvine, the Laird o Drum, is
marrying for the second time. He is 63 and his bride, Margaret Coutts, is 16 and of 'inferior
birth and manners'. Drum's relatives are not amused. It is reasonable to assume that this ballad's
popularity with Travellers is, among other things, due to the egalitarian sentiments expressed
in the last verse. One of the many versions in Greig-Duncan reinforces this point:

When Adam and Eve in the Garden o Eden
Were eating the forbidden fruit, o
Where was a your gentry then?
I am just as good as ye, o.

LS 1989; Child, IV, 322; GD, no. 835, IV; Porter and Gower, p. 185; Roud 247.

67. Tifty's Annie (Child 233)
This graphic tale, also known as *Andrew Lammie*, is firmly located in Aberdeenshire and
Annie's reputed gravestone, dated 1673, may be found in Fyvie kirkyard (see Elizabeth's photo-
graph, chapter 3, figure 3.9). Given the standardisation of many of the texts it is likely to have
had wide distribution in printed form as well as in oral tradition. Collector-publisher Peter
Buchan claimed to have sold 30,000 copies of a chapbook version, circa the 1820s. Folklorist-
collector Kenneth Goldstein comments that Lucy's version displays 'the economy of the best of
the traditional singers', referring to her consciously shortened version which does all it needs
to do to embrace the key elements of severe familial disapproval as well as the brutal treat-
ment suffered by Annie. The tale unfolds, direct and dramatic, with no extraneous intrusions.
Bertrand Bronson notes that the carrier tune is of the same tune family as *Barbara Allan* and
The Dowie Dens o Yarrow. Elizabeth's much longer handwritten version is also given here as the

B-text. LS 1989 (A-text); Bronson, III, 385; Child, IV, 300; GD, no. 1018, V; Porter and Gower, no. 78, p. 258; Ord, p. 470; Roud 98.

68. The Bonnie Hoose o Airlie (Child 199)

Airlie Castle in Perthshire was destroyed by the Earl of Argyll's covenanting forces in July 1640. However, in all of the extant versions the action time-shifts to the Jacobite Rebellion period, one hundred years later. One likely reason for its popularity within Travelling families can be attributed to their strong identity with the Jacobite cause. Many of these families claim direct descent from the scattered and dispossessed clans who supported the losing side at the Battle of Culloden, 1746. This ballad is generally well known in Scotland but rarely reported elsewhere except for a small number of North American versions. This 'feud ballad' between the Campbells and the Ogilvies is comparable to *Edom o Gordon*, (Child 178) yet another distinctly Scottish 'feud ballad'. Elizabeth has provided an additional verse (6) for this text. LS 1989; Bronson, no. 14, III, p. 196; Child, IV, 199; GD, no. 233, II; Macoll-Seeger, *Folk Songs*, p. 17; Porter and Gower, no. 28, p. 162; Roud 794.

69. My Heilan Lassie, O

From the pen of Robert Burns who titled it *Nae Gentle Dames tho' e'er sae Fair*. According to Elizabeth it was a great favourite of Lucy's whose way of it has minor textual variations. She sings it to an entirely different tune from Burns who used *McLauchlins Scots-Measure* to carry the lyric. LS 1963; Dick, no. 59, p. 61; Roud 22583.

70. In Green Caledonia

This is a variant of *Burns and His Highland Mary* and is regarded by Elizabeth 'to be the best melody' of all Lucy's songs. In the north of Ireland, where it is known as *The Clear Winding Ayr*, it was in the repertoire of that great tradition bearer Brigid Tunney of Co. Fermanagh. It was the last song Brigid passed on to her famed singing son Paddy who, rightly, called it 'magnificent'. Ford printed a full version and, writing circa 1900, stated that: 'No song touching the life of Robert Burns and his idealised Highland Mary has found more favour with the country people of Scotland than this rhapsody of unknown authorship'. It circulated widely in broadsheet form. Doerflinger gives a fine and complete text, collected in New Brunswick, married to yet another tune variant, from Maine. ES 2002–10; Doerflinger, p. 12; Ford, p. 112; Laws O34; Ord, p. 354; Roud 820.

71. Flora MacDonald's Lament

This was composed or reworked by James Hogg (1770–1835) and first appeared in his *Jacobite Relics*. Hogg tells us that he got the words – already translated from the Gaelic – from his friend the fiddle player Niel Gow. In the *Relics*, Hogg states that the translation was so rude that Gow could not publish them and then that he himself 'versified them anew and made them a great deal better without altering the sentiment'. LS SA1960.152; Groves, p. 130; Hogg, II, p. 369; Roud 22582.

73. The Pride o Glencoe

This song and song type had wide circulation and popularity. It is in the 'broken-token' category the usual half ring is replaced with a glove in this version. Henry collected a fine example, minus the mythological allusions, in Coleraine in the 1930s. LS SA1960.141; Ford, p. 247; GD, no. 1044, V; Henry, H655; p. 319; Laws N39; McMorland (2006), p. 62; Ord, p. 65; Roud 515.

74. Mebbe I'll Be Mairriet
The family tradition has it that this song is based on the story of an ill-used young woman who lived a handful of miles away from Fetterangus in Aberdeenshire. This sprightly wee song, where hope of escape springs eternal, has a good-going chorus, which is, however, absent from the one published by Gavin Greig in *FSNE*. A related fragment in Greig-Duncan is entitled *The Lad o Paton's Mill*, in which the suitor is notably lower class than the 'laird' of Elizabeth's version. LS SA1961.147; ES 2002–10; *FSNE*, XVII; GD, no. 769, IV; Roud 6187.

75. The Braes o Balquidder
This lyric gem was originally from the pen of Robert Tannahill, weaver-poet of Paisley, Renfrewshire (1774–1810). Many of the variants in text and tune are extant in Scotland and Ireland. Versions can be heard in America such as that sung in New England (Maine) under the title of *The Hills of Bell Heather*. A close relation, in highly extravagant and effuse language and imagery, is in Sam Henry titled *The Flowers of Glenleary*. Balquidder is in Perthshire. LS 1963; GD, no. 862, IV; Henry, H22, p. 232; Roud 541.

76. The Waddin o McGinnis tae His Cross-Eyed Pet
This example of the wild, highly-eventful wedding song (of which there are many) is from the pen of George Bruce Thompson of New Deer (circa 1864–1914). The text was set to music and popularised by Willie Kemp of Oldmeldrum, Aberdeenshire (1888–1965), who became famous as the 'King of the Cornkisters'. He also sang traditional songs and played the tin whistle, jawharp (the trump) and ocarina. An early recording artist on the important Beltona label, he was also a local radio star who would often be joined by Elizabeth's first cousin, Thomas 'Curly' MacKay (accordion), and her mother Jean. Other bothy singers such as G. S. Morris and John Mearns, featured on numerous Beltona 78s accompanied by Curly. (See *Willie Kemp, King of the Cornkisters*, Sleepytown Records, 2000, which features a lively, albeit totally sanitised, *Ball of Kirriemuir*). It is worth acknowledging the significant role played by the phonograph and radio in keeping many of the old songs alive. This new pattern of song and music dissemination, embracing rural musical styles and Doric idioms has become another route of oral transmission. LS SA1960.143; Roud 5158.

77. I'm Coortin Mary o Argyll
Parodies of this nature often originated from or migrated to the Music Hall. This is no exception and it appears to have been written and or sung by a Gerald Fitzgibbon (Music Hall lyricist). Not all parodies are as kindly as this one! This song type has been found in the repertoire of most traditional singers – from Scotland and well beyond. LS SA1961.141; Roud 22588.

78. I'm a Good Looking Widda
This witty and unusual song of the cavalier, serial wife has something of a black comedy element. We might be tempted to think that the unsatisfactory husband may have disappeared (or died) under suspicious circumstances. It is likely, but by no means certain, to be of Music Hall origin. ES 2004; GD, no. 1302, VII; Roud 7199.

82. Poor Gracie She's Dead
Known otherwise as *Old Roger Is Dead* this is a ring game which involves the re-enactment of 'Old Roger' being buried under an apple tree. Its fallen apples are picked up by 'the old woman' causing 'Old Roger' to rise up and chase her. The Opies comment that 'the belief that the soul can pass into a plant or tree is old'. The Stewarts tune is unique. Elizabeth says that 'Lucy wid

sing this tae us an sometimes I'd harmonise and accompany her on the piano. She'd aye sing it
in a sad wey'. Greig-Duncan gives a version from girls in Durriss where the last verse is

> Hipperty hop in the Strawberry hill
> Strawberry hill, Strawberry hill
> Hipperty hop in the Stawberry hill
> Strawberry hill.

LS (with ES) SA1960.141; GD, no. 1596, VIII; McMorland, *The Funny Family*, no. 55; Opie, *Sing-
ing* Games, pp. 250–3; Roud 797.

83. The Bells of Farewell

Standing as a song in its own right, *The Bells of Farewell* suggests a children's version of *The
Cruel Mother* (no. 101) also from Lucy. A comparative Irish children's song is *Down by the
River Sawl-y* which deals with the same theme but to an entirely different tune to that of the
Stewarts. Theirs has a plaintive quality and is related to singing games cited in Gomme; namely
Isabella and *When I Was a Young Girl*. LS (with ES) SA1960.141; Brady, p. 170; Gomme, I, pp.
247, & II, p. 362; Roud 2605.

84. There Was a Man Indeed

A clapping song game for two which probably circulated at the turn of the twentieth century.
The Opies give us a much longer version from Ipswich noted in 1897 which ends,

> When my back began to smart
> Like a penknife in my heart
> When my heart began to bleed
> Twas death and death and death indeed

whilst McMorland recorded in Yorkshire from Mrs Jennie Wheately, who was the same age as
Lucy, a version that began with,

> Sandy-o, Sandy-o
> Diddle-aye, diddle-ay diddle-ay-o

and ended with

> Pop goes one, Pop goes two
> Pop my hand right over you

whereupon each player placed their right hand over their partner's eyes. Sung to the tune of
King Pippen's Polka which was popular also for another clapping game of the same era, *I Have
a Bonnet Trimmed with Blue*. LS (with ES) SA1960.141; McMorland, *The Funny Family*, no. 30 &
no. 64; Opie, *Singing Games*, p. 443–4; Roud 19103.

85. Kahoy

Elizabeth remembers Lucy showing her to put a ball in an old stocking, stand against the wall
and stot it on the ground in front and on the wall behind her so in one form or another this
rhyme song is associated with ball bouncing. Variants exist such as *Do You Want a Cigarette*

Sir? (McMorland), *Are You Going to Golf Sir?* (Ritchie), and the Opies confirm Elizabeth's child-hood memory of the ball in the stocking as well as citing it as a skipping song. Over the years Elizabeth has visited many schools in the North-East, telling stories, singing ballads and teaching children's songs such as this one. ES 2002–10, McMorland, *Brown Bread and Butter*, no. 31; Opie, *Children's Games with Things*, p. 146; Ritchie, *The Golden City*, p. 85; Roud 19189.

86. The Russian Jew
This strangely, but explicitly-titled song derives from a nineteenth-century Glasgow Music-Hall song. A full version can be found in the valuable Frank Kidson Collection, at the Mitchell Library, Glasgow. *The Russian Jew* is about a friendly Glasgow policeman from the Highlands (of which there were many) who regularly used the Gaelic phrase, 'Ciamar a tha sibh an diugh?' in the course of his work, 'How are you today?'. It became roughly transliterated into 'Cuma-rashindu' or 'Hashindu' and became the policeman's nickname. In Aberdeenshire this has been further transformed into the similar sounding 'Russian Jew'. ES 2004; GD, no. 1902, VIII; Kidson, no. 189, V; Roud 13562.

87. Jimmie Raeburn
Legend has it that Jamie Raeburn was a baker to trade, falsely accused of theft, and sent to Botany Bay sometime in the mid-nineteenth century. There is no specific evidence to support this; however, what is not in doubt, to quote Robert Ford, was the fact of its 'long popularity as a street song all over Scotland [and it] sold readily in penny sheet form'. A classic transportation song that has survived, as well as been revised, well into the present day. I am only familiar with it in the Scots and Anglo-Irish song tradition. One version in Co. Donegal, has become *Jimmy Leeburn*. LS 1963; Ford, p. 243; *FSNE*, XXXVI; GD, no. 1535, VIII; Henry, H151, p. 124; Ord, p. 357; Roud 600.

88. The Bonnie Wee Irish Boy
There is strong evidence to suggest that this song achieved wide distribution as a broadsheet given the high uniformity of texts from different locales. Frank Kidson (1855–1926), the eminent Yorkshire collector, 'heard it from the singing of a Scotch girl' but also noted it was to be found on a ballad sheet. Near identical texts, with the usual overall length and carrier tune differences, were in the repertoires of John Maguire of Co. Fermanagh and of O. J. Abbot of the Ottawa Valley. ES 2002–10; GD, no. 1080, VI; Kidson, p. 152; Laws P26; Morton, p. 128, p. 171; Ord, p. 162; Roud 565.

89. Oh Down in London Fair
A much more complete text is in the Sam Henry title *The Sailor on the Sea* from Co. Antrim where the 'female sailor disguise' is combined with an unusual form of broken-token motif. The identity 'token' is a familiar phrase rather than a ring or glove. A version was collected by Peter Kennedy in the Orkneys sung by Ethel and John Findlater (see *The Lover's Stone: Lyrics and Legends from the Orkneys*, Folktrax Recordings). Another closely related version was in the repertoire of Mary Ann Carolan of Co. Louth. In general, it probably owes its distribution to the ballad sheet. Elizabeth has given a fuller version of this song by adding to Lucy's first five verses. In Greig-Duncan it is titled *Up in London Fair*. LS SA1960.138 (ES2 2002–10); GD, no. 178, I; Henry, no. H203, p. 330; Roud 2989.

90. In The Year of Eighteen Hundred and Forty and Five
Better known as *The Greenland Whale Fishery*, this is a classic of the whaling trade. It appears in print as early as 1725 and later achieved wide distribution via the broadside press. Oral

versions have been collected from the south of England up to Orkney where the core story line is consistent except that in some ways of it, the loss of the whale rather than that of the hunters, is most lamented. What is unique about this splendid text is the fruitful and highly effective intrusion of three verses (verses 4, 11 and 12) from another fine whaling song, namely, *Greenland* or *Greenland Bound* (GD, no. 10; Ord, p. 317). LS SA1955.069; ES 2002–10; GD, no. 9, I; Laws K21; Palmer, no. 72, p. 170; Vaughan Williams and Lloyd, p. 50; Roud 347.

91. The Rocks o Gibraltar
Perhaps more widely known as *The Lowlands of Holland*, with changes of locale, this song has circulated very widely in both the oral tradition and print. The texts are all quite similar which indicates, to a degree, wide broadside distribution. Ford states, 'This plaintive ballad has been an established favourite with the country people of Scotland for several generations'. LS SA1960.152; ES 2002–10; Ford, p. 57; GD, no. 1118, VI; Henry, H180, p. 149; Roud 2174.

92. There's a Rose in Yon Garden
A rare song from Lucy. The tune has echoes of that North-East Scotland favourite *Bonnie Udny*. A version in manuscript has been found by ballad scholar Dr Emily Lyle in the Andrew Crawford Collection, taken down from a tailor in Lochwinnoch, Renfrewshire, circa 1827, whose chorus is

> Still abiding, still providing
> Still abiding for me
> There is a braw lad and mailer
> Still abiding for me.

LS 1978 (SA1955); *Tocher*, 6 (1972), pp. 180–81; Roud 7005.

93. A Lady Was in Her Garden Walking
This most handsome song is a distant cousin of *Hind Horn* (Child 17) where a ring (either half or complete) is a means of identification after, usually, a minimum of seven years separation. The 'broken-token' theme is to be found in numerous versions, both here and in North America with a variety of highly lyrical carrier tunes. It evidently circulated widely in broadsheet format. The general story line remains fairly constant under various titles: 'The Dark Eyed Sailor', 'The Young and Single Sailor', 'The Broken Ring' and a localised version, i.e., localised to South-West Scotland, 'The Bleacher Lass o Kelvinhaugh'. LS SA1960.141; Buchan, p. 64; GD, no. 1041, V; Henry, H471, H818, p. 317, H232, p. 318; Ord p. 77; Roud-Upton-Taylor, p. 65; Vaughan Williams and Lloyd, p. 104; Roud 3325.

Chapter Four

95. Binnorrie (Child 10)
The 'A' text in Child, *The Miller and the King's Daughter*, is found in print as a broadside, in 1656. However this classic tale is ancient and has analogies in many cultures throughout Europe and beyond. The story line, in general, is consistent in the numerous versions: a suitor, against custom, courts the younger of two sisters, the enraged, merciless and jealous older sister drowns the younger and the suitor dies of a broken heart. The superior versions in my view,

incorporate the important supernatural element where certain body parts, usually bones and/ or hair, from the corpse are fashioned into a musical instrument, a harp or fiddle, that 'sings out' the identity of the guilty sister. This motif is known by folklorists as 'the singing bone'. Gavin Greig (*Last Leaves*) and, equally, the versions in GD do not have the supernatural element. Greig, writing of this omission, acknowledged its presence in other records, but describes the motif as a 'grotesque fancy'! Nevertheless, the majority of versions have the supernatural element. This fine version has a hypnotic tune and also has the supernatural element with a unique distinction that instead of a passing musician(s) we have archers who fashion 'three strands o her yellow hair' (possibly to bind the arrow heads, or the flight feathers) – the arrows, in release, 'sing out' the guilty party. ES 2004; Child, I, 118; GD, no. 213, II; Greig, *Last Leaves*, p. 10; Bronson, no. 12, I, 149; Ord, p. 430; Roud 8.

96. The College Boy

Known as *Long a-Growin*, or *Still Growin*, there has been some basis for believing *The College Boy* to be Scots in origin, but this is not certain. Robert Burns (1759–1796) certainly used a fragment as the basis for *Lady Mary Ann* which he wrote for *The Scots Musical Museum* in 1792. In their excellent notes, MacColl and Seeger inform us that, over the nineteenth century, where versions have been collected in Ireland, England, Scotland and North America, 'changes have been minimal', in other words the story line has remained constant, other than changes and/or omissions of names, age ranges and sometimes the deceased's shirt becomes a shroud, as in this complete and satisfying version of a truly tragic-romantic song. ES 2002–10; Dick, no. 334, p. 317; GD, no. 1222; Kennedy, no. 216, p. 485; MacColl and Seeger, *Travellers' Songs*, no. 23, p. 115; Vaughan Williams and Lloyd, p. 99; Ord, p. 112; Roud 5404.

97. Two Pretty Boys (Child 49)

Perhaps better known as *The Twa Brothers* this venerable tale of fratricide is particularly popular within the Travelling community, who have provided some of the finest oral versions. Some scholars have observed that it 'had become better known in America' and until recently had died out in British tradition. However, the collecting endeavours of Hamish Henderson *et al* in the mid-twentieth century have revealed more examples, most notably from Scots Travellers, or 'settled' Travellers, e.g., Jeannie Robertson and Belle Stewart. This is a fine, albeit honed-down, version from Lucy. The last two verses have strong echoes of verses in both *Edward* (Child 13) and *Lizzie Wan* (Child 51). ES 2004; Bronson, VI, 384; Child, I, 435; Porter and Gower, no. 76, p. 253; Roud 38.

98. When the Kye Comes Hame

From the pen of the multi-talented James Hogg (1770–1835), who was known as the Ettrick Shepherd. It first appeared in his novel *The Three Perils of Man*. The editor of *Lyric Gems* described it as 'The most popular' of all Hogg's songs. Hogg was a fiddler, singer, song collector and song smith as well as a major novelist. He would, I'm sure, be delighted to know this song has entered the carrying stream of oral tradition. LS SA1960.138; *Lyric Gems* (first series), p. 40; McMorland, p. 37; Roud 12919.

99. The Maid from Glenshee

Composed in the early part of the nineteenth century by Andrew Sharpe, a shoemaker to trade from Perth, Ford tells us that 'Few ballads of its class have enjoyed more popularity'. Ford was referring to Scotland and at least five versions, from this Scottish root, have been collected in

Ireland and North America. The family version here was learnt from Elizabeth's grandfather's sister Jean in Banchory. ES 2002–10; Ford, p. 12; GD, no. 953; Henry, H590, p. 486; McEdward Leach, p. 123; Ord, p. 75; Roud 292.

100. The Jolly Beggar (Child 279 Appendix)

Popular tradition has it that this was both written and acted out by King James V of Scotland (1512–1542), a suggestion that was dismissed, on various grounds, by scholar F. J. Child, who also noted a similar seventeenth century (circa 1675) English broadside in the *Pepys Collection* but regarded it as inferior to the Scottish way of it. The ballad, in one form or another, has been current for at least three hundred years throughout Scotland, England and Ireland. It is obviously akin to *The Gaberlunzie Man* (Child 279) which however does not have the characteristic disguise-motif of the former. This concise and lively family version has for me, one of the most attractive refrains: 'We'll gang nae mair a rovin . . .'. ES 2004; Bronson, IV, 213; Buchan and Hall, p. 97; Child, V, 109; Greig, *Last Leaves*, p. 221; GD, no. 274, II, 296; Henry, H183, p. 268; Kennedy, p. 419; MacColl and Seeger, *Travellers' Songs*, p. 102; Roud 118.

101. The Cruel Mother (Child 20)

This is a particularly powerful version of a classic ballad widely known in print and oral tradition ballad. The remarkable opening stanza has been borrowed from an unrelated song, *Logan's Braes* (GD, no. 1122). This establishes the fact of seduction and, as Hamish Henderson has written, 'pinpoints the fear of an unmarried mother that she will become the victim of the community's malicious gossip' (sleeve notes to McMorland, *Belt Wi Colours Three*). Alison McMorland, in correspondence with Hamish Henderson in 1976 wrote, 'Whenever people say to me that folksongs are archaic and have no relation to today's way of life, I think of *The Cruel Mother*'. Fine versions have been found and are still being sung throughout Scotland, England, Ireland and North America, even being used as a vehicle for children's ring games. Most versions of the story, as is the case here, involve the murdered children's reappearance as revenants, condemning the mother to some form of Purgatory. ES 2004; Bronson, I, 276; Buchan and Hall, p. 51; Child, I, 218; GD, no. 193, II, Ord, p. 459; Roud 9.

102. The Dowie Dens o Yarrow (Child 214)

The egalitarian sentiments expressed here have no doubt contributed to its popularity in the ballad treasure-trove of the North-East and far beyond. In addition to these sentiments, we have a dramatic tale, generally a high quality text and a wide range of variant tunes to be found in Bronson. *The Dowie Dens* (or Braes) *of Yarrow* is of course set in the Scottish Borders and, in the words of Hamish Henderson, by the euphonious river whose name leads the rhymes in every version. Sir Walter Scott in his *Minstrelsy of the Scottish Borders* (Kelso, 1802 and subsequent editions) tried to tie it into an actual historical incident but without solid evidence of such. This fine version, which compares favourably with any, was learned by Elizabeth from her brother Robert. It has all the hallmarks of oral transmission which traditional singers would immediately recognise as 'well sung in'. ES 2002–10; Bronson, IV, 314; GD, no. 215; MacColl and Seeger, *Travellers' Songs*, p. 95; Roud 13.

103. Bunch of Watercresses

In its complete form of this song the farmer suggests matrimony, citing his wealth as an incentive. She agrees to marry him, then promptly borrows money for the wedding dress! The following day the farmer receives a note telling him that she is, in fact, married and will repay the debt. She concludes by telling him:

But to think that I should marry you upon the first of May
Why, you must have been as green as watercresses.

Greig informs us that the song was very popular at the turn of the twentieth century. Frank
Purslow states that various songsters of the time have credited the words to Harry Clifton
(1824–72), the truly remarkable Music-Hall performer and songwriter. Many of Clifton's
compositions did, indeed, enter oral tradition, e.g., *Pulling Hard Against the Stream* and *The
Watercress Girl*. However, the latter is an entirely different song – so there may be some confu-
sion here. LS SA1955.069; ES 2002–10; *FSNE*, CXXXVII, p. 1; Ives, p. 106 (titled *Watercresses*);
Purslow, p. 116 (titled *Watercresses*); Roud 1653.

104. The Bailiff's Daughter (Child 105)
Child informs us that this 'well known English ballad' was first published in Bishop Percy's
Reliques of English Poetry in 1765, from a Samuel Pepys copy. He cites various examples of 'coun-
terparts found in other languages' of this understandably popular story-song with its familiar
theme and plot pattern of the returned lover. It has had a wide distribution in broadside format,
and versions crop up in North America. ES 2002–10; Child, II, 426; GD, no. 168, I; Roud 483.

105. The Banks o Allan Water
This ballad of 'drawing room' character was written by Matthew 'Monk' Lewis, the novelist and
one-time Member of Parliament for Hindon in Wiltshire (1775–1818). It became very popular
and featured in Thomas Hardy's novel *Far from the Madding Crowd* of 1874. (The Allan Water
is in Perthshire.) It, more recently, entered the repertoire of such noted North-East traditional
singers as the late John MacDonald, 'the singing molecatcher of Morayshire' and the late Daisy
Chapman of New Pitsligo, Aberdeenshire. LS SA1960.143; The text is identical to the original
composition of circa 1805. J. Greig, *Scots Minstrelsie*; Roud 4260.

106. The Nicht o the Weddin o Lauchy McGraw
In origin this song is from the pen of Sir Henry Lauder (1870–1950) the famed Portobello-
born, Music Hall performer and composer who 'dominated the boards in the early years of the
twentieth century'. This comic-mishap-wedding song is very much true to type and – given
its nature – the scope for expansion is obvious. This is what appears to have happened with
this family version also, which retains the chorus but with added verbal gymnastics. Lauder, at
an early point in his forty-year career, appeared as a 'stage-Irish' comedian and this song has
something of that flavour. Elizabeth sings it to a quite different tune from that of Harry Lauder.
His tune is a slight variant of *The Laird o Cockpen*. ES 2002–10; Roud 22584.

107. I'm a Big Strong Strappin Young Hizzy
The plight of the old maid left 'hingin on the nail' unwanted and unwed, in spite of noble
efforts, has given rise to many popular songs of the tragi-comic variety, as for instance *The Auld
Maid in a Garret* (Roud 802) and *Betsy Belle* (Roud 5271). This determined young hizzy (hussy),
at the age of twenty three has a bit of time left! Still, given the social class marriage patterns of
the time there is a wee sense of panic setting in. It has a distinct ring of the Music Hall about it.
ES 2004; *FSNE*, LXXXIX; Roud 18913.

108. Hey Donal, Ho Donal
Sir Harry Lauder and Alec Melville composed this song. Lauder recorded it on wax cylinder in
1908. The song has been published in various issues of the Felix McGlennon Song series out of

Liverpool. The version sung by Elizabeth displays minimal factual changes and slight verse re-ordering. ES 2004; GD, no. 810; Roud 6258.

109. Doctor Pritchard

Doctor Edward Pritchard (1820–1865) was a figure of notoriety. He moved from Yorkshire to practice in Glasgow in 1860 and there murdered his wife and mother-in-law (Mrs Taylor) by slow poisoning. He was tried, sentenced and executed in 1865 – by public hanging in front of a vast audience, facing Glasgow Green in Glasgow, the last such execution in Scotland. The Glasgow dramatist, James Bridie, used the remarkable story of Pritchard as the basis for his play *Dr Angelus*. This broadside is, in essence, an accurate account, albeit a wee bit ambiguous in places. A more detailed chronicle, in broadside format, was published, probably in 1865, titled, *A Lament for Dr Prichard's Children* and is to be found in the the the NLS collection. ES 1992; House, pp. 60–1; Fisher, pp. 238–39; NLS Broadside Collection, 14752; Roud 2507.

110. I Eence Hid a Lass

A broadside, printed in Newcastle, circa 1685 called *The False Lover* would seem to be the earliest printed version. It had as a subtitle 'How a lass gave her lover three slips for a teaser and married another a week before Easter'. The song has travelled and survived widely in various versions as: *The False Bride, An Old Man's Wedding, I Loved a Lass* and not least *The Week before Easter*. This essentially sad and melancholic song is most likely English in origin. Scots versions often have two distinguishing features, namely a riddle version and lines which can hardly be exceeded for bitterness and sarcasm, where the betrayed lover states; 'you may have her now but I've slept with her before you . . .' These two elements are present in this version. ES 2004; GD, no. 1198, VI; Henry, H60A, p. 400; Kennedy, no. 152, p. 375; MacColl and Seeger, *Singing Island*, no. 28, p. 31; Vaughan Williams and Lloyd, p. 37; Roud 154.

111. Whit Can a Young Lassie

From the pen of Robert Burns (1759–96), this song is based on a much older and recurrent theme. For example, there is a seventeenth century English Blackletter broadside entitled *The young woman's complaint on a caveat to all the maids to have a care how they be married to old men*. Burns wrote the piece for the *Scots Musical Museum* to a handsome two-part melody. This distinctive single part melody is equally handsome. ES 2002–10; Dick, no. 197, p. 176 & 417; Johnson, IV, no. 316; Roud 1295.

112. The Collier Laddie

Robert Burns contributed five stanzas, including some of his own, to the *Scots Musical Museum* called *My Collier Laddie* (volume 6, no. 361), based on what he described as 'a blithe old song'. This concise version – and quite distinct from Burns – is also one of faithful love and is enhanced by a, quite unique, beautifully constructed melody. In some North-East versions the collier becomes (not surprisingly) a ploughman, however the message of love conquering all remains firm. LS 1963; Buchan, p. 99; GD, no. 991, V; Johnson, VI, 372 (volume 2 of facsimile); Ord, pp. 40–2; Roud 3787.

113. The Foreign Sailor

This is a complete and coherent song in its own right and embraces one of the oldest themes in traditional song: the girl effectively abandoned by her lover and rejected by her 'cruel' parents. There are echoes of other songs – such reconstructions and borrowings are of course not unusual – e.g., verse 4 mimics lines from versions of *The Jolly Beggar* and *The Bonnie Lassie's*

Answer Was Aye No No. The last and identical 'warning' verse certainly links it strongly to *It Was in the Month of January* as sung by the late and great Ulster Singer, Sarah Makem, and *Early in the Morning* in Greig-Duncan, as well as *The Forsaken Mother and Child* in Kennedy. ES 2004; GD, no. 1176, VI, 271; Kennedy, no. 154, p. 354; Laws 20; MacColl and Seeger, *Travellers' Songs*, 71, p. 233; Roud 175.

114. Oh What Needs I Go Busk an Braw
An example of the 'family' of songs of the *Died for Love, Love Is Teasin, I Wish, I Wish* type, i.e., the love-lamentation category; usually arising from love denied or betrayed, with minimal or no narrative which employ a number of images and symbols that all combined and re-combined in song after song. Thus, whole songs may be made up from 'floating' verses familiar in other contexts. This version by Lucy is an excellent, relatively lengthy example of the type, and is characterised by infinite sadness and pain. However, in Elizabeth's version she adds the following verse after verse 2, then sings verse 3 as a repeating chorus:

I left my father I left my mother
I left my brothers and sisters too
I left all my friends and my own relations
I left them all for to follow you.

cho. Love is pleasin and love is pleasing
And love is a pleasure when first it's new
But as it gets older the love grows colder
And it fades away like the morning dew.

LS 1963; Buchan, p. 61; Buchan and Hall, p. 93; GD, no. 1166, VI; Kidson, p. 44; MacColl and Seeger, *Travellers' Songs*, no. 55, p. 194; Vaughan Williams and Lloyd, p. 53, p. 116; Roud 1049.

115. Turn Ye tae Me
A song by Paisley born John Wilson (1785–1854) aka Christopher North, the noted writer and critic. It is said to be set 'to an old Highland melody' and the text has the flavour of a translation from the Gaelic – which it is not. Wilson made frequent walking tours to the Highlands and this may have inspired this creation. He, incidentally, edited the famous *Blackwood's Magazine* of Edinburgh, established in 1817, to which James Hogg contributed. ES 2002–10; *Songs of the North*, I, p. 138. Roud 23557.

116. The Little Ball of Yarn
An interesting example of an apparently moralistic song which manages also to be sexually explicit; though many versions are somewhat sanitised. An almost identical example was recorded in Swindon, Wiltshire, in 1967 from a Mr Jesse New (G. McIntyre) and, given the song's wide geographical spread, it is likely that broadsides and chapbooks played no small part in its distribution. *The Yellow, Yellow Yorlin'* in Burns's *Merry Muses* would seem to be an analogue (p. 173). ES 2004; Palmer, *Everyman*, no. 80, p. 169; Roud 1404.

117. My Husband's Got Nae Courage in Him
Frank Purslow informs us that this is an uncompromising sharp-edged and witty piece 'of Broadside origin'. The version he prints is from the singing of Jesse Steer of Stratton, Dorset, slightly augmented from a broadside. It was collected by the Hammonds in 1906. The chorus of the Dorset version is as follows,

Oh dear oh!
What shall I do?
My husband's got nae courage in him
Oh dear oh!

This equally splendid Stewart family version, while in essence the same song, has a quite different chorus and is even more risqué in character. ES 2002–10; Kennedy, p. 470; Purslow, p. 82; Roud 870.

118. Come Aa Ye Fisher Lassies

This lively evocative song is often taken to be traditional – a definite compliment to the composer Ewan MacColl. It was written specifically for the radio ballad *Singing the Fishing* and its 'official' title is *The Fishgutters' Song*. It is a striking example of a relatively recent composition entering, measurably, into the carrying stream of oral tradition. Elizabeth recounts in Chapter 4 how the trio, MacColl-Seeger-Parker first heard her *The Back o Bennachie* to a rattling-jazzy piano accompaniment. Ewan Macoll was greatly taken with this, and not least the tune, so he and the team invited the girls down to Birmingham to record his new words to the *Bennachie* tune for the programme, which was broadcast in August 1960. In the October of that year, it was awarded the prestigious *Prix d'Italia* for radio documentary and was eventually transmitted to 86 countries. ES 2004; Cox, p. 10; MacColl, *Songbook*, p. 144; Roud 12504.

119. Big Jimmy Drummond

Also known as *The Choring Song* in a more fragmentary form. Here we have a very full version of a Cant song where Jimmy is in jail for stealing hens. Elizabeth once again learned this from her mother Jean. ES 2002–10; Kennedy, no. 342, p. 768; MacColl and Seeger, *Travellers' Songs*, p. 295; Porter and Gower, p. 153; Roud 2157 (2506).

Appendix 1

The Narrative Voice

—Caroline Milligan

When Alison invited me to assist her in realising this book with Elizabeth I was delighted to accept. As a student at the School of Scottish Studies, University of Edinburgh, I was familiar with the significant contribution the Stewarts of Fetterangus have made to the School's Sound Archive, and I was also aware of the special relationship which had existed between the School and the Travelling community from the time of the earliest fieldwork expeditions. Alison and Elizabeth had visited the School to lecture as part of the *Traditional Song* honours course and so I had also had the personal experience of hearing Elizabeth talk about her family and their music which she did with great conviction and affection.

When I joined the project Alison had already been actively working with Elizabeth towards this publication for a period of eight years or more and a considerable amount of work had already been done and an immense quantity of material collated. My first task was to transcribe video interviews with Elizabeth made by Alison with Doc Rowe. As an Ethnologist this was an easy enough task, although time-consuming. As a guide, we tell students at the School that they can expect to spend an hour or more transcribing just five minutes of recording. Fortunately, Elizabeth is a clear communicator, and these video transcriptions weren't nearly as challenging as they might have been. In addition to the video material, there was a large collection of handwritten material collated by Alison over a number of years. These ranged from notes in birthday cards to multiple-page narratives, covering a wide range of subjects. These were duly typed up and collated so that eventually we had a huge file of material from which to draw the book narrative. As the work progressed, further new audio interview material, together with additional handwritten pages from Elizabeth were transcribed and added.

Alison and Elizabeth had already decided that the book should be in four chapters which would focus on the old family, Jean Stewart, Lucy Stewart, and finally Elizabeth. The task then was to take all the material gathered so far and collate it loosely into these four chapters. Having done this the next step was to take the material for each chapter and arrange this into a logically organised narrative. Our priority for this stage was to ensure that we included all the relevant material that Elizabeth had passed on to us.

The next part of the process was the most difficult, and this was to find and articulate Elizabeth's narrative voice. Obviously, because we were using transcripts of video tapes, audio recordings and material handwritten by Elizabeth, all collated over a period of about ten years, the *voice* at this stage was unclear. We wanted to keep as close as possible to Elizabeth's own words, but we also wanted to use our skills to enable our readers to hear Elizabeth speaking *from the page* as they followed the narrative. As an Ethnologist, the default would be to have verbatim transcriptions of the spoken voice, which would not be appropriate in this instance where the flow of the narrative was of first importance. In addition, we recognise that each of us will write a passage very differently to the way we would recite it in speech, and this is a conscious, if intuitive, decision, made first and foremost, to clarify and enhance our message. In each instance we choose our own narrative voice appropriate to the situation we are in. In addition we are usually known to our listener/reader and the narrative voice, on behalf of the recipient, is for a greater part, intuitive. Our challenge was to develop the narrative so that it reflected Elizabeth in an essential way. To do this, the narrative, once drafted went back and forth, between Alison and I, and Elizabeth, and there were many, many drafts. Working closely with the narrative as we went along, Elizabeth was not only changing the dialect but also constantly adding material and contextual information, enriching the text as the project progressed. This part of the process took many months but could not be curtailed if we were to hope to achieve our objective.

The spelling and use of dialogue has also been, to the best of our ability, directed by the overall sound: of the phrase, of the sentence, of the paragraph, of the chapter, and ultimately of the entire narrative. We have chosen an approach which combines some dialect, used as appropriate, rather than impose a rigid glossary on the text as a whole. In this way we have sought to reflect Elizabeth's voice whilst also to equally facilitate the process of reading for the reader so that the narrative flows well. For this reason too, the use of apostrophes to indicate contracted spellings has been kept to a minimum.

In conversation Elizabeth has a strong voice, peppered with local dialect, warm, nurturing, and passionate when speaking about her family. Whether we have been successful in reflecting this and thus enabling Elizabeth to speak to the reader in as natural a way as possible will only really be apparent as you read her story.

Appendix II

Transcribing and Editing the Music

—Jo Miller

I have transcribed the music of the Stewart family's songs in order that the notation describes their version of the tunes and something of the singing style of the two chief singers represented here, Lucy and Elizabeth. However, I also wanted to make the notation available to others who might wish to sing over or learn the repertoire, and so I hope these transcriptions are a compromise between accessibility and stylistic detail such as ornamentation and metrical changes within songs. Needless to say, it is impossible to notate every aspect of performance and I would direct readers to recordings of the Stewarts for a fuller experience of these songs.

In many cases I have transposed the songs from the actual key in which they were sung to one which fits the stave better. The notated key note is shown at the beginning of each transcription, and its equivalent sung pitch. Both Elizabeth and Lucy – particularly the latter – often pitch their singing low in the range of the female voice. Lucy also commonly rises in pitch during the course of a song, by anything from a semitone to a minor third. The actual pitch shown for Lucy's songs is, then, an approximation within this interval.

Tempo, Metre and Rhythm

A metronome marking is given for each song, showing the average tempo of the performance. Some items feature a steady pulse but varying bar lengths, often adding beats at the end of a phrase, so that, for example, 4/4 alternates with a 3/2 time signature. Where the pulse is not maintained I have shown extra time given to the ends of phrases simply by a pause mark. Several songs, such as *The Cruel Mother* (101), are sung very freely. In general, Lucy's singing is fairly rhythmically steady, whereas Elizabeth uses more rubato, and includes more varied rhythmic interpretation of the airs. She is particularly fond of the Scots snap rhythm found typically in strathspeys, and there may be a link here with her interest in dance tunes as an instrumentalist. *I'm a Good Lookin Widda* (78) is striking in this respect, sung by Elizabeth not in the more common 3/4 time, but rather suggesting the 6/8 metre of a slow pipe march, emphasised further by the phrasing and dotting of rhythms, and involving grace notes which approach the melody note from large intervals, as in much pipe music.

Melody and Ornament

Elizabeth's singing contains more melodic ornamentation than Lucy's; she employs turns, slides and appogiaturae regularly, and these are especially evident in slower songs such as *Lord Gordon's Bonnie Boys* (124). Occasionally Elizabeth's singing is so decorative – for example, in *The College Boy* (96) and *Sailin, Sailin* (25) – that it is difficult to distinguish 'melody' and 'ornament'. A detailed transcription of the entire song, and additional fieldwork, would be necessary in order to analyse this further. An example from line one of *Bonnie Udny* (6) illustrates the style:

Both singers show some flexibility in their treatment of pitches within a song, using, for example, both major and minor thirds, and sometimes raising a note by a quarter rather than a semitone. Rather than attribute this to poor pitching, and 'correct' these notes, I have preferred to take a descriptive approach and transcribe just what I hear, representing pitches as sung, and using arrows above the note where it is raised or lowered by less than a semitone. Gaining a clearer understanding of the singers' intentions would take further fieldwork.

Harmony and Accompaniment

Elizabeth sings a harmony to her own recorded melodies on *The Plooman Laddies* (63), *The Gallant Forty Twa* (10), and *The Jolly Beggar* (100). She also provides a vocal harmony part to Lucy's melody on *The Heilan Men's Ball* (45), *The Bells of Farewell* (83) and *Poor Gracie She's Dead* (82). Most of this is in parallel 3rds, and may be influenced by Elizabeth's improvisatory piano playing style. In one song only, *Oh I Am a Miller tae Ma Trade* (62), Lucy provides a percussive accompaniment to her own singing, beating hand and arm on the table to suggest the noise of the mill.

In songs *Hip an Row* (53), *A Lady Was in Her Garden Walking* (93), *Oh Weel Dae I Mind the Day* (79) and *Flora MacDonald's Lament* (71) Elizabeth accompanies Lucy's singing with piano, and I have indicated this although the accompaniments themselves are not transcribed here. Elizabeth's solo piano playing is also represented in this collection; her playing was transcribed by Eric Rice from the *Binnorrie* CD. Typically, she plays traditional dance tunes and her own compositions in that idiom with the melody in the right hand, and a vamped chordal accompaniment in the left.

Structure and Text

Lucy's singing demonstrates a more fluid approach to structuring songs, for example in *Three Bunches o Black Ribbons* (26), which varies combinations of verse and refrain. The connection with instrumental music can be seen further in some 'diddled' sections of songs such as *Braes o Killiecrankie* (p. 154), *Diddlin/Pie Fart* (p. 85), to the strathspey tune *The Smith's a Gallant Fireman*, and *The Nicht o the Weddin o Lauchy McGraw* (106) and the performance of songs in sets, such as *Hey the Cuck* (46)/*Oh Some Say the Deil's Deid* (48)/*Oh Fit's Aa the Steers Cummers* (49).

Alison McMorland and the Stewart Songs

Alison McMorland has herself learned a number of the songs featured in this collection, and indeed taught them to other singers. She considers Lucy Stewart in particular to have been a strong influence on her own singing style and early repertoire and this is evident in her performances. There is not space here to examine this in detail, but one example, *The Cruel Mother* (101), illustrates the treatment of the song by Lucy, Alison and Elizabeth, shown in the transcription below. Lucy's version is fairly steady in tempo, and largely unornamented. Alison's (recorded live with an audience who join in the refrain) follows the same basic melody but with a less regular pulse, and includes some decoration. Elizabeth sings the ballad a little slower, elongates parts of phrases, and ornaments the melody throughout. Sometimes this is by the addition of passing notes, but includes appogiaturae and, at the end, a turn. This has the effect of creating a more florid and personal performance; one which would be more difficult for listeners to sing along to, although in fact Elizabeth is fairly consistent in her treatment of the melody throughout her version. Recording context may be significant; Lucy was recorded in a domestic setting by a visiting fieldworker, Kenneth Goldstein, intending to produce a commercial recording of Lucy, whose singing he was studying. Alison was recorded singing live in folk club by fieldworker Peter Cooke with the audience imposing more regularity on the song than would have been the case in other circumstances. Elizabeth, however, performed in a recording studio while preparing commercial recordings.

The Cruel Mother

LS ♩=92
AMcM ♩=96
ES ♩=88

Source of recordings:
LS *Lucy Stewart* (Folkways Records FG3519, 1961)
AMcM *Belt wi Colours Three* (Tangent TGS125, 1975)
ES *Binnorrie* (Elphinstone Institute EICD002, 2004)

Other items Alison learned directly from Lucy include *Mebbe I'll Be Mairriet* (74) on her solo album *Belt Wi Colours Three* in 1975, *Sailin, Sailin* (25), recorded with Peta Webb in 1980, and again on her most recent solo CD *Cloudberry Day*, recorded in 2000, and *The Rocks o Gibraltar* (91), recorded on *White Wings*, 2007. She also used the tune and text of verse one of Lucy's *There's a Rose in Yon Garden* (92) as the basis for her own song *Rue and Thyme*, which was then taken up and recorded by other singers such as Ellen Mitchell and Maureen Jelks.

She has taught many students over the years, including young singers Emily Smith and Fiona Hunter, who now have their own way of these songs. Continuing the singing tradition within her own family, Alison sings *Two Pretty Boys* (97) with her daughter Kirsty Potts, who provides a harmony part, just as Elizabeth Stewart did for her aunt Lucy.

Two Pretty Boys

Source of recordings:
AMcM/PW *Alison McMorland & Peta Webb* (Topic 12T8403, 1980)
AMcM *Cloudberry Day* (Living Tradition LTCD1003, 2000)
AMcM/KP *Ballad Tree* (Living Tradition LTCD1051, 2003)
AMcM *White Wings* (Greentrax CDTRAX306, 2007)

Appendix III

The Kenneth and Rochelle Goldstein Archive:
Stories, Riddles and Song Fragments

—Alison McMorland

Copies of the Stewart field-recordings made by Kenneth Goldstein in 1959–60 were deposited in the School of Scottish Studies Archive when his Fulbright scholarship came to an end. This was in fulfilment of an arrangement with the School, his academic base during this study trip, which recognised the important role Hamish Henderson had played in introducing him to the family and the ongoing support provided. From this collection of tapes I have included a small selection of stories, riddles and song fragments. These demonstrate the richness and diversity of the material gathered from the family, and provide an illustration of the transcripts which in some cases were used as source material for this book.

The song fragments deserve a fuller explanation, not least because Goldstein purposefully recorded them with the same rigour which he applied to all the recordings he made with the family, and this is evident in individual Archive tapes. In an article in the *Aberdeenshire Advertiser* (1960), Goldstein noted, 'songs in which she [Lucy] was unable to remember more than a few verses, her tunes were always so well shaped that her stock of melodies was in itself a treasure trove.' (For more information, see the extensive sleeve notes which accompany Lucy Stewart's ballad album on Folkways Records, available to view on-line at www.folkways.si.edu/albumdetails.aspx?itemid=339.)

Song fragments are an important and interesting part of folksong culture. One verse with its tune can inspire the singer or song-writer to create a new variant from an existing fragment or be the impetus to compose a new song. Elizabeth has a number of songs in this collection which began in such a way. *The Coast o Spain* is an excellent example of how, drawing on her inherent musical tradition and personal creative well-spring, Elizabeth composed a song based on a 'bit of a story' remembered from her aunt Lucy. As Elizabeth says, 'I really like this [one] as it's paranormal, and the Travellers liked their ghost stories and songs. The tune came to me in about fifteen minutes.' Again, in *The Jolly Tinker*, Elizabeth recalled a song fragment from her uncle Ned and used this to create a version entirely in the traditional mode with humour and use of double-entendres. These two examples demonstate Elizabeth's individual creativity across the spectrum: *The Coast o Spain* tells a moving supernatural tale of lost love and sorrow, while *The Jolly Tinker* is a rumbustious, vigorous song.

A valuable perspective on fragments is provided by Sean O'Boyle:

If a collector finds an impoverished version of a good tune already noted he should see to it that the words and the good tune are put together again. Let musicologists record impoverished versions if they like for their own fell purposes or research. Let them keep their tapes in libraries for the delectation of archivists but let us make use of the most pleasing versions of songs already available in collections. We want these songs sung, not documented nor hidden away on dusty book shelves.

(From *The Irish Song Tradition*, a lecture given to Cumann Seanchais Ard Mhaca by Sean O'Boyle on 26 October 1977.)

Stories

Bracketed ellipses [. . .] are used to indicate gaps in the transcription or where some editorial intervention has been made to assist the comprehension of the narrative. SA numbers refer to recordings in the School of Scottish Studies Archives.

1. The Stewart Royal Line

KENNY: I heard a story that a lot of this diddling was from when the English outlawed the pipes and in order to keep the music alive the men went around diddlin.
NED: Yes, that's correct – an still it's inherited yet – I wis handed it down from my father, an he wis a piper. Very few learn it properly – I'm giving examples [*diddles*]
        Yes I'm among the real royal blood o the Stewarts cause the fact that the Stewarts wis rebels an we've still got that blood. My father hid it, his grandfather hid it, the rebels o prince Charlie. They were chased ye see down tae the Lowlands. They actually cam frae the Highlands o Scotland, Perth, Perthshire and Inverness-shire.
        The Stewarts wis chased, cause the Stewarts wis the main tartan ye see [. . .]
KENNY: You people are descended from (Bonnie Prince Charlie)?
NED: Yes definitely, descended from the Jacobites.
KENNY: Lucy was telling me that your people – that your great great great great grandfather at Prince Charlie's time married a Gypsy.
LUCY: Aye they married wi Gypsies. They had to go to the caves an the gypsies stole food for them, for the noblemen [an] some o them married wi Gypsies.
KENNY: So you have Gypsy blood in you as well as . . .
NED: Definitely the Stewarts dinna have Gypsy blood. The Gypsies stole for them they [ ] the Gypsies ye see. There's nae Gypsy blood but they [mixed] amang Gypsies – forced amang Gypsies tae steal for them – food – while they were hiding in caves.
KENNY: Why did they hide in caves?
NED: They couldna come out in the open because in those days they'd nothing else but home-spun tartan to wear. It's going back, but I've heard the story. Me and Lucy, that is the Stewarts. There's a lot of Stewarts, but they're different. That's without burning it, we are definitely descended from the Scots Stewarts royal blood.
        That is a true story. I know it for a fact – we are definitely related to the Royal Prince Charlie.

(SA1960.140)

2. *Turn Ye tae Me*

NED: Now Kenny there's a story that I'd very much like ye tae get. This is a real Scottish traditional story. It's about a song. I'll sing the song an my sister can tell ye the story.
  Lilts the tune Turn Ye tae Me (Chorus)
[Song]

> Cold be the storm that may raffle [ruffle] his breast
> An sweet is the downy plumes livin in his nest
> Cold be the storm soft fall the snow there
> Oh rare be the dew, turn ye tae me.

That's the song I'll turn ye over tae Lucy tae tell the story.

[LUCY]: Now there was a man who lived on the shores o Skye, who had a small croft and he also went sea-fishing. An his wife gied out every morning picking sea-weeds for his nets. She had a lovely little baby that was fair haired. So wan day she took the baby tae gather sea-weeds. It was a bright sunny morning, early in the morning. There was a cave, an she laid the baby in the cave while she would gather the seaweed. So the time she was gatherin the seaweed, she would glance tae see if the baby wis alright, an she saw a great dark shadow, a beast, a monster of a beast, come out of the cave. So she run tae her baby. When she run tae her baby – an as soon as instead of her baby being beautiful wi fair hair, it wis jet black-haired. But what a lovely baby – but her [ain] baby was lovely and fair. So she pickit up the baby in her arms an looked at the baby. Well she said, 'I left my baby with lovely fair hair an it's got jet back hair'. So she came home to her husband an showed him the baby. But whit could they do. They sa that the beast had changed the baby in some way.
     Oh well so time goes on, but the baby was terrible old haggard. They couldna get a life. It was just like a beast. It would have torn them. But what a beautiful baby. So the baby grew up tae be aboot sixteen year old. There was a young boatman called Donal the boatman, who used tae row the boat across the ferry an he spied a girl. 'Oh' he thought, 'I must have that girl. She's the most beautiful girl that ever I saw.' So he comes tae the girl's father and mother an he asks for her hand.
     Oh [but] they could dae naethin wi the girl, she had a terrible nature, she wid never agree with them. Oh well bit, every night at a certain time the girl would wander, an at a certain time she'd mak tae the sea-shores, an she'd stay there a while, but she would always come home. But she was always ill-natured. They could never make nothing o her. An every night she took that wanderin, though they watched her they could never see where she went. She went back to this cave, an to the sea. So they told Donal this – there was something wrong wi her. So Donal says, 'I don't care, though I have tae die for her I have tae have her. She'll be mine.' So Donal, he made up his mind an he said, 'I'll follow her, some night I'll follow her.'
     So when it cam that certain time o night Donal was waitin, he wis hidin ye see, tae not let her see. So he followed her up until she cam tae the sea's shore. When she cam tae the sea-shore she gave an earthly yell. So he looks at her yellin, an he sees a big monster comin out o the sea tae her. So he starts tae roar tae her 'Oh … tho I should marry you, turn ye tae me.' So the

moment that he did [this] the monster grabbed her an she was never no more seen. An Donal died broken-hearted.

So that's the superstition of the Highlands of that song.

(SA1960.140)

3. This is the story about an uncle o mine

This uncle wis a bachelor, a very nice, respectable man. He served in the two wars an he was not frightened of nothin. One night as he wis comin hame, tae his hame, he had missed the bus, or the train at that time, so he says, 'Och well, I'll just go intae the friend's hoose.' So makin his way there, he hid tae cross a narrow kind o bridge – [this wid be] aboot twelve o'clock at night. But before he crossed, he lookit round. [It wis] a beautiful moonlicht nicht [an] he saw the figure o a little schoolgirl – aboot six or seven years of age, wi her schoolbag. So he said, 'Come away little girl, what wey are you out at this time of night?' but she niver spoke. She followed him for a while and then disappeared. He wis scared. He came tae his friend's hoose an he told them he'd missed the train, an what he'd seen. The neighbour said the vision o that girl wis always seen at that time of night, because the girl had been raped an murdered.

(SA1960.138/84)

4. Well there wis a tramp on the road, trampin along

Well there wis a tramp on the road, trampin along, an it wis a moonlicht nicht, but it wis still getting affa dark. So he said, 'well I'll need tae hae be getting a bed for masel.' So he saw a licht far away in the distance. So he hurried it up tae this farm, an tapped the door, an a fairmer man he cam oot, an he wis an awfa, awfa greedy man. So the man said, 'I am a tramp sir, an I gie a guinea an ounce for hen's dirt.' Oh the fairmer man wis pleased aboot this. 'Oh come on man, I'll gie ye a guid cup o tea an a fine feathery bed.' So the tramp says okay, an he got a cup o tea an a fine feathery bed, an he went tae bed.

In the morning he wis wakened aboot half-past seven an the fairmer, he said, 'Noo man I've got aa the hen's dirt in a baggie for ye.' Oh, but the tramp thinks, 'Fit am I gaun tae dee tae pay the man this money?' An he says, 'any cock's dirt in this?' 'Aye,' says the fairmer. 'That's nae use, [tae me]' said the tramp. [Clever, eh!]

(SA1960.147)

5. The Gambling Laird and the White Horse

Once in a time there wis two lairds, affa for gambling. Every night they gambled for money – they gambled an gambled. So one night, one o these lairds, he gambled as much as he gambled awa his estate, an aa his money. He wis [now] a poor man, so he didna care fit wye tae get his estate back, an he wis broken-herted aboot his estate.

He was wanderin aboot the hill o Mormon one day, an he sat doon tae think if he maybe could get his estate an his money back. So efter he'd wandered roon the hill awhile, he came back tae the white horse [. . .]. So efter he wis standin lookin at the white horse, deep in thocht, he saw in the eye o the horse a bird that [hid build it] its nest. So he gaed in aboot and looked and saw some birdies [in the nest]. So he thocht tae hisel that the horse is alive. He says [. . .] 'I'll go back an I'll wager tae the laird I lost my estate [tae] that the horse is alive. I might win back my estate.'

So he gaed back tae this laird who'd won his estate and he says tae the laird, he says, 'I could bet ye' he says, 'my estate back [. . .] that the horse on Mormon hill is alive.' Oh the laird he says, 'Ga way man [. . .] yer tooterin. Whit wey could this horse be alive.' 'Oh' he says, 'whit'll ye bet me?' 'Oh, [. . .] I'll bet ye back yer estate' he says, 'that that horse is not alive.' 'Well' he says, 'come wi me til we see'. So he took him up tae the white horse in Mormon, an he let him see that the horse was alive, that a bird had built it's nest wi a lot o young [in it]. So wi that he won back his estate.

(SA1960.152/17)

6. A Ghost Funeral

Well this story goes back a long time ago. It was a man, an his wife wis lyin seriously ill, an he hid a long way tae travel for the doctor. So he set out to go to the doctor. He hid a long road tae travel maybe six, seven miles. At that time there wis no bicycles or no motors, or nothing but horseback, but he wis on foot. So he'd travelled a long way, [till] he'd travelled to a place where there was about a mile o hedge at each side o the road.

So he was travellin an he looks an he sees a terrible company o folk comin along the road. An as he was comin nearer he says, 'Wha, a funeral at this time o night? [. . .] it's twelve o'clock. I niver heard o a funeral at twelve o'clock at night.' [. . .] Well at that time they carried the coffin on a briar, so he seed them ayeways changin as they wir comin along, and he took fear an he thought he would go intae the hedge an hide. So just when they come to where he wis hidin they laid doon the briar an changed – but he could hear no sound o feet or nothing.

So he says, 'that canna be a right funeral'[. . .]. So it [then] began to disappear – like he couldna see it, and it just disappeared, just, [and] he niver saw it. It was a phantom funeral.

(SA1960.143/21)

7. Gregory's Ghost

Now this is a very sad story about two lovers. [. . .] Gregory was the son of a nobleman of poor birth an Matilda was his cousin – whose father was very rich. When Gregory's father died, he left Gregory in care of his rich cousin [Matilda's father], to look after him when he was a child. So the cousin brought him up tae watch horses an look after everythin aboot the place, but he always gettin poor, [an] he was niver allowed tae mix wi them. [His uncle], the earl, he had a nice, a nice lookin daughter called Matilda an she fell in love with Gregory.

So every night they went tae a cave an they had secret meetings. So [. . .] there was a lot of young men come seekin Matilda's hand, [that] wis very rich. And there wis one man that her father was suited wi, an wished that she wid [wed]. But Matilda's love was in Gregory, her young distant cousin an she knew that her father would never allow that to happen. So every night they went to a cave an they had secret meetings. So her father asked her if she wid marry this rich earl, that he wished her to marry, an she refused.

So he wondered what was goin on, so one night he watched, an after a while he watched Matilda go into a cave, so he would follow. So he seen the secret meetin between Matilda an Gregory in the cave. Oh well, when he saw this he demanded that Gregory would be put [out from] the place, but he had to be sent to a place where he'd never get back again. So the earls used to hae all say, [an at] that time they shippit ye where they'd like tae put ye. So there was a war on in America at the time [so they] shippit [Gregory] tae America. So before he went Matilda gave him a ring. They had a secret meeting before he went and Matilda gave him the ring an she said if anything happened tae him, his spirit wid come back an tell her.

Well he'd been away a year an she hid never hid a word from him this year. So one night in the cave – she'd gaen tae the cave alone – she wis broken herted. As she wis lyin greetin in the cave she lookit up and she saw Gregory appearin to her an he wis mortally wounded an blood was drippin from the third finger where he wore the ring. The ring wis off [his finger]. So then he telt Matilda that it wis his ghost [an] that his body was murdered in an American wood. So she went home an she pined an she pined until she died. And that was the finish.

(SA1960.143/22)

8. The Reid-Heided Family

JEAN: This is a story that I've heard [. . .] when I wid be a child, about a reid-heided family.

Once in the day, there wis no beggers wid go near a house whaur there wis a reid-heided father, a reid heided mother, a reid heided sister and a brother. That wis in the olden days of course, [and at] that time the college used to give a lot of money for bodies. And this reid-heided father, mother, sister an brother used to take the people out, murder them, an then sell the bodies.

So at one time or another there wis a man an a woman who wir beggers, an they hid a little boy. So they were comin on the road one nicht an it wis fairly late, bit it happened tae be a moonlit night. So [. . .] the boy wis gettin tired, an he wis gettin sleepy. So he wis askin his father an mother tae get them in some where at a barn, tae sleep. 'Oh well now' [the father] says, 'the first barn we come to we will ask in.' So they come tae a barn, an this time it wid be aboot nine or ten o'clock. So they chappit on the door and they says, 'we are on the road, we are beggers on the road, can we get in tae the barn tae sleep?' 'Oh yes certainly' they say, 'you come in and we'll give you a good feed before ye go intae the barn.' So they set them down to give them a good feed. But the father an the mother were a bit timorous because they saw that the father was reid haired, his wife was reid-heided, his son an his daughter wis reid haired. So they couldna back out now ye see, they hid tae go intae the barn.

After that, about ten o'clock at night, they put them tae the barn an gave [them] straw an lockit all the doors. So the man an the woman an the boy they aa lyed doon [tae] bed but the man says, [. . .] 'Look here. We'll have to be on the road. I don't like it. The reid-heided father, reid-heided mother, sister an brother – so the sooner we get out of here the better. I don't like them lockin all the doors.' So now he said, 'we're gonna have to try an get out of here.' But when they tried tae get oot, they couldna get oot. They were trapped in an they couldna get oot.

And it wis gettin very near this time of the students comin liftin bodies.

The only [thing] now wis a little window. [...] The woman wis a stoot kinda lady, so they pushes the boy through the sky light an he gets through, an the father gets through, but the woman canna get through. But however, with great force, they did get the mother through. An they [went off] across the plooed fields, right on an they werena just affa far awa fae this fairm-hoose when they saw a dark coach, wi two horses an two men sittin with tile hats comin on aboot tae the fairm.

Now by this time, they were away at the back o a dyke, an here this coach draws up tae [the] farm. An the next thing is, this man came oot an they lookit in the barn, an they lookit in the field, but this folk wir hidden, well-hidden. They carried on lookin till aboot two or three in the morning, this students, but they couldna find the beggars.

So the next day this begger an his wife an the boy went [tae] a house, a cottage house it had been, [an] told them whit hid happened. 'Well ye're lucky tae be alive, because this farm people have got a lot of bodies the same way. They take them oot tae the barn, givin them a good feed and (gettin the stones oot), then murderin them an sellin the bodies for ten pound a piece.

(SA1960.147)

9. The Woman with the Door on her Back and the Robbers

LUCY: Well this was a poor man an a poor woman. They were very poor off. So one day the man went out an he bought a bowl of meal an he took it hame tae the wife an he said [tae her tae] lay that by when we'll be hard up. But one day she got tae usin the meal an a flech got in the meal an she took an she rolled the meal across the floor lookin for the flech, an she blew aa the bowl meal away. Oh and the man comes home an the hoose is in an awful mess wi the meal. 'Oh' he says, 'has it been snowin?' 'Oh no', she says, 'a flech got into the bowl and I was lookin for it.' 'Oh' says the man, 'what am I goin tae do with this woman. I'm aboot hert-broken with her'.

Oh well, a wee bittie after that he gaed oot an won some money, ye see, an he came hame tae the wife. Now he says, 'lay that by (an it's an auld fashioned saying), lay it by for the man wi the sair fit – for the day ye'll need it'. Oh but one day a beggar comes along, a tramp sort of man an he'd an awfu sair fit. 'Oh', says the woman, 'ye're the man an I'm lookin for [...]. My man gied me some money tae lay by an he telt me tae give it tae the man wi the sair fit. An you're the only man I see wi a sair fit'. So she gied in the hoose, an she gied him the money.

Oh the man comes hame an she says, 'Dae ye ken who was here the day?' 'No', says the man. 'The man wi the sair fit.' 'Oh fit aboot the man wi the sair fit eh!' ['Didn't ye say ye'd tae gie the money tae the man wi the sair fit?'] Oh the man he flew awa in an awfu rage an there was an awfu fight. 'Get oot o ma hoose an tak the door on yer back.'

So she gaes oot and she starts tae tak the door down an tae strap it on her back. Well she's on the road an on the road wi the door tied on her back. Oh now she comes tae a place an she sets doon wi the door [...]. So the man he follows her, he says til her 'Oh whit did ye dee takin the door on yer back?' He asked her tae come hame but [...] nay, she wouldna come hame. She sets down on tap o the door.

Oh but they're sittin awa – when they hear a lot of robbers come on the scene. So they turned feart an are going up a tree but she couldna go up the tree [...]. So he manages [an] helps her up wi the door ye see, an the twa are sittin awa up on high branch. So the robbers are comin neath this tree an the robbers are oot wi their bags o gold an they're countin oot their bags o money. 'Oh', says the wifie, 'I'm needin tae dae a number wan'. 'Oh' says the mannie, 'ye cannie dae that, are ye looking tae get us killed'. 'Oh' she says, 'I cannae help it'. She just strides on a bittie an does a number one. Oh the robbers look up an says, 'Sure an it's rainin kina hot'.

Oh but the wifie after that [says], 'I'm needin tae do a number two!' So the man [thinks] this woman's goin tae get me killed! So she does the same, but she knocks doon the door on tap o the robbers, an they took fear an awa an left all the gold all lyin.

She comes doon the tree, the man bides up the tree, [an] she sees all the gold an she sits herself doon at the fire. So efter the robbers had been awa aboot quarter of an hoor [one] cam back, tae see what had happened. So he goes in aboot an asks her for a kiss. 'Oh' she says, 'I'll gie ye a kiss if ye put yer tongue in ma mooth'. So the robber he consent tae put his tongue in her mouth an she just bit the whole tongue aff. So he got sic a sair bite that he run awa tae tell aa his friends that it was just a woman, [but all he could speak wis], 'La La La'. So [then] she's feart the robber's horses [an] the [horses take off]. So the man he cam doon the tree an gathered up aa the gold an set back til his hame wi as much money as could keep him aa the days o his life, wi the woman wi the door on her back.

(SA1960.140/17)

10. The Three Brothers

A long time ago this wis a widda wi three sons. And the youngest son he wis a bit of a simple chap an the other two were supposed tae be wise. So they were poor off an [...] they couldna get food. So the eldest son he says tae his mother, 'Bake me a bannock an fry me a collop, I'm going away tae pass [look for] my fortune'. So the mother she bakes him a bannock an fries him a collop an he sets on the road tae pass [look for] his fortune. So he travels on an travels on til he's very tired an turned very hungry an thirsty. So he travels on till he comes tae a well. So he sits doon at the well tae tak a drink wi his bannock an his collop. But just as he opened his hankie, where the bannock an the collop was, in there appeared a little man tae him. 'Oh' the little man he says, 'I'm very hungry' he says, 'will ye gie me a small piece o yeer bannock' he says, 'though it's only the crumbs that fall from yer mouth'. 'Oh get out of here' says the young man, he says, 'I haven't got enough tae do myself, I can't be bothered with you'. So just like that [the wee man] jumps intae the well an dirties all the water so [the lad] got no water. Well he eats a bit of his bannock an his collop an he sets on the road again an he travels on till he comes tae a big forest. So he went intae this forest an he travelt on an he travelt on till he [becomes very] tired. He could never see the end o the forest. But when he come tae the end of the forest he comes tae a palace. So when he knocks on the palace door. Oh there was a cruel man there, an he takes [the lad] an he puts him in the prison, makes him work hard an [locks him in the dungeon].

Oh well time wears on an there's no sign of the son comin back. So the second son he says to is mother, 'Oh mother' he says, 'bake me a bannock an fry me a collop, I must go an see where my bother is an try to pass my fortune'. So the same thing happens. The mother gies him a bannock an fries him a collop, an away he sets off [wi them] tied in a white handkerchief – same thing – an travels on the same road. He travels on till he comes tae the same well, so he thought now he would sit doon an take a piece o his bannock [an] when he was openin his hankerchief, the same thing, the [wee] man appears. 'Oh' says the wee man 'I'm hungry. Gie me a piece o that bannock though it's only the crumbs'. 'No' says [the lad]. 'I'm too hungry [myself]' he says, 'I'll need it to get to the end o my journey. So the man he jumps in the well again an [the lad] gets no water. So he goes tae the same place as his brother – the forest – an he wanders an [eventually] he grows tired. [At last] he too came tae the palace. Oh the same thing happens there, [an] he too was put in prison, to work hard as a slave.

Oh now comes tae John, [the third son], he wis the simple one. 'Oh' he says, 'mother' he says, 'will you bake me a bannock an fry me a collop. I must go and pass my fortune'. 'Oh' says the mother, 'I couldna part wi you John' she says, 'I'm feart about you. I wasna so feart about the other twa, but I'm feart about you'. Oh well, but she bakes him a bannock an fries him a collop, but she was very, very sweer tae part wi John. So John sets on his journey an he travels on an he travels until he comes tae the same well, an he sits doon tae eat the bannock an the collop. So up appears the same man an says 'Oh' he says, 'ye might gie me the crumbs that fall from yer mouth. I'm hungry'. 'Oh' says John, 'Poor thing, sit doon beside me an get a half'. So the man sits doon beside John, an John he halvers his bannock an his collop wi [the man]. So [the lad] gets clean water from the well tae drink. 'Now' says the man, 'Ye're goin on your journey, an wherever you're in danger, I'll helpit you. You helpit me' he says, 'whenever you're in danger, I'll help you.'

So John, he comes tae the same forest an he was wanderin through this forest – an he was wanderin through this forest [an] he was tired, but behold he looks doon an he sees the little man. 'Oh John' he says, 'I feel sorry for ye John' he says, 'I'll tell you where there is a great palace' he says, 'and yer twa brothers [are] there' he says. 'Follow me an I'll direct you the way'. So [John] follows the little man till he comes tae the palace door. So of course this man comes oot an he starts tae gie John a rough start, [he] gies John a lot of roughness, an tries tae put him in the prison. Oh but John he fought back, an there wis a terrible fight an it comes tae swords an John an him fought on an fought on till at last [John] killed him. So [then] John, he gets through the palace and through the palace until he comes tae a nice room an here there wis a young princess, where her father had lockit her up. So he took the princess an gaed doon tae the dungeons, an saved his brothers an [they] went home wi all the gold and silver an the palace was his [and he mairriet the princess].

(SA.1960 143/24)

11. The Big Loaf and the Three Good Advices

LUCY: Well there was a poor man who lived in the bogs o Ireland. He'd a wife an a little boy about seven or eight years old. But they were as poor aff an couldna stick poverty nae longer – he would go and seek his fortune. So he says tae the wife, he says 'I'll have tae go an seek my fortune, it'll never dae this poverty'. So he heided awa for tae see if he could get a job, so he wandered on till he came tae a crossroads. So he had a penny an he [tossed] it up an wherever the penny would [land] he would tak [...] that road, [an so he did that].

And he wandered on and on till he cam tae a small village, [an] he lookit up at an advertisment that was up at the baker's door – that there was a baker wanted. So he wid go in an try for the job. So the baker he says, 'Oh weel it winnae be a big wage', but the man was that hungert, that he would tak it.

So he workit there an he workit for now seven years an he'd never had word from his wife or boy. So [...] after the seven years was up he thocht he wid like tae gae back hame, so he says tae the baker [owner], he says, 'Well I'm afraid I'll go back tae my wife an son. A hinnae seen them for seven year, I never got nae word frae them'. 'Oh well' the baker says, 'wid ye like a big loaf and three good advices, or wid ye like yer wages? Ye're gaun awa in the morn, I'll gie ye the nicht tae consider whither ye tak a big loaf or yer wages'.

So the poor man he thocht tae hisel he couldna go hame tae his wife wi no wages after he'd been seven years awa. Oh well but the baker says, 'Just think for the nicht, get intae yer bed and think'. So the man considers, well it's a lang time tae be awa an nae wages an tae [jist gang] hame wi [only] a big loaf, [...]. But he's lyin considerin, an something tells him tae tak the loaf.

So the next morn he says tae the baker, 'Oh, I'll tak the big loaf' he says, 'an three good advices. 'Oh well' says [the baker] 'I'm very prood tae hear ye've taen that'. The baker had bin up all night an bakit the loaf ye see. So he says tae the man, 'My first advice is – ye'll walk on this road, a lang road, when ye're goin home, an ye'll come tae a hoose at the roadside' he said, 'ye'll gang in there, but aye mindin yer maister's words' he said, 'the first person you will see is [a] red-heided woman, the next person you will see is a red-heided man, a red-heided son an daughter' he says, 'keep away from that hoose. That's the first advice'.

'Now, when you're going on the road farther ye'll see a hill that taks ye seven miles nearer yer home, but never tak a nearcut [shortcut] at night' he says, 'always tak the road, never tak a nearcut at night'. 'Now' he says, 'when ye go home there's something there that'll gie ye a big surprise. Always think three times before you do a thing'. So that was his three advices. 'Here's your loaf tied in a big white hankerchief'. So the workman sets on the road for hame an was very disappointed tae gae tae the wifie, he was thinkin about what the wifie wid say gaun hame wi a loaf after seven years.

So he travels on an he travels on an forgets about his master's advice, an he sees a hoose at the roadside. 'Oh' he says 'I must gang in here – it's gettin dark – an get somethin tae eat, or get shelter for the night'. He knocks at the door an the first that comes is the reid-heided woman, [an] he looks and he sees the reid-heided man. So the woman taks him in an sets him in at the table, an the next thing comes ben is the son an a reid-heided daughter. 'Oh' he says, 'God bless my maister. I'd better get out o here'. Here wis him [in] the house wi four reid-heided folk an he minded his masters words. Oh well but he took some food an they were makin an awful lot o him. 'Set down an ye'll get a bed' [but] he lifts the loaf an says, 'Could I get out for a bittie'. Oh but they werena willin tae let him oot – but he got outside [anyway]. So when he got outside intae the dark he ran. They lookit for him [but] he hid in the dyke side an got away. So he's in the road, an on the road, an away. So he lookit back an he saw they were searchin for him wi lanterns. But he was off.

An he travels an he travels until he sees a hill. 'That hill wid tak me seven mile nearer home' he thought, so he took the hill. Oh but he was halfway across the hill when he saw a robber mounted on horseback, comin across the hill. Oh but he gets hidden in time, an he creeps back an backs away in a different direction. This wis [another] robber – but he gets oot o sight o the robber an on the road for home.

So when he lands at his home now – they just had one room ye see – [here] wis a big boy – like a man. So when he comes in, here wis a man in the same room as his wife. He run for the axe for tae tak off [the man's] head ye see. Oh, the wife she rose, an she pulled him back an said, 'Think what ye're doing'. 'Oh' he said, 'God bless my master' he says, 'Who is he?' She said 'That's your son'. 'Dear me, wasn't I lucky tae tak that three good advices. Well' he said, 'I'm sorry tae sae I'm just home wi a loaf for ye, after being seven year awa.' 'Oh well, I can't help it I'm glad tae see ye back' [said the wife]. So he said, 'my master said not to cut the loaf unless I cut it on yer lap, see, in yer apron'. So she got an apron an [they] cut the loaf an seven years wages fell oot.

(SA1960.140)

Riddles

LUCY, JEAN, NED
What spits fire, spews leid, an iron stack in a wooden heid?
A gun

As I lookit ower the brig o Don, I saw the deid carryin the livin
A boat

John Hotton, John Totton, his father was died before he was gotten
A tattie

Fit has a bottomless barrel, aye full o naethin?
A ring

Fit is't you hae an I hae but you use mine oftener than I use my ain?
Yer name

Whit's in the hoose an oot the hoose an in the hoose for aa's daen?
The windows

Fit comes up a lum doon an winna come doon a lum up?
An umbrella

A lazy, lazy mother, a willing, willing father, twelve black bairns in a white washed house
A clock

What's behind time?
The back of the clock

Fit hangs high, cries aye sair, has a heid but nae hair?
A bell

Fits like half of the moon?
The other half

Whit wey does a donkey's tail represent a patch in a man's pair of breeks?
It haps a hole an sae does a donkey's tail

As I lookit ower my waa, I seed an auld man he gied us a call
His head was flesh and his mouth was horn, an sic an auld buggar never was born
A copper

As I lookit ower a castle wa I saw a bunch o wands
And naebody could coont them but God's ain hands
Yer hair

I first took a yaird and a half o cleth tae mak a jacket an a waistcoat til a man, whit wid it tak
tae mak a suit?
A pair o breeks

Aiberdeen and Aiberdower, speir [spell] ee that in letters fower
That

Two Os two Ns L and a D, put them together and they'll spell London for me
London

Fit has two hands and never washes its face?
A clock

Fit has four legs an never uses them?
A table

Fit goes through the water, and through the water and never touches the water?
It's an egg inside a duck's backside

Fit's black and white and read all over?
A news paper

Elizabeth Betty and Bess went tae the woods tae herry a bird's nest
There were three eggs in the nest, each took one, how many were left?
Two

Four and twenty white coos standin in a byre, an in comes the reid bull an licks them aa ower
Yer teeth

It's as roond as a ball, wi hair all around and water drops oot.
Yer eye

Fit is two women and two men lyin in a bed? What animal does it represent?
A cow: four tits and two horns

Fit is two women, one man lying in a bed. How much animals are they?
1 cock, 2 hens and a hundred hares

A wee, wee man wi a red red nose, the longer he stands the shorter he grows.
A candle

Whit's shapit like an oil wheel and luggit like a cat? If ye guess that I'll gie ye a new hat.
A washing tub

Why did the chicken cross the road?
Tae get tae the itherside

Is it a man wi one eye or a man wi two eyes that sees the best?
Well it's the man wi one eye, because he sees your two eyes you only see his one.

Fit did the meter say tae the shilling?
I'm glad ye popped in cause I'm just gaen oot.

(SA1960.138)

Song Fragments

F1. The Fetterangus Rangers

We are the boys that fears no foe
When we are in danger
We'll let you know before we go
That we are the Fetterangus rangers.

F2. Ma Bonnie Heilan Sodger

They walkit so neat and they dressed so gay
The drums they did rattle and the pipes they did play
And caused poor Mary for tae sigh an tae say
I will follae ma bonnie Heilan sodger.

F3. Come Carry Me to Prairie

Come carry me to prairie and beat the drums rarely
I'm just a poor cowboy and I know I've done wrong
Come carry me to prairie and beat the drums rarely
And play the dead march as you carry me along.

F4. I Wis Speeding on a Train (Roud 4290)

I wis speeding on a train that would take me home again
To the girl I left in sunny Tennessee
The train drew up at last as familiar scenes I passed

As I met my mother at the station door
You could hear those darkies singin as they sang farewell to me
Far across the fields of corn my homestead you could see
And the sun shone on its glory when I told life's sweetest story
To the girl I left in sunny Tennessee.

F5. In This World I Gaint My Knowledge (Roud 1958)

In this world I gaint my knowledge and for it I had to pay
Although I've never been at college I have heard the poets say.

Life is like a mighty river rolling on from day to day
Men on vessels launched upon it oft times die and fade away.

Life is like a mighty river make hard life a pleasant dream
And help a poor and misfortunate brother pulling hard against the stream.

F6. The Heilan Laddie

Whaur hiv ye been aa the day Heilan laddie Heilan laddie
Whaur hiv ye been aa the day Heilan laddie Heilan laddie
The bumbee's kickin up a row Heilan laddie Heilan laddie
Ha the bumbee's kickin up a row Heilan laddie Heilan laddie.

F7. Oh As I Gaed up the Cannagate

Oh as I gaed up the Cannagate a female stepped up to me
An she has got the impidence tae act'lly say she knew me
Oh says I ma lass ye're standin there but I humbly beg your pardon
For I am not a mark for drink for I haven't got one farthing.

F8. Red and Rosie Wis Her Cheeks

Red an rosie wis her cheeks
And coal black wis her hair
And costly was the robes o gold
That my Irish girl did wear.

F9. Friends as I Struck tae Milguy (Roud 2516)

Friends as I struck tae Milguy to Glesca Fair I taen my wey
An aa weys in the roads were thranged wi bonnie lassies an laddies gay.

It's there that I had a chanced tae spy a fair maid walkin by hersel
An I fear her clothing I wad spoil I gave her share of my umberell.

F10. A Wee Birdie Cam tae Oor Haa Door (Roud 16902)

A wee birdie cam tae oor haa door
And o bit it sighed sairly
In sic a day o wind an rain
Wha wis me for Prince Chairlie?

F11. Assist Me All Ye Muses (Roud 4593)

As-sist me all ye mu - ses, my down-cast spi-rit cries, And join me in full cho - rus, to sing brave Hunt-ly's praise, For I leave the gi-rl be - hind. me, Whose charms is all_ my joy, And my heart re-mains in Hunt - ly, so far fae Bo-gie - side.

Assist me all ye muses my downcast spirit cries
And join me in full chorus to sing brave Huntly's praise
For I leave the girl behind me whose charms is all my joy
And my heart remains in Huntly so far fae Bogieside.

F12. At the Cross

At the cross at the cross where the Kai-ser saw the ghost, And the ban-ner o his ea-gle rolled a - way, And he ran and he ran till he met a Bri-tish man, An now he is ly-in in his grave.

At the cross at the cross where the Kaiser saw the ghost
And the banner o his eagle rolled away
And he ran and he ran till he met a British man
An now he is lyin in his grave.

Glossary

A

aa – all
aaready – already
aathegither – altogether
abeen – above
ae, aen (also een) – one
aboot – about
aff – off
affa – awful
afore – before
ahint – behind
ain – own
an – and (except where 'and' is used emphatically)
aneth – beneath
anither – another
aroon – around
aul – old
aye – always

B

baet – bet (beaten)
baith – both
bairn – child
be – by
beeriet – buried
bided – lived
bidin – living
bit – but
bowie – wooden bowl
brig – bridge
brither – brother
bumbee – bumblebee
bun – bound

C

caa – call
caaed – called
cairt – cart
cam – came
canna – can't
cauld – cold
cause – because
chitties – tripod for holding a pot over a fire
claes – clothes
clartit – spread thickly (e.g. ointment)
cleek – metal hook
clovin – cloven
clout – clout, hit, bash
coggie – pail
collop – egg and bacon
couldna – couldn't
crack – strike, hit
croaker – dee (as in die)
cry – call

D

dabber – fancy
dae, dee, div – do
daurna – daren't
deein – doing
deen – dark
deid/deit – dead
deif – deaf
didna – didn't
dinna – don't
dirler-lip – chantey pot lip
dizzen – dozen
doon – down
dose – large quantity or number
dother – daughter
dree – suffer, put up with
duddies – clothes

E
een – one
eence – once
efter – after
es – his

F
faa – fall
fae, fee – from
fairmer – farmer
fairmhoose – farmhouse
feechels – rags
feel – fool
fit – foot, what
flech – flea
fleer – floor
fleg – tire, a fear
fower – four
fricht – fright
fu – full

G
gaed – given
gan, gaen – going
gang – go
gaun – gone
gaithered – gathered
gaitherin – gathering, collecting
gale – gable end, side of house
geet – baby
gie – give
geid – gave
gey – very
gied – gave
ging – going
girnin – peevish, whining
Glesga – Glasgow
gloaming – twilight
grat, greit – cried
growe – grow
gwana – a hessian bag from 'Gwana'
gweed – good
gyang – go

H
haa – hall
hadna – hadn't
hairt – heart

H
halberdier – halberd bearer, halberd was a
    combined spear and battleaxe
halvers – halved
hame – home
happent – happened
hawkin – trading
hed, hid – had
heid – head
hid – had
hidna – hadn't
hiv – have
hizzy – hussy
hoose – house
hurlin – riding

I
ile o rue – oil of rue (rue is a bitter herb)
ilka – every
intae – into
iver – ever

J
jaicket – jacket
jine – join
jist – just

K
kaimin – combing
ken – know
kent – knew
kept – took, wanted
kinda – kind of

L
lane – (his) alone, on his own
lammel-lea – meadow
lang – long
langward – rural, landward
laverock – lark
licht – light
limmer – anything that is finished or done,
    'they've had their day'
looe, looed – love, loved
lowse – loose, unharness, set free

M
mair – more
mairriet – married

maist – most
mebbe – maybe
meen – moon
mind – remember
minnie – mother
mither – mother
muckle – great
murn – mourn
murnin – mourning

N

nae – now, no
naethin – nothing
neist – next
nicht – night
nickum – devil
niver – never

O

ony – any
onythin – anything
onywye – anyway
oor – our
oot – out
ower – over

P

peaties – peats
pileerachie – carry-on
peer – poor
pey – pay, pea
plooboy – ploughboy

Q

quine – lassie, girl

R

richt – right
rin – run
roon – round

S

sae – so
scrachie – *when singing*, straining for
  the note
scunnert – disgusted
sellt – sold
shak – shake

sheen – shoes
shilluns – shillings
shuls – shovel, hoe
shult – horse
sic – such
siccan – such as
skweel – school
skep – basket, especially used for grain,
  meal or potatoes
smaa – small
smited – infected, struck down
snaa, snaain – snow, snowing
solan – gannet
sowens – porridge made from oat husks
  and siftings
spats – thick leggings with elastic straps
  that went round underneath the feet
steen – stone, 14 lbs.
stot – bounce (a ball)
strae – straw
swack – lithe, supple
sweer – sad, reluctant
syventeen – seventeen

T

tae – to
taen, teen – taken
tair – a piece of fun, a spree or lark
tats – rags
tatties – potatoes
tellt – told
thegither – together
tho – though
thocht – thought
thrawl – pull?
thru – through
til – until
timmer – wooden
tow – rope
twa – two

U

up-castit – cast up to, used against

W

wally dogs – ornamental china dogs
weel-kent – well known
weel – well

weel-faurt – comely
weel-likit – well liked
wey/wye – way
whaur – where
wheep – whip
whit – what
whitewash – old name for what is now
  called 'emulsion'
wi – with
wid – would, wood
widda – would have, widow
widna – wouldn't
wimes – tummies
windae, windi – window
wint – went
wirna – were not
wis – was
wisna – wasn't
withoot – without
worthie – someone who has no home and
  just tramps about, a known local character
wouldna – wouldn't
wrang – wrong
wye – way

Y

yarkit – open
yeer, yere – your (also yin, yir, yer)
ycsc – you (plural)
yett – gate or grille of latticed iron, used for
defence

lousie curdie – greedy penny, worthless
penny
manishy – woman
moolied – killed
mort – wife
paddin ken – lodging house or brothel
scaldie, scaldie hantel – non-Travellers
shan – horrible
sheen – shoes
stonkie – monkey

Cant glossary

bing – get, fetch
chorin – stealing
culloch – woman
fake – take, bring
feekie – policeman
gadgie – man
ghannies – hens
granzie – jail
habbin – food
hornie – policeman
kinshins – children
lousie – has lice

Bibliography

Brewster, Paul G., ed., *Ballads and Songs of Indiana*, Folklore Series 1 (Bloomington, IN: Indiana University Publications, 1940).

Bronson, Bertrand Harris, *The Traditional Tunes of the Child Ballads*, 4 vols (Princeton: Princeton University Press, 1959–1972; reprint edn Northfield, MN: Camsco Music and Loomis House Press, 2009).

Brady, Eilís, *All in! All in!* (Dublin: Comhairle Bhéaloideas Éireann, 1975).

Buchan, Norman, and Peter Hall, eds, *The Scottish Folksinger* (Glasgow: Collins, 1973).

Buchan, Norman, ed., *101 Scottish Songs* (Glasgow: Collins, 1962).

Burns, Robert, *The Merry Muses of Caledonia: A Collection of Bawdy Folksongs, Ancient and Modern*, ed by James Barke and Sydney Goodsir Smith (London: W. H. Allen, 1965).

Cameron, David Kerr, *The Ballad and the Plough: A Portrait of Life in the Old Scottish Farmtouns* (London: Victor Gollancz, 1978; paperback edn London: Futura, 1979).

Chambers, Robert, ed., *Songs of Scotland Prior to Burns* (Edinburgh and London: Chambers, 1862).

Child, Francis James, ed., *The English and Scottish Popular Ballads*, 5 vols (Boston: Houghton Mifflin, 1882–1898; facsimile edn New York: Dover, 1965; repr. edn Mineola, NY: Dover, 2003; corrected 2nd edn, 5 vols Northfield, MN: Loomis House Press, 2001–2011).

Copper, Bob, *A Song For Every Season: A Hundred Years of a Sussex Farming Family* (London: Heinemann, 1971; paperback edn St Albans, Herts.: Paladin, 1974).

Cox, John Harrington, ed., *Folk-Songs of the South, Collected under the Auspices of the West Virginia Folk-Lore Society* (Cambridge, MA: Harvard University Press, 1925; repr. edn New York: Dover, 1967).

Cox, Peter, *Set into Song: Ewan MacColl, Peggy Seeger, Charles Parker and the Radio Ballads* ([London]: Labatie Books, [2008]).

Dick, James C., *The Songs of Robert Burns now First Printed with the Melodies for which They Were Written: A Study in Tone-poetry* (London: H Frowde, 1903; repr. edn Hatboro, PA: Folklore Associates, 1962).

Douglas, Sheila, ed., *The Sang's the Thing* (Edinburgh: Polygon, 1992).

Douglas, Sheila, ed., *Come Gie's a Sang* (Edinburgh: Hardie Press, 1995).

Fisher, Joe, *The Glasgow Encyclopaedia* (Edinburgh: Mainstream, 1994).

Ford, Robert, ed., *Vagabond Songs and Ballads of Scotland*, new improved edn (Paisley: Alexander Gardner, 1904).

Fowke, Edith, *Sally Go Round the Sun, 300 Songs, Rhymes and Games of Canadian Children* (Toronto, Montreal: McClelland & Stewart, [1969]).

Galloway Travellers: Andrew McCormick's Tinkler-Gypsy Photographs (Dumfries: Dumfries and Galloway Council, 2006).

Gomme, Alice Bertha, *The Traditional Games of England, Scotland and Ireland, in Two Volumes* (New York: Dover Publications, 1964).

Greenleaf, Elizabeth, and Grace Mansfield, *Ballads and Sea Songs of Newfoundland* (St John's, Nfld.: Memorial University, 2004).

Greig, Gavin, *Folk-Songs of the North-East: Articles contributed to the 'Buchan Observer'*, two series (Peterhead: P Scrogie, 1909–1914; repr. edn Hatboro, PA: Folklore Associates, 1963).

Greig, Gavin, *Last Leaves of Traditional Ballads and Ballad Airs*, ed by Alexander Keith (Aberdeen: Buchan Club, 1925).

Greig, Gavin, and James Bruce Duncan, *The Greig-Duncan Folk Song Collection*, 8 vols, ed. Patrick Shuldham-Shaw, Emily B. Lyle, and others (vols 1–4, Aberdeen: Aberdeen University Press; vols 5–8, Edinburgh: Mercat Press for the University of Aberdeen in association with the School of Scottish Studies, 1981–2002).

Greig, John, ed., *Scots Minstrelsie: A National Monument of Scottish Song*, 6 vols (Edinburgh: T. C. & E. C. Jack, [1893]).

Groves, David, *James Hogg: Selected Poems and Songs* (Edinburgh: Scottish Academic Press, 1986).

Hecht, Hans, ed., *Songs from David Herd's Manuscripts* (Edinburgh: W. J. Hay, 1904).

Henry, Sam, *Sam Henry's Songs of the People*, ed. Gale Huntington, rev. by Lani Herrmann (Athens, GA and London: University of Georgia Press, 1990).

Herd, David, *Ancient and Modern Scots Songs, Heroic Ballads, etc.*, 2 vols (Edinburgh: James Dickson and Charles Elliot, 1776; repr. edn Edinburgh: Scottish Academic Press, 1973).

Hogg, James, *Jacobite Relics of Scotland*, 2nd Series, ed. Murray G. H. Pittock (Edinburgh: Edinburgh University Press, 2002).

House, Jack, *The Heart of Glasgow* (London: Hutchison, 1965).

Ives, Edward D., *Folksongs of New Brunswick* (Fredricton, NB: Goose Lane, [1989]).

Johnson, James, ed., *The Scots Musical Museum*, 6 vols (Edinburgh and London: Blackwood, 1787–1803).

Kennedy, Peter, ed., *Folksongs of Britain and Ireland: A Guidebook to the Living Tradition of Folksinging in the British Isles and Ireland* (London: Cassell, 1975; repr. edn London and New York: Oak, 1984).

Kidson, Frank, ed., *Traditional Tunes: A Collection of Ballad Airs, Chiefly Obtained in Yorkshire and the South of Scotland; Together with Their Appropriate Words* (Oxford: Taphouse & Son, 1891; repr. with foreword by A. E. Green, East Ardsley, Yorks: S R Publishers, 1970; repr. with foreword by John Francmanis, Felinfach: Llanerch, 1999).

Laing, Robin, *The Whisky Muse* (Edinburgh: Luath, 2002).

Laws, G. Malcolm, Jnr, *Native American Balladry: A Descriptive Study and a Bibliographical Syllabus*, Publications of the American Folklore Society 1, rev. edn (Philadelphia: American Folklore Society, 1964).

Leach, MacEdward, ed., *The Book of Ballads* (New York: Heritage, 1967).

Lomax, John and Alan, *Our Singing Country: A Second Volume of American Ballads and Folk Songs* (New York: Macmillan, 1949).

Lyric Gems of Scotland: A Collection of Scottish Songs, Original and Selected, with Music (Glasgow: D. Jack, 1856).

MacColl, Ewan, ed., *Folk Songs and Ballads of Scotland* (New York: Oak, [1965]).

MacColl, Ewan, *The Essential Ewan MacColl Songbook* (New York and London: Oak, 2001).

MacColl, Ewan, and Peggy Seeger, eds, *The Singing Island: A Collection of English and Scots Folksongs* (London: Mills Music, 1960).

MacColl, Ewan, and Peggy Seeger, eds, *Travellers' Songs from England and Scotland* (London: Routledge & Kegan Paul, 1977).

MacLeod, A. C., and Harold Boulton, *Songs of the North: Gathered from the Highlands and Lowlands of Scotland*, 3 volumes (London: Simpkin, [1885]).

McMorland, Alison, ed., *Herd Laddie o the Glen: Songs of a Border Shepherd* (Selkirk: Scottish Borders Council, 2006).

McMorland, Alison, *The Funny Family: Children's Songs, Rhymes and Games* (London: Ward Lock Educational, 1974).

McMorland, Alison, *Brown Bread and Butter: Children's Songs, Rhymes and Games* (London: Ward Lock Educational, 1982).

McVicar, Ewan, *Doh Ray Me, When Ah Wis Wee; Scots Children's Songs and Rhymes* (Edinburgh: Birlinn, 2007).

Morton, Robin, ed., *Come Day, Go Day, God Send Sunday: The Songs and Life, Told in His Own Words, of John Maguire, Traditional Singer and Farmer from Co. Fermanagh* (London: Routledge & Kegan Paul, 1973).

Montgomerie, Norah, and William, *Traditional Scottish Nursery Rhymes* (Edinburgh: Chambers, 1990).

O'Lochlainn, Colm, *More Irish Street Ballads* (Dublin: Three Candles, 1965).

Opie, Iona and Peter, *Children's Games in Street and Playground* (Oxford: Clarendon Press, 1969).

Opie, Iona and Peter, *Children's Games with Things* (Oxford: Oxford University Press, 1997).

Opie, Iona and Peter, *The Singing Game* (Oxford: Oxford University Press, 1985).

Ord, John, ed., *The Bothy Songs and Ballads of Aberdeen, Banff and Moray, Angus and the Mearns* (Paisley: Alexander Gardner, 1930).

Palmer, Roy, ed., *Boxing the Compass: Sea Songs and Shanties*, revised and expanded edition of *The Oxford Book of Sea Songs* (Todmorden: Herron, 2001).

Palmer, Roy, ed., *Everyman's Book of British Ballads* (London: J M Dent & Sons Ltd, 1980).

Porter, James, and Herschel Gower, *Jeannie Robertson: Emergent Singer, Transformative Voice* (Knoxville: University of Tennessee Press, [1995]; repr. edn (East Linton: Tuckwell Press, [1999]).

Purslow, Frank, ed., *The Wanton Seed: More English Folk Songs from the Hammond and Gardiner MSS* (London: English Folk Dance and Song Society, 1968).

Reeves, James, *The Everlasting Circle: English Traditional Verse […] from the Manuscripts of S. Baring Gould, H. E. D. Hammond and George B. Gardiner* (London, Melbourne, Toronto: Heinemann, 1960).

Riddle, Almeda, *A Singer and Her Songs: Almeda Riddle's Book of Ballads*, ed. by Roger D. Abrahams (Baton Rouge: Louisiana State University Press, 1970).

Ritchie, James T. R., ed., *The Golden City* (Edinburgh: Oliver & Boyd, 1965).

Ritchie, James T. R., ed., *The Singing Street* (Edinburgh: Oliver & Boyd, 1964; repr. edn Edinburgh: Mercat, 2000).

Robinson, Mairi, ed., *The Concise Scots Dictionary* (Edinburgh: Chambers 1996).

Roud, Steve, Eddie Upton, and Malcolm Taylor, eds, *Still Growing: English Traditional Songs and Singers from the Cecil Sharp Collection* (London: English Folk Dance and Song Society in association with Folk South West, 2003).

Seton, Bruce, and John Grant, *The Pipes of War: A Record of the Achievements of Pipers of Scottish and Overseas Regiments during the War 1914–18* (Glasgow: Maclehose, Jackson, 1920).

Sharp, Cecil J., *Cecil Sharp's Collection of English Folk Song*, 2 vols, ed. by Maud Karpeles (London: Oxford University Press, 1974).

Tocher: Tales, Songs and Traditions Selected from the Archives of the School of Scottish Studies (Edinburgh: School of Scottish Studies, 1971–present).

Vaughan Williams, Ralph, *A Yacre of Land: Sixteen Folk-Songs from the Manuscript Collection of Ralph Vaughan Williams*, ed. by Imogen Holst and Ursula Vaughan Williams (London: Oxford University Press, 1961).

Vaughan Williams, Ralph, and A. L. Lloyd, eds, *The Penguin Book of English Folk Songs from the Journal of the Folk Song Society and the Journal of the English Folk Dance and Song Society* (Harmondsworth: Penguin, [1959]; new edn, *Classic English Folk Songs*, revised by Malcolm Douglas, London: English Folk Dance & Song Society in association with the South Riding Folk Network, 2003).

Websites

[All accessed 15 February 2010]

Bodleian Library, *Broadside Ballads*: www.bodley.ox.ac.uk/ballads

Mudcat Café, The: www.mudcat.org

Murray Collection, The, *Glasgow Broadside Ballads*: www.gla.ac.uk/t4/dumfries/files/layer2/glasgow_broadside_ballads

National Library of Scotland Broadside Collection, *The Word on the Street*: www.nls.uk/broadsides

Roud Folk Song Index: http://library.efdss.org/cgi-bin/home.cgi

Scottish Chapbooks Catalogue: http://special.lib.gla.ac.uk/chapbooks/search/

Tobar an Dualchais/ Kist o Riches: http://tobarandualchais.co.uk

Traditional Ballad Index, The: An Annotated Bibliography of the Folk Songs of the English-Speaking World: http://www.csufresno.edu/folklore/BalladSearch.html

Discography

Stewart, Lucy, *Traditional Singer from Aberdeenshire, Scotland, Vol 1. – Child Ballads collected, edited and annotated by Kenneth S. Goldstein* (Folkways LP, FG3519, 1961; reissued Greentrax, CTRAX031, 1989).

Stewart, Lucy, *Scottish Songs & Ballads, Recorded and edited by Peter Kennedy and Hamish Henderson* (first recorded 1955, re-Released Folktrax, FOLKTRAX365, 1978).

Stewart, Elizabeth, *Atween You an' Me* (Hightop Imagery, HTI 001, 1992).

Stewart, Elizabeth, *Binnorrie: Songs Ballads and Tunes*, Traveller Traditions of North-East Scotland, no. 1 (Elphinstone Institute, EICD002, 2004).

Stewart, Elizabeth, *The Battle o Harlaw*, featured on Bonnie Rideout and John Purser, *Harlaw Scotland 1411: Ancient Music and Stories Commemorating the Legendary Battle* (Alexandria, VA: Bonnie Rideout, TM505, 2011).

Other Recordings from the North-East

Robertson, Stanley, *Rum Scum Scoosh: Songs and Stories of an Aberdeen Childhood*, Traveller Traditions of North-East Scotland, no. 2 (Elphinstone Institute, EICD003, 2006).

Stanley Robertson, *The College Boy: Family Gems and Jewels from the Traveller Tradition*, Traveller Traditions of North-East Scotland, no. 4 (Elphinstone Institute, EICD003, 2009).

Singing in the Streets: Scottish Children's Songs (Rounder CD 1795, 2004).

Duncan, Jock, *Ye Shine Whar Ye Stan!* (Springthyme Records, SPRCD 1039, 1997).

Duncan, Jock, *Tae the Green Woods Gaen* (Sleepytown, SLPYCD010, 2001).

Turriff, Jane, *Singin is ma Life* (Springthyme Records, SPRCD 1038, 1996).

Contributors

Alison McMorland is a traditional singer, collector, broadcaster, teacher and writer, who has performed throughout the UK, Europe and the USA, where she guested at the Smithsonian Bicentennial Festival in 1976. She has returned to the USA regularly as a performer, in partnership with Geordie McIntyre.

Singing and song traditions have been part of Alison's life since early childhood. Inspired and influenced by Hamish Henderson, who guided her first recording of Scots songs and ballads in 1976, she has since recorded a further solo CD, five joint albums and published three traditional song collections; her publication, *Herd Laddie o the Glen* (shortlisted for the 2007 Michaelis-Jena Ratcliffe folklore prize), celebrates the songs and life of Willie Scott, a Border shepherd. Alison was a founder tutor on the RSAMD Scottish Music Course and has tutored on other university courses. Singing style, the sense of identity and meaning expressed in people's lives through song, ancestral and cultural roots, the context and function of traditional song, and magic and enchantment have been constant interests.

Working in *Life Story* reminiscence and oral history projects led Alison to co-found Living Arts Scotland in 1992, a creative arts organization devoted to transforming personal memory into tangible forms of expression, leading to training courses, conferences and arts projects inspired by tradition. (http://www.alisonmcmorland.com)

A Glaswegian of Highland and Irish descent, **Geordie McIntyre** is a singer and a songwriter with a lifelong involvement in traditional song and poetry. His career as a History and Modern Studies teacher combined with his life-long passion for the outdoors have in diverse ways fuelled and complemented his central interest in Scotland's music. For many years he collected songs, working with Hamish Henderson, Helen Fullerton and Bert Lloyd, and has enjoyed friendships and songs with many from the Travelling community. He has an interest which combines hearing the songs in the community and researching their background. Over the years he has written song notes for numerous recordings and books, and his other writings include album reviews. He has recorded four CDs with Alison McMorland which feature traditional songs and ballads alongside his own original songs.

After working for almost twenty years (mainly with arts organisations, libraries and the voluntary sector) **Caroline Milligan** returned to full-time education in the year 2000. She was awarded an MA degree in Scottish Ethnology from the University of Edinburgh and went on to complete an MSc by Research in the same discipline. She is currently working within the School of Scottish Studies as part of the team which looks after the School's Archives. Her work there is centred around the Sound Archive recordings and in this she follows in the footsteps of her father who was a Sound Engineer with the BBC in Edinburgh.

Caroline has been involved with a number of text-related projects including editorial assignments and ongoing work with the Maclagan manuscript collection. Her main areas of research have been Scottish song and the Scottish landscape, especially in relation to the formation, development and articulation of a *sense of place*, both personal and collective.

Jo Miller is a singer and fiddler who has performed as a soloist and in groups and ceilidh bands. She has worked in music education for over 25 years in both informal and formal sectors, and taught at the RSAMD where she founded the innovative BA (Scottish Music) degree. As course leader from 1996–2005 she led the development of community and education studies within the Scottish Music Department, and has also written materials to support the teaching of traditional music in Scottish schools.

Jo currently works as a Youth Music Advisor to Creative Scotland, and is a community musician in Stirling. She is also an independent scholar whose research interests include Scottish music pedagogy, especially the impact of the formalisation of traditional music provision in Scotland. Her recent publications include 'A Fiddle Manuscript from 18th Century Galloway' (*Musica Scotica – 800*), 'Learning and Teaching Traditional Music' (*Scottish Life and Society: A Compendium of Scottish Ethnology*, vol. 10) and 'From Page to Performance: the Ballads of Mary Macqueen' (*Emily Lyle: The Persistent Scholar*).

Song Index

Index

Lightning Source UK Ltd.
Milton Keynes UK
UKOW06f0948220415

250102UK00010B/304/P

9 781617 033087